时代新人目标下

高校宣传工作创新研究

刘 英◎著

中国财经出版传媒集团
中国财政经济出版社

图书在版编目（CIP）数据

时代新人目标下高校宣传工作创新研究 / 刘英著. --北京：中国财政经济出版社，2023.9

ISBN 978-7-5223-2375-6

Ⅰ. ①时… Ⅱ. ①刘… Ⅲ. ①高等学校-宣传工作-研究-中国 Ⅳ. ①G641

中国国家版本馆 CIP 数据核字(2023)第 141750 号

责任编辑：吕小军　　　　责任校对：张　凡

封面设计：陈宇琰　　　　责任印制：张　建

中国财政经济出版社 出版

URL：http：//www.cfeph.cn

E-mail：cfeph@cfeph.cn

社址：北京市海淀区阜成路甲 28 号　邮政编码：100142

营销中心电话：010-88191522

天猫网店：中国财政经济出版社旗舰店

网址：https：//zgczjjcbs.tmall.com

北京财经印刷厂印刷　各地新华书店经销

成品尺寸：170mm×240mm　16 开　16.25 印张　238 000 字

2023 年 9 月第 1 版　2023 年 9 月北京第 1 次印刷

定价：66.00 元

ISBN 978-7-5223-2375-6

（图书出现印装问题，本社负责调换，电话：010-88190548）

本社质量投诉电话：010-88190744

打击盗版举报热线：010-88191661　QQ：2242791300

本著作系广东省教育科学“十三五”规划2020年度研究项目（德育专项）课题“治理视域下高校宣传思想工作创新研究——以广东省本科院校为例”（课题编号：2020JKDY059）和广东省2021年度教育科学规划课题（高等教育专项）“习近平‘时代新人’观引领下的高校宣传工作创新研究”（课题编号：2021GXJK022）的阶段性成果。

序　言

时代新人目标下高校宣传工作创新研究，是高校宣传工作的一项时代命题：一方面，是对高校“三全育人”制度体系、“十大育人体系”建设的持续完善①；另一方面，是对新时代高校宣传工作理论与实践创新的持续探索。

党和国家根据时代发展的需要，顺势而为提出了培养时代新人的新时代人才培养目标。中国特色社会主义新时代所培养的时代新人，要符合有理想、有本领、有担当的“三有”基本标准。新时代高校肩负着培养时代新人的核心使命，成为培养时代新人的重要基地。同时，新时代党的宣传思想工作把“育新人”即培养时代新人，作为“五大使命任务”② 之一，凸显了宣传工作在培养时代新人方面的功能属性。高校宣传工作兼具教育和宣传的双重特点，既是高校工作内容的重要组成部分，又隶属于党的宣传系统，这就决定了新时代的高校宣传工作更要义不容辞地投入到培养堪当民族复兴重任的时代新人的伟大实践中去。

对新时代高校宣传工作的育人功能进行精准定位，是由培养时代新人的理论逻辑、历史逻辑和现实逻辑等所决定的。在高校宣传

① “三全育人”即全员育人、全程育人、全方位育人。“十大育人体系”指课程育人、科研育人、实践育人、文化育人、网络育人、心理育人、管理育人、服务育人、资助育人、组织育人十大质量提升体系。

② “五大使命任务”指举旗帜、聚民心、育新人、兴文化、展形象。

工作的场域逻辑中，既有权力逻辑，也有教育逻辑。教育逻辑相较于权力逻辑，在传统的高校宣传领域显得相对式微和弱化，从而造成了传统高校宣传工作的育人功能长期被遮蔽。新时代的高校宣传工作要实现其育人功能从遮蔽到凸显再到深化的转变，并以“育新人”为契机变“无机宣传”为“有机宣传”，助推高校成为“育新人”的重要基地。以高校宣传工作为切入口，进行高校教育资源供给侧改革，是高校对培养时代新人这一使命的积极响应，有利于弥合“三全育人”制度体系、“十大育人”体系建设的要素缺环，构建起“系统教育力”。

反观当下，处于中华民族伟大复兴战略全局和世界百年未有之大变局的“两局”新形势下的高校宣传工作，正面临困境：一是从宏观层面上来看，“文化殖民”的渐次兴起及世界局势的变幻莫测加剧了世界的不稳定性。冷战结束以后，中国就一直处于中西方意识形态领域斗争和较量的漩涡中心。高校宣传场域成为各种主义和思想的汇集地。而高校宣传部门更是被无情地推到了前沿阵地，扮演着维护高校意识形态安全的哨兵角色。二是从中观层面上来看，高校意识形态领域风险的安全威胁及高校宣传工作革新进程的相对滞后引发了高校宣传工作的现实困境。高校宣传工作在思想层面、机制层面、平台层面、队伍层面等存在不足。三是从微观层面上来看，经过长时间的技术积淀，高校宣传工作已经发展到了全媒体时代。媒介传播技术的革新在为高校宣传工作提供技术保障的同时，也产生了技术进步与传播失序的悖论场景。新兴媒体的赋权促进了高校宣传场域多元主体的生成，直接导致高校宣传话语优先权的旁落。虽然新的高校宣传生态秩序尚未形成，但是新的风险却一直在酝酿和集聚。这些系统性风险加剧了高校宣传工作的不确定性，直接影响高校宣传育人的实效性。故而，新时代高校宣传工作不但要理顺高校宣传的场域逻辑，而且要提高风险的识别能力和应对能力。

新时代高校宣传工作要通过科学解读全国宣传工作会议精神和

高校宣传工作政策纲领性文件，以大宣传理念、全媒体理念、元治理理念①为思想引领，一体推进高校宣传工作创新：一是高校宣传工作在内容的守正创新上，要坚守政治属性，要继承中华民族复兴伟业中的“中国基因”，坚持立德树人根本任务；要繁荣校园文化，构筑中华民族共有精神家园，拓展以文化人、文化育人功能；要加强爱国主义教育、“四史”宣传教育，增进国家认同和政治认同、历史认同和文化认同。二是高校宣传工作在功能的拓展创新上，要把从意识哲学向身体哲学的转变视为高校宣传革新的深层动力，自觉地以身体哲学为新的哲理基础，促使高校宣传者与大学生之间形成身体间性即主体间性关系。这使得高校宣传育人功能的发挥，既能够对大学生进行身体规训，也能够促进大学生的成长、成人、成才。三是高校宣传工作在主体的素养创新上，要以新媒体的兴起为契机，提高大学生的媒介素养，提高大学生在数字化时代的生存能力。四是高校宣传工作在格局的治理创新上，要构建起由全员化大宣传机制、系统化全媒体矩阵、多元化大宣传队伍三大核心要素所组成的大宣传格局；充分发挥新旧媒体的各自优势，发展出智慧宣传和“有机宣传”；盘活传统的宣传存量，扩充新兴的宣传增量，形成多元主体联动的宣传合力，变单向宣传为多向宣传；进而探索出高校宣传部门一元主导下的多元主体协同共治模式，既有效调动大学生作为新兴宣传主体的积极性，又充分发挥高校宣传部门作为元治理者的牵头协调职能。

刘英

2023 年 5 月

① 元治理即“治理的治理”，它是指在对市场、国家、公民社会等治理形式、力量或机制进行一种宏观安排，重新组合治理机制。

目　录

第一章

绪　　论

第一节 选题背景与选题意义

一、选题背景

2017年10月，习近平总书记在党的十九大报告中指出，自党的十八大以来，我国已经进入中国特色社会主义新时代，并提出表征新时代的时代新人观。2018年8月，全国宣传思想工作会议指出，新形势下的宣传思想工作要自觉承担起举旗帜、聚民心、育新人、兴文化、展形象的使命任务。这充分凸显了宣传工作在“育新人”中的重要性。2019年3月，习近平总书记在学校思想政治理论课教师座谈会上将培养时代新人上升为新时代人才培养目标的高度，明确了当下和未来一段时期教育系统人才培养工作的目标任务。高校是人才的孵化场域，一直致力于培养社会主义的建设者和接班人。高校正是大学生成长、成人、成才的关键历程。大学生是时代新人的重要后备军。新时代的高校更加肩负着培养时代新人的重任。高校宣传既有一般宣传的特点和要求，又要受高校场域中的教育逻辑的支配，兼具教育和宣传的双重特点。处于“两个一百年”奋斗目标的历史交汇期的高校宣传，更应该提高站位、牢记使命，充分发挥其“育新人”功能，弥合“三全育人”制度体系的缺环，投身中华民族复兴伟业，培养有理想、有本领、有担当的时代新人。

大学生既是时代的弄潮儿——“与时代同呼吸”，也是国家的栋梁——“与祖国共命运”。长期以来，高校宣传围绕着人才培养这一大学的本质职能，不但打出了一套非常漂亮的“组合拳”，有效地维护了高校意识形态的安全，而且积淀起了可供传承的优良传统。高校宣传于高校发展而言，贡献颇丰，但其获得的关注度与其贡献度之间却不相匹配。高校宣传的育人功能一直都处于潜隐或遮蔽状态。尤其是一些人对高校宣传的育人功能还颇有微词，抱有浅见陋识甚至成见误识，使得高校宣传的功能属性亟待加以正名。新时代的高校宣传工作创新要在继承优良传统的基础上，自觉对标2013年和2018年两次全国宣传思想工作会议的精神，以及《关于进一步加强和改进新形势下高校宣传思想工作的意见》（以下简称《高校宣传思想工作意见》）和《关于加强和改进高校宣传思想工作队伍建设的意见》（以下简称《高校宣传队伍建设意见》）等政策要求，自觉地融入大宣传、全媒体、元治理理念等，探索一条从传统的管理创新到国家治理体系和治理能力现代化宏观背景下的治理创新的转型之路，充分彰显出高校宣传在“育新人”方面的特点和优势。

然而，伴随着高校宣传工作的内在和外在环境的变化，高校宣传工作体系的治理创新在“施展拳脚”时必然面临着诸多的困难和挑战。习近平总书记在多个重要场合一再强调和申明，世界正面临“百年未有之大变局”。这种变局必然在思想文化领域产生衍射效应，使得思想文化领域并非波澜不惊，而是始终暗流涌动，充满着斗争和较量。一般情况下，社会的不稳定往往是从思想文化领域发酵而来。尤其是中西方之间围绕着意识形态的话语权之争，无论是烈度还是频度都较以往更甚。西方国家动辄在意识形态领域掀起滔天巨浪。我国身处社会主义阵营的排头兵位置，在维护社会主义意识形态安全方面形势更为严峻，责任更为重大。高校是各种主义、思想和流派交汇、交融、交锋的前线，时常被推到舆论的风口浪尖。而高校宣传工作在意识形态安全保卫战中则扮演着“哨兵”角色，很容易就会陷入漩涡中心。高校宣传工作所面临的系统性风险不但包括国际政治风险，而且包括媒介融合方面的技术风险等。新媒体的兴起在为高校宣传升级为智慧宣传提供便利的同时，也颠覆了传统的宣传生态，引发高校宣传者与大学生之间的新博弈。高校宣传话语权的悬置陷高校宣传部门于尴尬境地。广大青年大学生思想活跃、信息来源多样、价值追求多元，是被竞相争夺的对象。做好高校宣传，繁荣校园文化，维护高校意识形态安全，是高校宣传部门肩负的主体责任，责无旁贷，无可推脱。高校宣传工作如果不能正视历史境遇的变化，顺应技术发展、场域变迁、风险应对等的渐进式演化或突变式巨变，就会滑入理论上的窠臼和实践上的误区，带来理论和实践的双重失能和缺位。如何提升高校宣传育人的实效性，成为各方力量共同探讨的话题。以育人为视角，聚焦高校宣传的“育新人”功能，分析高校宣传工作在“应然”与“实然”之间的差距，探索扩大高校宣传育人功能的必由之路，就成为高校宣传工作者当仁不让的职责。

置身于“风险社会”的高校宣传工作，变局与新局共存。新时代不但对高校宣传工作提出“育新人”的要求，而且也为高校宣传工作体系的治理创新赋予新时代的内涵。成功的高校宣传工作致力于大学生的成长、成人、成才，有利于促进大学生的全面发展。高校宣传工作创新不但具有制约性、守成性，而且具有开拓性、时代性。来自国家、社会、高校、大学生等多方面的要求和拷问相互杂糅在一起，形成覆盖高校宣传的压力之网。高校宣传是集多重逻辑为一身的孪生体，要学会游走于各方力量之间，确证自身存在的必要性和合理性。高校宣传工作在实际运作中要掌握一个平衡点，一方面要强化自身的政治属性，并将政治属性明确为本质属性，防止“去政治化”的倾向；另一方面，还要优化自身的行动策略，增强高校宣传的育人功能，重视高校宣传的可及性，提高大学生的获得感和认可度，防止出现言者谆谆、听者藐藐的尴尬局面。为了提高培养时代新人的胜任力，高校宣传工作创新要自觉地以“育新人”为目标驱动力，变“无机宣传”为“有机宣传”，进行一场涵盖内容创新、功能拓展、主体成长、技术更迭、格局创新等的系统性的自我革新，并将自身融入国家治理体系和治理能力现代化的进程中，为中华民族的伟大复兴提供有力保证。新时代的高校宣传创新要旗帜鲜明地宣传社会主义核心价值观，并使其融入校园文化中；要矢志不渝地通过文明校园建设来涵养和濡化大学生的文明素养，把文明校园建设成为高校培养时代新人的活动阵地；要毫不动摇地坚持理想信念教育，通过显性宣传和隐性宣传作用于大学生的心理和行为，影响大学生的价值导向和行为选择。高校宣传育人功能的发挥，不但要求大学生高度认同时代新人有理想、有本领、有担当的“三有”标准，而且要求他们自觉地将时代新人的标准融入全生命周期的管理中，将实现“个体梦”融入中华民族伟大复兴的中国梦中。

笔者的专业背景是教育学，同时长年坚守在高校宣传的第一线，时至今日已积累了丰富的“问题域”。而这当中，始终萦绕心头的是如何促进高校宣传与教育的有机融合，既拓展育人的资源供给，又优化高校宣传的育人功能。基于这样的学科背景、实践困惑和研究优势，笔者方才确定了这样的研究选题。在距离实现“两个一百年”奋斗目标还剩下不到30年的当下，笔者尝试将高校宣传的育人实践进行理论升华，并在理论指导实践、实践反哺理论的交互作用中，寻找一条可供镜鉴的高校宣传创新之路，合力将高校宣传打造成宣传系统“育新人”的先行示范区。根据上述对研究缘起的描述可看出，产生这样的问题意识并将其提升为研究选题，就具有了一种偶然中的必然。由此，时代新人视域下高校宣传工作创新研究就呼之欲出，并被援引进神圣的学术殿堂。

二、选题意义

2017年10月，习近平总书记在党的十九大报告中提出，要培养能够担当民族复兴大任的时代新人。高校是孵化人才的重要机构，理应在培养时代新人方面发挥重要作用。2018年5月，教育部发布通知，提出要从学校层面构建起以“课程育人、科研育人、实践育人、文化育人、网络育人、心理育人、管理育人、服务育人、资助育人、组织育人等”为基础的一体化“三全育人”体系。然而，该一体化育人体系并未将宣传育人纳入其中。早在2015年1月印发的《高校宣传思想工作意见》就明确指出，“做好高校宣传思想工作，加强高校意识形态阵地建设，是一项战略工程、固本工程、铸魂工程……”这更加强化了人们对高校宣传重要性的认识。2018年8月，习近平总书记在全国宣传思想工作会议上指出，新形势下的宣传思想工作要自觉承担起举旗帜、聚民心、育新人、兴文化、展形象的使命任务。置身于高校场域的高校宣传，兼具宣传和教育的双重特色，更应该以立德树人为根本任务，自觉地将“育新人”视为自身的职责和使命。本书力图通过高校宣传工作的系统性创新，彰显出高校宣传育人功能的独特性，确立高校宣传工作在“育新人”方面的话语权。这不但在弥合“三全育人”制度体系的缺环，构建起“系统教育力”，而且在以高校宣传工作的视角阐释新时代的高校“培养什么人、怎样培养人、为谁培养人”这一根本问题。高校宣传以时代新人为目标驱动力进行的一系列创新改革，不但要援引其他领域的“育新人”经验，更要致力于成为宣传系统“育新人”的典型范例，发挥经典样本的示范效应。高校宣传“育新人”功能的充分发挥，必将助推高校提升培养时代新人的效率，为实现中华民族复兴的中国梦提供源源不断的人才保障和智力支持。此外，期望本书能起到抛砖引玉的作用，进而引发学术界和高校宣传领域对高校宣传育人功能的关注，为该问题的研究提供理论升华和学理支撑的新视角。

青年大学生始终将个人命运与国家民族命运紧密相连。当前世界正面临“百年未有之大变局”，不确定性不稳定性因素在交互叠加。青年大学生已然置身于“风险社会”。正如党的十九大报告所概括的，“青年兴则国家兴，青年强则国家强。青年一代有理想、有本领、有担当，国家就有前途，民族就有希望”。青年大学生是时代新人的重要后备力量，他们的成长、成人、成才直接影响中华民族伟大复兴的历史进程。高校宣传必然要出真招、见实效、解国忧，在高校堡垒的争夺战中抢得先机，有效防范风险向问题及危机的恶变，为大学生的健康成长营造良好的舆论氛围，为高校的改革发展保驾护航。高校宣传通过宣传内容上的守正创新、宣传功能上的拓展创新、新兴宣传主体上的素养创新，宣传技术上的迭代更新、宣传格局上的治理创新等，重构高校宣传的政治生态、文化生态、技术生态和媒介生态等，发挥出统一思想、价值引领、舆论引导、文化熏陶、信息整合、素养提升、凝聚力量等作用，提升高校宣传“育新人”的实效性。这正是本书的研究旨趣和意义之所在。

第二节 文献述评与概念界定

一、文献述评

笔者在关于时代新人与高校宣传相关的文献分析的基础上，得出如下两点启示，为本书奠定了研究基础、提供了研究起点。

（一）高校领域对“如何培养时代新人”问题的相关研究仍是一块洼地

“时代新人”是属于历史范畴的新人概念。每个历史时期都有与之相应的新人概念，也相继成为这一时期党和国家人才培养目标的总体指针，即党的教育方针。学术界对于时代新人的研究，兴起于2017年党的十九大召开之后，是学术界近几年来的研究热点。已有的研究多着墨于什么是时代新人，而对怎样培养时代新人研究甚少，尤其是具体到某一行业领域如何培养时代新人则更是稀少。但是，相比而言，高校领域中如何培养时代新人的研究占据明显优势，客观上反映出学术界对于高校培养时代新人更为关注与更加重视。正是有“如何培养时代新人”这块研究洼地的存在，才令高校宣传领域如何“育新人”的系统研究更具有创新意义和现实价值。

（二）教育学学科视角下的高校宣传“育新人”功能的研究空间还很大

学术界对于高校宣传育人功能的忽视可以从其研究文献数量和质量“双缺”现状得到确证。2018年全国宣传思想工作召开之后，宣传“育新人”的相关研究开始起步，一定程度上助推了高校宣传育人功能逐步从幕后走向前台，事实上也引发了少数学者的关注。从已有的研究来看，学术界已普遍对高校宣传承担“育新人”重要职责达成共识，普遍认识到高校宣传“育新人”的迫切性和必然性。但是，目前的研究依然存在话语偏弱、层次偏低、缺研究大家、未形成标志性成果、学理性不强等现实困境，尤其是缺乏教育理论和教育管理学科视角的研究。这说明从教育学学科视角切入论证其“育新人”功能有较大研究空间。

二、概念界定

（一）时代新人

“时代新人”这一概念诞生于党的十九大报告。学术界对于“时代新人”的概念界定和内涵阐释，自始至终均以习近平总书记对新时代青年大学生提出的“堪当民族复兴重任的时代新人”为基准展开。

本书中的“时代新人”特指，出生、成长或奋斗在中国特色社会主义新时代的，满足有理想、有本领、有担当“三有”基本标准的，以堪当民族复兴重任为己任的人。在高校教育场域，特指新时代的青年大学生。

（二）高校宣传工作

关于高校宣传工作的称谓，先后在两个关键节点上发生过变化，历经高校宣传工作—高校宣传思想工作—高校宣传工作的变迁。具体来讲，第一个节点是2015年《高校宣传思想工作意见》的出台。在这一政策文件出台以前，社会各界普遍称高校宣传工作。在这一政策出台之后，政策文件均称高校宣传思想工作，强调其思想政治教育和意识形态工作特性，一定程度上也扩大了高校宣传的思想政治教育功能，模糊了高校宣传思想工作与高校思想政治工作的界限。学术界对这种模糊性也有不少讨论，但至今未形成比较权威的结论。第二个节点是2019年6月《中国共产党宣传工作条例》的出台。受这份目前宣传领域最高级别的党内法规的引领，高校宣传思想工作的称谓又普遍回到了更为普及、通俗的高校宣传工作的称谓，同时社会各行各业包括高校宣传工作者自身，也更偏向于使用高校宣传这一称谓来进行非书面的和非正式场合的对内对外工作交流，语言上更为通俗，易于接受。这从各高校在为宣传部门取名时均采用“宣传部”而非“宣传思想部”的现象可以得到佐证。但是，毋庸置疑，新时代的高校宣传工作的实质内容和本质属性就是高校宣传思想工作，这也是为什么政策文件和高校公文等书面语言中均使用“高校宣传思想工作”这一称谓的缘由所在。

在2015年之前，高校宣传工作是高校场域中开展的各级各类宣传工作和宣传活动的总称。它承担着高校的舆论引导工作，是高校意识形态方面工作的重要抓手，是高校坚持社会主义办学方向的重要保障。有学者为其下定义：“高校宣传工作是指在高校党委的坚强领导下，以高校宣传部为工作主导，对全高校师生进行思想政治教育的社会实践活动，使广大教职工成为社会主义教育事业的骨干力量，培养大学生成为社会主义事业的建设者和接班人。具有鲜明的方向性、强烈的实践性、明显的教育性。”① 在2015年之后，高校宣传思想工作的定义十分丰富。例如：“在我国，高校宣传思想工作的内涵既包括思想教育、新闻宣传和大学文化建设，又承担着意识形态工作的重任。巩固马克思主义在高校意识形态领域的指导地位，培养社会主义事业的建设者和接班人是高校宣传思想工作的光荣使命，这直接关系到党和国家的前途和命运，关系到中华民族的伟大复兴。”②“高校宣传思想工作既肩负新闻宣传、思想理论武装和文化建设的使命，还承担着意识形态工作的重任。”③“高校宣传思想工作作为思想政治工作的重要组成部分，对高校的教育教学起着重要的作用。”④

本研究启动于2019年《中国共产党宣传工作条例》出台之后，故采用社会各界普遍使用的“高校宣传工作”这一称谓，其工作实质为高校宣传思想工作，是在传承传统高校宣传工作职责的基础上，更为强调其新形势下的思想政治教育和意识形态工作特性。具体来讲，高校宣传工作是党的宣传思想工作的重要组成部分和高校全局工作的构成要件；是思想政治教育和意识形态工作的重要抓手，具有鲜明的政治和教育双重属性，关系到高校办学方向的一贯坚持、党的教育方针的全面贯彻、中国特色社会主义事业的后继有人以及中华民族复兴伟业的实现进程；由高校党委统筹领导，宣传部门牵头协调，围绕“育新人”目标开展的包括政策宣传、政治理论学习、意识形态安全、新闻宣传与舆论引导、校园文化建设、文明校园建设、精神文明建设、舆情监控等内容的富有思想性、教育性、文化性的宣教活动，发挥好立德树人、以文化人、铸魂育人、陶铸新人的育人功能。

---

① 何扬波．高校宣传工作引领实践研究［D］．长沙：湖南师范大学，2013（5）：3.

② 熊小健，董杨华，张华敏．媒介融合背景下高校大宣传格局的构建：理论创新与路径选择［J］．思想理论教育，2015（6）：92－95.

③ 刘湘兰，刘洁．新媒体时代高校大宣传格局构建与模式创新研究［J］．佳木斯职业学院学报，2017（9）：232－233.

④ 练建武．大宣传格局下高校宣传媒体整合发展研究［J］．江苏第二师范学院学报（教育科学），2017，33（9）：90－94.

（三）高校宣传部门

本研究中的高校宣传部门特指在高校党委和行政领导下，贯彻落实党和国家的路线方针政策，牵头协调全校宣传思想工作，主要负责落实高校宣传思想工作方针政策、维护意识形态安全、加强政治理论学习、做好正面宣传和正确舆论引导、繁荣校园文化、加强精神文明建设、强化舆情监控，围绕中心、服务大局、外塑形象、内聚力量，为学校事业改革发展提供思想保证、精神动力、舆论支持和文化基础的职能部门，或承担以上职责的工作机构，通常是指党委宣传部或新闻中心（全媒体中心、融媒体中心）或多部门合署办公的工作机构。

（四）高校大宣传格局

高校大宣传格局源于高校大宣传工作理念，即“立足高校全局、通盘考虑校内、统筹校内各方、整合媒介资源，多渠道展开宣传活动，以获取综合的宣传效益。大宣传理念在思想上更加强调‘全局’和‘引领’”。① 结合高校实际与宣传工作的特点，构建和规范高校党委、行政统筹联动、全员参与的高校大宣传格局是发挥高校基本功能的基础。“从价值皈依来看，高校大宣传格局的核心内容即建构和实现高校全员育人格局。具体包含：全校参与宣传思想工作，不能仅仅依靠宣传思想工作部门唱独角戏；宣传思想工作要同教学、科研、社会服务、行政管理工作融为一体，并成为高校一切工作的灵魂，实现宣传思想工作的通盘设计和高势位运行。”②

本研究中的高校大宣传格局是一项复杂的系统工程，有赖于高校党委的统筹领导、宣传部门的牵头协调、校内各单位的多方联动、师生员工的全员参与、校内外力量的大力支持，形成上下互通、横向联合、齐抓共管、共建共治的宣传合力，包括以宣传部为主导的全员化大宣传机制、以新闻网为轴心的立体化全媒体矩阵、以大学生为主体的多元化大宣传队伍三个核心要素。

---

① 杨燕丽．大宣传格局下高校宣传工作合力机制建构原则及路径［J］．中国多媒体与网络教学学报，2018（8 上旬刊）：74.

② 谢孝东．媒介融合视域下高校大宣传格局的构建探析［J］．思想教育研究，2017（6）：118－120.

第三节 研究设计与分析框架

一、研究目的

本书的研究目的有以下三点：

其一，期望通过对高校宣传场域逻辑的梳理，实现高校宣传育人功能从遮蔽到凸显的转变，一方面促使社会各界改变施加于高校宣传之上的偏见和误解，增强高校宣传工作者的职业归属感和荣誉感，坚定自身的职业信仰；另一方面健全“三全育人”的制度体系，有效平衡高校教育资源供给侧与大学生需求侧之间的关系，助推高校培养出越来越多的能够担任民族复兴大任的时代新人。

其二，期望高校宣传能够以培养时代新人为目标驱动力，持续优化高校宣传“育新人”的功能，通过高校宣传工作的内容创新、功能创新、主体创新、格局创新，以及高校宣传部门的角色创新等，重构高校宣传的政治生态、文化生态、技术生态和媒介生态等，促进高校宣传工作体系的多维创新。

其三，期望高校宣传能够将对自身的创新自觉融入党的宣传工作改革与创新进程中，充分发挥高校宣传“育新人”在整个宣传系统的示范效应。

这三个研究目的是层层递进，环环相扣，缺一不可的。如果说第一个研究目的侧重于对高校宣传的育人功能进行科学解读及合理定位，尤其是论证理论逻辑、历史逻辑和现实逻辑等，共同决定了强化高校宣传育人功能的必要性；第二个目的旨在通过高校宣传工作体系的多维创新，为高校宣传充分发挥“育新人”功能提供有力保障，使这种功能名至实归；第三个研究目的是提升高校宣传“育新人”的地位，发挥高校宣传“育新人”

的镜鉴作用。

二、研究问题

（一）本书的研究假设

本书的研究假设是，以时代新人为目标驱动力的高校宣传工作创新，可以充分发挥高校宣传的育人功能，实现高校宣传育人功能从遮蔽到凸显的转变，并促使社会各界认识到高校宣传在培养时代新人方面的重要性。与此同时，高校宣传为了能够胜任“育新人”的重要职责，就要通过高校宣传工作的创新改革提高“育新人”的能力和水平。

长久以来，高校宣传在育人方面所起的作用与其所受到的关注之间严重不匹配。置身于高校教育场域的高校宣传受权力逻辑和教育逻辑的双重支配。但是，教育逻辑相比较于权力逻辑显得式微和弱化。这使得人们往往重视高校宣传的政治属性，而忽视高校宣传的育人功能，造成高校宣传育人功能的遮蔽和边缘化。

笔者曾做过一项统计，以“高校宣传”为关键词在中国知网检索，获得的文献合计4069篇，而以“高校宣传”叠加“育人功能”进行检索，获得的文献却寥寥无几，仅有7篇，占比0.0017%多一点。这7篇专门研究高校宣传育人功能的文献，从研究内容上来看，有5篇是研究宣传媒体/媒介育人功能，有1篇是研究舆论宣传育人功能，有1篇是研究学生宣传团队育人功能，其中有2篇是研究宣传媒体/媒介育人功能的硕士论文，没有一篇博士论文以此为直接选题。从文献发表的刊物层次上来看，7篇都发表于非核心刊物，这一方面说明该主题的研究水平和能力有待进一步提高，另一方面说明该主题还未进入理论研究大家的“法眼”。从文献的发表时间上来看，2005年有1篇、2008年有1篇、2009年有1篇、2014年有1篇、2019年有2篇、2020年有1篇。这意味着尽管2015年国家相继出台了《高校宣传思想工作意见》和《高校宣传队伍建设意见》两份直接事关高校宣传的重磅文件，但是高校宣传的育人功能还是未能激发学术界的研究热情，更别奢谈掀起学术界的研究热潮了。虽然这些零零散散的研究已经触及高校宣传的育人功能，但对于高校宣传为何会具有育人功能却缺乏解释，更没有从高校宣传兼具权力和教育的场域逻辑这一特色去寻找原因；也没有探讨新时代的高校宣传为何要凸显其“育新人”的功能，更没有从健全“三全育人”的制度体系及建构“系统教育力”出发，来思考高校宣传育人功能的重要性。

结合笔者对高校宣传部门负责人的访谈，以及多年来坚守在高校宣传一线的亲身经历，社会各界更为关注高校宣传的政治属性，而对其育人功能则持漠视的态度。这已形成一种思维定式。由此可见，高校宣传的育人功能处于被遮蔽或不彰显的状态。今后的高校宣传工作中就有必要凸显育人功能，彰显出新时代高校宣传“育新人”的功能。这是本书立论的重要基础，也是笔者将对高校宣传的研究之锚抛向其育人功能的重要原因。

强化高校宣传的育人功能，是由培养时代新人的理论逻辑、历史逻辑和现实逻辑等共同决定的。首先，从理论逻辑来看，高校的根本使命是立德树人。高校的各项工作都应该紧紧地围绕这一点来展开，高校宣传当然也不例外。其次，从历史逻辑来看，长久以来，高校宣传一直在高校人才培养上发挥着独特作用。最后，从现实逻辑来看，新时代的时代新人肩负着民族复兴的大任，而高校则是培养时代新人的重要基地。高校要想顺利地培养出一批批的时代新人，就要充分整合高校的教育资源，建构出“系统教育力”。遵循这一思路，高校发展出“三全育人”的制度体系。2018年5月18日，教育部办公厅发布了《关于开展“三全育人”综合改革试点工作的通知》。[①] 该文件虽然明确了课程育人、管理育人、实践育人等“十大育人”体系，却缺少了宣传育人。2018年8月召开的全国宣传思想工作会议，明确提出新形势下宣传思想工作要承担起包括“育新人”在内的五大使命任务。高校宣传兼具教育和宣传的双重特点，自然要发挥其“育新人”的功能。为此，高校宣传为了能够胜任“育新人”的重要职责，就要通过高校宣传工作创新提高“育新人”的能力和水平。

---

① 教育部办公厅关于开展“三全育人”综合改革试点工作的通知：教思政厅函〔2018〕15号［EB/OL］．（2018－05－18）［2021－02－12］．http：//www.moe.gov.cn/srcsite/A12/moe_1407/s253/201805/t20180528_337433.html.

（二）本研究的核心问题

高校宣传具有育人功能。高校宣传不但要实现其育人功能从遮蔽到凸显的转变，健全“三全育人”的制度体系，而且要在新时代彰显出其“育新人”的特色，助推高校成为培养时代新人的重要基地。为此，新时代的高校宣传要以时代新人为目标驱动力，致力于工作体系的多维创新。

（三）本研究的子问题

基于以上核心问题的提出，本研究再设置以下五个子问题：第一，高校宣传尽管具有育人功能，但是受种种原因的影响却一直处于遮蔽状态。第二，高校宣传育人功能的科学解读及合理定位就是高校宣传育人功能由遮蔽到凸显的过程。这才使得时代新人能够成为高校宣传工作创新的目标驱动力。第三，置身于“风险社会”中的高校宣传面临的多维困境成为高校宣传发挥“育新人”功能的现实障碍。高校宣传部门要首当其冲地正视这些困难和挑战，这构成了高校宣传工作创新的必要性。第四，高校宣传工作创新要以新宣传政策和新宣传理念为行动依循。第五，高校宣传工作创新还要追求可行性。高校宣传要化不利为有利，变危机为转机，通过高校宣传工作体系的多维创新把新宣传政策和新宣传理念付诸实践。

三、分析框架

本研究以新宣传政策、新宣传理念为根本依循，以时代新人为目标驱动力，在继承高校宣传育人功能的基础上，按照高校宣传工作创新的目标驱动、场域逻辑、风险挑战、行动依循以及高校宣传工作体系的多维创新渐次展开，力图展示高校宣传工作创新的全貌，发挥新时代高校宣传“育新人”的功能。习近平总书记的时代新人观为高校宣传工作创新提供了政策指引和学理支撑，为本书分析高校宣传工作通过多维创新更好地发挥“育新人”功能提供了分析框架。高校宣传与生俱来的育人功能被其显著的政治功能所遮蔽，期望在宣传工作体系的多维创新过程中探寻一条育人功能的凸显之道。进入新时代的高校肩负着培养时代新人的历史使命。与此同时，新时代的高校宣传同样承担着“育新人”的重要职责。两者同一使命的叠加，为高校宣传的育人功能优化提供了行动依循、历史逻辑和现实逻辑。高校宣传何以发挥好“育新人”功能，大宣传工作理念为其提供了探索之径，探索构建起一元主导下的多元主体协同共治的大宣传格局，在深入分析高校宣传内容、宣传功能、宣传主体、宣传格局、宣传部门的创新改革基础上，结合笔者多年来从事高校宣传一线工作的经历，以及对2021QS世界大学排名前31位的中国大陆高校的宣传工作、广东省高校的宣传工作、笔者所在的M学院的宣传工作进行案例研究、行动研究等实际情况，综合分析高校宣传工作体系的多维创新的现状、需求和改革策略。每个维度的创新均围绕高校宣传“育新人”的目标定位来展开，尝试为新时代的高校宣传工作发挥好“育新人”功能提供理论支撑与实践参照。

本研究的理论分析框架分主线理论、分线理论、子线理论展开，层层递进，相辅相成。三层理论线条将全书研究的理论论证和实践探讨加以衔接与贯通，构成本书分析的理论逻辑框架（见图1－1）。

第一层，以时代新人为主线理论。时代新人观贯穿全书搭建起主分析架构，包含高校宣传工作创新的目标驱动、场域逻辑、风险挑战、行动依循和高校宣传体系的多维创新共六章。

第二层，综合运用四种分线理论。第二至第五章主要是理论层面的探讨，为第六章的实践层面探索奠定理论基础、提供行动依循。在分章论述中，高校宣传工作创新的目标驱动援引了习近平时代新人观加以论述，其场域逻辑援引了布迪厄的教育场域论，其风险挑战援引了贝克的“风险社会”论，其行动依循援引了相关的新宣传政策文件、新宣传会议精神和新宣传理念。作为理论层面的探讨，本研究综合运用了文献分析法、历史研究法。

第三层，综合运用六种子线理论。第六章的高校宣传工作创新的一体推进围绕“育新人”功能定位展开。具体创新维度包含宣传内容、宣传功能、宣传主体、宣传格局四个方面。其中，第一节高校宣传内容的守正创新是以习近平新时代中国特色社会主义理论为指导；第二节高校宣传功能的拓展创新是以身体哲学理论和现象学教育学为理论基石；第三节高校宣传主体的素养创新是以尼葛洛庞帝数字化生存论为理论基础；第四节高校

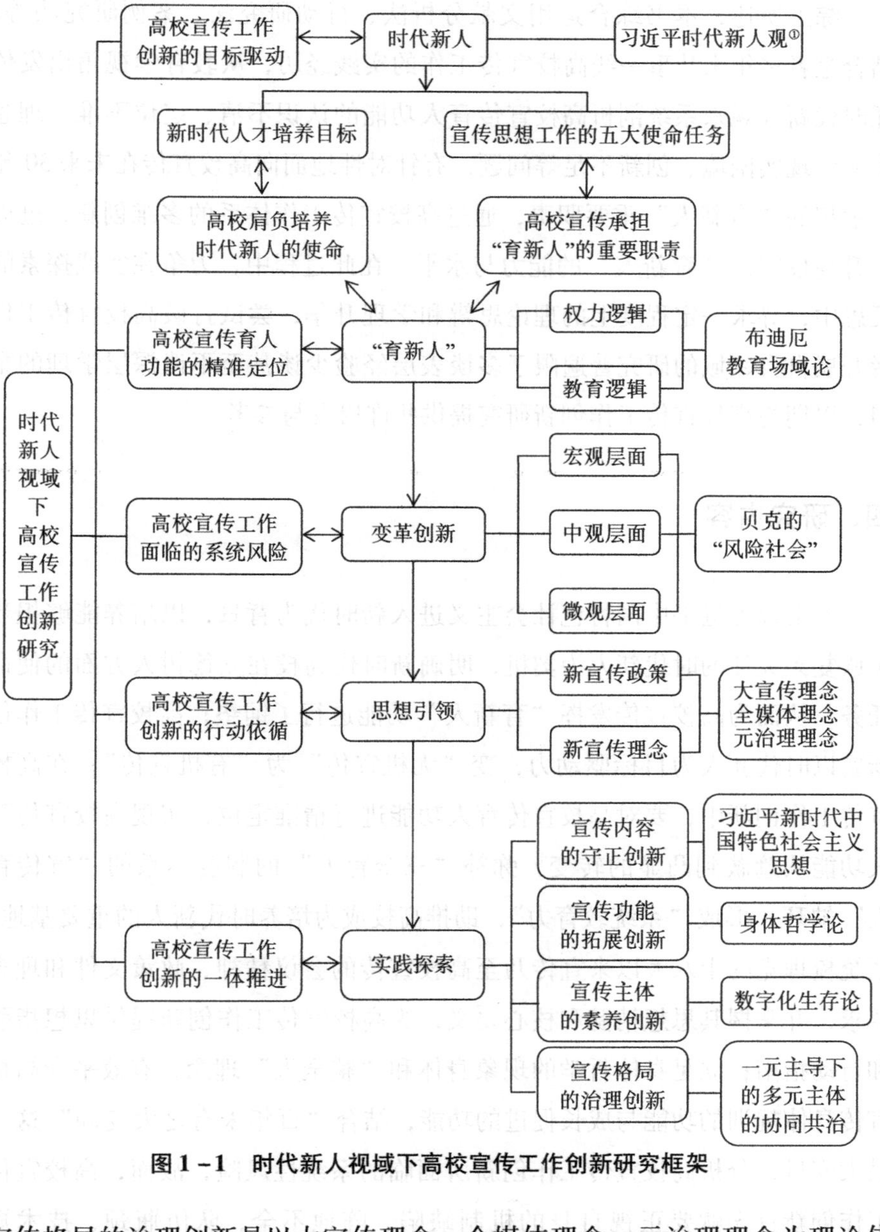

图 1-1 时代新人视域下高校宣传工作创新研究框架

宣传格局的治理创新是以大宣传理念、全媒体理念、元治理理念为理论依循。作为实践层面的探索，运用了案例研究法、行动研究法。

---

① 蔡臻臻，谢文山．习近平时代新人观研究——改革开放以来中国共产党时代新人观的逻辑演进［J］．广东省社会主义学院学报．2019（1）：30－35.

综上所述，本书综合运用文献分析法、行动研究法、案例研究法等，结合笔者多年来从事一线高校宣传工作的实践经历，从教育学视角出发依托时代新人观来系统剖析高校宣传育人功能的认识不清、定位不准、理念不明、现实困境、创新不足等问题，有针对性地面向高校宣传在未来30年所承担的“育新人”重要职责，通过高校宣传工作体系的多维创新，进而提升高校宣传“育新人”的能力与水平。在此过程中，力争在实践探索的反思中，寻求一定程度上的理论思辨和学理升华，尝试打破高校宣传工作者开展自身领域的研究普遍限于多谈表层经验少谈甚至不谈深层学理的窠臼，以期为高校宣传工作创新研究提供些许启发与参考。

四、研究内容

本书以习近平中国特色社会主义进入新时代为背景，以培养能够担当民族复兴大任的时代新人为契机，明确新时代高校在立德树人方面的使命任务，从而为高校宣传发挥“育新人”功能进行了铺垫；高校宣传工作创新要以时代新人为目标驱动力，变“无机宣传”为“有机宣传”；在高校宣传工作创新中，要对高校宣传育人功能进行精准定位，实现高校宣传育人功能从遮蔽到凸显的转变，弥补“三全育人”的制度体系的“宣传育人”缺环，形成“系统教育力”，助推高校成为培养时代新人的重要基地；系统梳理党的十八大以来宣传乃至高校宣传的会议精神、政策文件和理念要求，并掌握其思想精髓和核心要义，为高校宣传工作创新提供思想指引和行动指南；立足身体哲学的现象身体和“整全人”理念，有效平衡高校宣传身体规训的功能与成长促进的功能；结合“百年未有之大变局”这一最大变量，分析高校宣传工作创新所面临的系统性风险，故而，高校宣传工作创新首先就要正视自身的机制缺陷、阵地不全、队伍瓶颈、技术短板、能力缺环等问题，顺势而为，寻求变革之道；着力探索高校宣传的内容创新、功能创新、主体创新、格局创新，建构出一元主导下的多元主体的协同共治新格局。如此一来，时代新人与高校宣传工作创新改革的视域融合，就促使高校宣传通过多维改革创新，强化其“育新人”的功能。高校宣传工作创新不但要提高风险识别的能力，而且要提高风险应对的能力，防范风险向问题的转变，有效维护高校和谐稳定团结的育人氛围；以身体哲学为基础，有效平衡高校宣传的身体规训功能和成长促进功能，促进大学生的成长成人成才；不断提高大学生的媒介素养，引导他们认识和反思信息传播权利、义务与责任的辩证关系，掌握数字化生存的必备素养与信息能力；致力于构建高校大宣传格局，对高校宣传的大宣传机制、全媒体矩阵和大宣传队伍进行整合，形成宣传共同体；明确高校宣传部门在大宣传格局中的元治理者角色定位，担当起牵头协调的职能，主导推动高校宣传工作体系的多维创新，发挥高校宣传“育新人”在宣传系统的示范效应。

本书的主要内容包括六个章节：

第一章为“绪论”，主要阐述以下内容：选题背景与选题意义，国内外关于时代新人、高校培养时代新人和宣传以及高校宣传工作育人功能的研究述评，研究设计与分析框架，研究方法与研究创新等部分。通过对与本书主题相关的研究现状的分析和梳理，确立起研究的逻辑起点。

第二章为“高校宣传工作创新的目标驱动”。第一节对时代新人的历史演进过程进行追根溯源，分析出每个时代都有与之相应的“新人”标准。时代新人是一个历史范畴，需回到特定时代去分析其独特的概念内涵。本书特指新时代“能担当民族复兴大任的有理想、有本领、有担当的时代新人”。通过对人才培养目标、党的教育方针的历史嬗变回溯，分析时代新人自觉的十九大报告提出到上升为新时代人才培养目标的历程，从中梳理出“育新人”成为新时代高校人才培养目标和高校宣传重要职责的发展路径。第二节和第三节，主要是结合党和国家的历史变迁和时代发展背景，对时代新人的内涵加以辨析，并对其特征加以诠释，为后文高校宣传育人功能的精准定位提供目标指引。

第三章为“高校宣传育人功能的精准定位”。第一节聚焦高校宣传育人的权力逻辑，分析高校宣传育人在强化自身政治属性的同时，也会遮蔽其育人功能。这是对高校宣传育人功能的误解和偏见。第二节剖析了高校宣传育人的教育逻辑，明确指出政治属性不是高校宣传的唯一属性。对高校宣传育人功能的凸显和深化有利于弥合“三全育人”制度体系的缺环，构建起“系统教育力”。第三节分析高校宣传育人的时代方位，明确指出，为了更好地发挥高校宣传的育人功能，有必要促进高校宣传育人功能由遮蔽到凸显的转变，以“育新人”为契机，变“无机宣传”为“有机宣传”。

第四章为“高校宣传工作面临的风险挑战”。第一节分析了高校宣传工作创新面临的来自宏观层面的风险，指出随着第二次世界大战后文化殖民的渐次兴起和现如今世界局势的变幻莫测，国际社会的局势变得更加动荡不安。第二节分析了来自中观层面的风险，指出一方面高校网络意识形态安全受到威胁，另一方面高校宣传在改革创新方面相对滞后，这种矛盾状况加剧了高校宣传的困境。第三节分析了微观层面的风险，指出新兴媒体的赋权引发高校宣传话语权的无奈旁落，因而高校宣传部门要直面高校信息传播主体上的此消彼长式的变化，及时找到应对之策。高校宣传部门为了提升其权威性，发挥其“育新人”功能，就必须要进行高校宣传工作创新。

第五章为“高校宣传工作创新的行动依循”。第一节重点解读了2013年和2018年两次全国宣传思想工作会议的精神，以及2015年印发的《高校宣传思想工作意见》《高校宣传队伍建设意见》，分析了宣传的五大使命任务和高校宣传的“五个坚持”，为后文的高校宣传工作创新提供了行动指南。第二节剖析了大宣传理念和全媒体理念在我国的发展历程和最新内涵，以及在高校宣传工作创新中融入元治理理念的必要性，为新时代的高校宣传改革与创新提供了科学指引。

第六章为“高校宣传工作创新的一体推进”。第一节聚焦高校宣传内容的守正创新，要求坚守政治属性，重视社会主义核心价值观教育，推动社会主义核心价值观融入校园文化，构筑中华民族共有精神家园，努力实现中华民族复兴伟业。同时，要推进党史、新中国史、改革开放史、社会主义发展史等“四史”教育，建构涵盖国家认同、民族认同、政治认同、文化认同等多维认同体系。第二节聚焦高校宣传功能的拓展创新。高校宣传要以意识哲学到身体哲学的转变为契机，夯实自身的哲理基础，将高校宣传的育人功能从身体规训拓展到成长促进，助推大学生的成长成人成才。第三节聚焦高校宣传主体的素养创新。新媒体的兴起催生出的新兴高校宣传主体——数字化生存的大学生，在这一新型生存样态中，大学生受到“多时代”的压制，面临“屏幕时代”的霸权，遭遇信息传播自由的考量等，为此，高校宣传要提升大学生的媒介素养，提高大学生数字化生存的能力。第四节聚焦高校宣传格局的治理创新，分析了新时代高校构建大宣传格局的必要性和可行性，结合前文的理论探讨、对2021QS世界大学排名前31位的中国大陆高校的调研分析以及笔者多年来从事一线宣传工作的实践经历，尝试构建高校大宣传格局系统，包括大机制、大平台、大队伍三个核心要素，即以宣传部为主导的全员化大宣传机制、以新闻网为轴心的立体化全媒体矩阵、以大学生为主体的多元化大宣传队伍，明确高校宣传部门在此格局构建中的元治理者角色定位和发挥好牵头协调职能，将高校宣传工作创新体系的多维创新落实到高校宣传部门的以身作则、自我革新和率先示范。

第四节　研究方法与研究创新

一、研究方法

本研究以培养时代新人为目标驱动力，赋予新时代高校宣传工作改革创新以新的内涵和价值向度。本研究综合运用了文献分析、历史研究、访谈、案例研究、叙事研究等方法，结合对笔者身为一名宣传部门正职负责人的行动研究，系统分析高校宣传“育新人”改革创新过程中的具体问题。与此同时，本研究还借鉴和运用了教育学、传播学、管理学、政治学、现象学教育学、身体哲学、社会学等学科的理论知识与学科视野，积极吸收诸多学科理论营养，力争呈现出较为扎实的学术意蕴和比较敦实的实践架构。

（一）文献分析法

“文献法又称文献分析法，指利用文献资料对社会现象进行研究的方法，文献是指人们用文字、图形、符号、声频和视频等手段记录下来的、具有历史价值的图书资料。”① “正式文献综述的主要目的是启动你自己的研究计划。如果你正在考虑研究计划，那么做任何研究的理由就是给某一具体问题或主题的已有知识添砖加瓦……正式的文献检索就会告诉你，关于你试图探究的问题，人们已经知道了多少。”② 本书围绕时代新人、高校培养时代新人研究和宣传以及高校宣传的育人功能、“育新人”研究两个方面查阅了大量文献资料，进行了文献概貌分析和文献综述，全景式地剖析了与本书主题高度相关的研究现状，明确了现有研究的缺陷和不足，从而为本研究确立了相应的逻辑起点。

（二）历史研究法

“历史研究（Historical reseach）：系统搜寻数据以回答关于过去现象问题的研究类型，旨在更好地理解这些现象，分析其中可能的因果关系。”③ 本书在对时代新人的历史演进、党的教育方针的历史嬗变、全国宣传思想工作会议精神和高校宣传思想工作政策要求的文本解读和对比分析等的研究中，明确了本书涉及的一些核心概念的发展历程和科学内涵。

（三）案例研究法

“案例研究（Case study）：一种质性研究方法，在自然状态下从参与者和研究者的视角，对某一现象的特定事例进行的深入研究，它同时关注研究发现的效度和可适用性。”④ 本书以解决实践问题、提高行动质量、改

---

① 科学方法大辞典［Z/OL］．［2020－03－15］http：//kns. cnki. net/kns/brief/default_result. aspx.

② ［美］梅瑞迪斯·高尔，［美］乔伊斯·高尔，［美］沃尔特·博格．教育研究方法：6 版［M］．徐文彬，侯定凯，范皑皑，译．北京：北京大学出版社，2016：61.

③ ［美］梅瑞迪斯·高尔，［美］乔伊斯·高尔，［美］沃尔特·博格．教育研究方法：6 版［M］．徐文彬，侯定凯，范皑皑，译．北京：北京大学出版社，2016：510.

④ ［美］梅瑞迪斯·高尔，［美］乔伊斯·高尔，［美］沃尔特·博格．教育研究方法：6 版［M］．徐文彬，侯定凯，范皑皑，译．北京：北京大学出版社，2016：503.

进实际工作为首要目标，把2021QS世界大学排名前31位的中国大陆高校的宣传工作、广东省高校的宣传工作、笔者所在M学院的宣传工作遴选为特定的案例，积累高校宣传的第一手资料，为高校宣传工作改革创新和发挥高校宣传育人功能提供先进经验。

（四）行动研究法

“行动研究（Action research）：也称‘局内人研究’（Insider research）、‘参与式研究’（Participatory action research）、‘实践者研究’（Practitioner research）、‘自我研究’（Self-study research）、‘教师研究’（teacher research），是实践者为改进自身的专业实践而在工作场所开展的研究。”①笔者在坚守高校宣传一线的亲身经历中，积累了相应的“问题域”，催生出了研究的问题意识。如何促进高校宣传与培育时代新人的有机勾连，并不断增强高校宣传“育新人”功能，就是其中的重要问题之一。本书从高校宣传实践的这一困惑和不解出发，将实践行动与理论研究相结合，通过理论研究进行实践反哺，在实践探索中进行理论检验。

二、研究创新

（一）研究视角创新

本书不但试图通过高校宣传“育新人”功能的研究，以弥合“三全育人”制度体系和“十大育人”体系建设中“宣传育人”的缺环，健全高校“育新人”的“系统教育力”，而且创新性地将时代新人确定为高校宣传工作改革创新的目标驱动力，同时将高校宣传能否助推高校实现培养时代新人目标视为衡量高校宣传工作成效的重要指标。本书不但分析了高校宣传工作面临的来自宏观、中观和微观层面上的系统性风险，而且解读了2013年和2018年两次全国宣传思想工作会议的精神以及2015年的两份高校宣传政策文件，高校宣传对大学生的身体规训、成长促进和媒介素养

① ［美］梅瑞迪斯·高尔，［美］乔伊斯·高尔，［美］沃尔特·博格．教育研究方法：6版［M］．徐文彬，侯定凯，范皑皑，译．北京：北京大学出版社，2016：501.

提升，以及高校大宣传格局的构建、高校宣传部门的角色定位等，使得本书的研究与时俱进、回应现实、有的放矢。

（二）研究方法创新

高校宣传“育新人”功能的研究从学科归属上看，隶属于教育学与传播学的交叉领域。为了深化研究，本书借鉴运用了教育学、传播学、公共政策学、哲学、现象学教育学、社会学等关联学科的研究成果，例如，借鉴权力论和场域论，分析了高校宣传的特殊场域逻辑，并对高校宣传的育人功能进行了重新定位，促进了高校宣传育人功能从遮蔽到凸显的转变；立足于身体哲学、现象学教育学的理论视角，以现象身体为切入点，要求高校宣传在发挥育人功能时既要对大学生进行身体规训，又要促进其成长成人成才，在一定程度上破解了高校宣传育人功能研究中普遍缺乏学理支撑和理论辩护的困局；以贝克的“风险社会”论为方法指引，剖析了当前高校宣传工作改革创新面临的系统性风险。本书还采用文献分析与政策解读及批判性反思法，梳证了附加于时代新人之上的误解误读，理顺了教育方针的历史嬗变；通过案例研究法，对 2021QS 世界大学排名前 31 位的中国大陆高校的宣传工作、笔者所在的 M 学院的宣传工作进行调研，梳理出高校宣传工作改革创新的优秀案例、形成的经验和存在的不足等，为本书的多维创新提供经验借鉴。

（三）研究内容创新

本书的研究充分体现了研究内容上的与时俱进。通过全面系统解读 2013 年和 2018 年两次全国宣传思想工作会议的精神，以及党的十八大以来高校宣传思想工作的纲领性政策文本，来提升高校宣传实践研究的科学性和专业性；建构起以时代新人为目标驱动的扁平化大宣传机制，并将其确立为高校宣传多维创新的“轴心思维”，探索宣传内容、主体、格局等多维创新，打造高校宣传“育新人”的先行示范样本，为其宣传系统“育新人”提供镜鉴；以现象学教育学和身体哲学为学理基础来论证高校宣传育人的科学性和正当性，促使旧有宣传场域中的“主体—客体”二元对立的关系模型转变到身体间性的关系模型，激发高校宣传从“无机宣传”到“有机宣传”的跨越，彰显出高校宣传的温度和力度；提高大学生的媒介素养，使得大学生在成为宣传主体时，练就出数字化生存的本领和技能；以全媒体理念为指导，抢抓新媒体兴起的契机，援引“互联网 +”的蓝本，促进高校媒体的“时代升维”和迭代发展，与时俱进地探索出具有新型传播特质的话语系统和叙事文体，在盘活存量、激发增量、提升质量上下功夫，在虚拟空间和现实空间中掌控话语权；顺应新旧媒体融合发展的需求，再造出有利于高校大宣传格局创新的“毛细血管”，锻造出以多元宣传主体为节点的传播链和信息网；以大宣传理念为核心理论支撑，跳出传统宣传的狭隘视野，对高校宣传要素资源进行系统性整合，制定出大宣传格局构建的路线图；以元治理理念为指导，通过确证高校宣传部门的元治理者角色定位，保障其在多元主体中的牵头协调定位，以期实现一元主导下的多元主体的协同共治的新格局。经此一变，新时代的高校宣传不敢说会有脱胎换骨式的巨变，至少会有“更上一层楼”的惊喜。

第二章

高校宣传工作创新的目标驱动

国家根据时代发展的需要，适时提出了培养时代新人的新时代人才培养目标。党的十九大报告指出，“中国特色社会主义进入新时代，意味着近代以来久经磨难的中华民族迎来了从站起来、富起来到强起来的伟大飞跃，迎来了实现中华民族伟大复兴的光明前景”。党的十九大报告对中国特色社会主义新时期的时代方位进行了科学界定。一方面，社会的主要矛盾发生了变化，“我国社会主要矛盾已经转化为人民日益增长的美好生活需要和不平衡不充分的发展之间的矛盾”。另一方面，中华民族正处在伟大复兴的历史进程中，而且自近代以来，中华民族从未像今天这样，如此接近伟大复兴梦想的实现。实现中华民族的伟大复兴，是一项囊括 14 亿多人口的亘古未有的大事业，体量巨大，覆盖面广，必将彪炳史册，光耀千秋。然而世界正面临“百年未有之大变局”，风险倍增，变数加大，危机凸显。中华民族正面临新的考验。

大学生作为时代新人的重要群体，如果不能有效应对百年未有之大变局，那么就会延滞民族复兴的伟业。所以，在大时代的熔炉中接受锻造和锤炼的大学生，不但要有风险意识，而且要有抵御和防范风险的能力。尤其是在推进国家治理体系和治理能力现代化的进程中，大学生更应该以身作则，率先示范，以“有机知识分子”① 的标准来严格要求自己。在 2018 年 6 月的新时代全国高等学校本科教育工作会议上，时任教育部部长陈宝生一针见血地指出，“人才培养是大学的本质职能”。该会议提出，要加快建设高水平本科教育，全面提高人才培养能力，造就堪当民族复兴大任的时代新人。高校是人才的孵化场域。大学生要通过知识增长、能力培养和素质提高等，在参与国家治理中增长本领，积累经验，积蓄能量，展示出“硬核”担当的能力。如此一来，新时代的高校就要致力于培养有理想、有本领和有担当的时代新人。“未来 30

① 葛兰西立足于社会关系这一新的划分标准，把知识分子划分为“传统知识分子”和“有机知识分子”两种类型。“有机知识分子”不是简单地拥有知识的人，而是担任着知识的创造、传播、宣传和批判职能的人，兼具“有机性”：完全沉浸其社会关系、文化及语言中；具有“群众性”：有机融入广大群众的实践活动中。

年，我们培养的人要能完成‘两个一百年’的伟业。这就是教育的历史责任。”① 这正是未来30年高校所肩负的重要使命。

第一节　时代新人的内涵辨析

一、时代新人的辩证关系

教育的根本在于立德树人，而树人首先要立德。正如辛尼加所说：“首先要学会善良的性格，然后要学会智谋，因为没有前者很难学会后者。”② “大学之道，在明明德，在亲民，在止于至善。”时代新人是追求至善、全面发展的社会主义建设者和接班人，其中德行是基准和必要条件。“有修养的人在自由科学和艺术中寻找到快乐，所以，他愿意学习自由科学和艺术，而不轻视其中的任何学科。”③ 从全人教育的视角看，时代新人首先应是一个完整的人，其成长要立足德智体美劳的全面发展，追求德才兼备、知行合一。

在为时代新人提要求和设标准的同时，我们也应该关注到，时代新人有“抽象的时代新人”与“具体的时代新人”之分。一方面，大学生肩负着民族复兴大业的职责和使命，要站在时代发展的最前沿，做时代的弄潮儿，其所作所为应当符合社会的期待和需求。他们，应该竭力缩小个人综合表现与社会期待之间的差距——这是处于“应然”状态的“抽象的时代新人”。另一方面，大学生又是一个个鲜活的生命体，有血有肉、有情有

---

① 习近平．论党的宣传思想工作［M］．北京：中央文献出版社，2020：375.

② ［捷克］扬·阿姆斯·夸美纽斯．夸美纽斯教育论著选［M］．任宝祥等，译．北京：人民教育出版社，2004：349.

③ ［捷克］扬·阿姆斯·夸美纽斯．夸美纽斯教育论著选［M］．任宝祥等，译．北京：人民教育出版社，2004：369.

欲，每个生命体都具有自身的特殊性。大学生个体成长境遇的独特性，决定了他们在实现民族复兴伟业方面自然也会表现出鲜明的、与生俱来的个体差异性——这是处于“实然”状态的“具体的时代新人”。“抽象的时代新人”所具有的丰富内涵通过“具体的时代新人”来传达和演绎，而无数个具有偶然性因素的“具体的时代新人”则在通过自己的言行举止为“抽象的时代新人”进行详解。“抽象的时代新人”如果偏离“具体的时代新人”的实际，则势必成为无源之水、无本之木，丧失源头活水；“具体的时代新人”如果缺乏“抽象的时代新人”的指引，则可能会事倍功半，甚至误入歧途，半途折返。“具体的时代新人”应该清醒地意识到“抽象的时代新人”对自身的要求，让“具体的时代新人”更接近于“抽象的时代新人”，主动地把个体“小我”塑造成时代“大我”。无论是“抽象的时代新人”抑或是“具体的时代新人”，都是物质自我和精神自我的有机统一，都有着与历史和现实紧密相关的规定性。

新人新面貌，新人新气象。肩负着中华民族复兴大任的大学生，要具有多方面的能力。置身于“风险社会”的大学生，不但要有识别风险的能力，而且要有应对风险、转危为安的能力。中国的成功离不开改革开放，而改革开放早已经积淀成为国人的精神气质。今后，中国还要继续深化改革和扩大开放。大学生要积极参与到中华民族复兴的伟业中去，推动改革开放向前发展。全球化时代，大学生不但要以“苟日新，日日新，又日新”的改革姿态参与到建设社会主义强国的行列中，而且要以更加开放的姿态融入国际社会。中国人不但要铸牢中华民族共同体意识，而且要推动增强人类命运共同体意识。大学生要自觉地养成将中华民族共同体与人类命运共同体进行对接的能力，彰显出中国作为负责任大国的胸襟和气魄。大学生要成为时代新人，墨守成规、循规蹈矩不行，鹦鹉学舌、邯郸学步也不行；要扩大视野、开拓进取；要学会脚踏实地，稳步前进，稳扎稳打，把理想写在祖国大地上；要学会尽职担责，锤炼出坚强品格，身体力行。

二、时代新人的历史演进

“时代新人”并不是一个全新的概念，而是一个历史范畴，在不同的历史时期有着不同的内涵或存在样态。时代新人内含“时代”和“新人”两个要素。一定社会发展阶段对人的素质和能力的要求，总是与所处时代的经济、政治和文化等背景密切相关。而只有与历史时代要求相适应的人，才可以称为这个时代的“新人”。现如今，“时代”已经发展更迭到习近平中国特色社会主义新时代，而“新人”也已被赋予实现中华民族复兴的伟大使命。

历代中央领导集体都重视培养社会主义的建设者和接班人，注重设问并解答“培养什么人，怎样培养人，为谁培养人”这一根本问题，并于不同历史时期提出过与该时期相契合的“新人”目标，也即属于这一特定时期的时代新人。早在革命战争年代，党提出要培养一批有共产主义理想、全心全意为人民服务、矢志艰苦奋斗的革命先锋分子。中华人民共和国成立以来，时代新人的演进共历经了五个重要阶段：其一，中华人民共和国成立之初，立足政局初定、政权不固、经济落后、百废待兴的国情，毛泽东同志提出了培养“又红又专”的国家建设者的新人目标。其二，改革开放初期，为进一步解放和发展产生力，邓小平同志提出了培养“有理想、有道德、有文化、有纪律”的“四有”新人目标。其三，为实现全面建设小康社会目标，江泽民同志提出了坚持“学习科学文化与加强思想修养的统一，学习书本知识与投身社会实践的统一，实现自身价值与服务祖国人民的统一，树立远大理想与艰苦奋斗的统一”的“四个统一”的新人标准。其四，进入经济社会高速发展的21世纪，胡锦涛同志提出了培养“理想远大、信念坚定，品德高尚、意志坚强，视野开阔、知识丰富，开拓进取、艰苦创业”的“四个新一代”的新人要求。其五，习近平总书记在2017年10月18日所作的党的十九大报告中，首次提出“培养担当民族复兴大任的时代新人”。习近平总书记不但作出了“中国特色社会主义进入新时代”的重大判断，而且立足于这一新的历史方位，提出要培养能担当民族复兴大任的“有理想、有本领、有担当”的“三有”时代新人。他要求，全社会要为实现中华民族伟大复兴提供人才保障和智力支撑。一代代青年是时代新人的主力军，是中华民族伟大复兴的力量源泉。习近平总书记非常关心和爱护广大青年，同时在该报告中也对广大青年寄予厚望：

"青年兴则国家兴，青年强则国家强。青年一代有理想、有本领、有担当，国家就有前途，民族就有希望。中国梦是历史的、现实的，也是未来的；是我们这一代的，更是青年一代的。中华民族伟大复兴的中国梦终将在一代代青年的接力奋斗中变为现实。"由是观之，时代新人是中国共产党立足我国国情发展实际，于不同历史时期提出的与该时期相适应的人才培养目标，具有历史承接性、时代发展性和内涵革新性，在不同的历史时期有着不同的内涵和使命。

提出培养能够担当民族复兴大任的时代新人，是对党历来高度重视培育"一代新人"的优良传统的传承与创新。早在2012年11月29日，习近平总书记在参观《复兴之路》展览时提出和阐释中国梦。"大家都在讨论中国梦。我以为，实现中华民族伟大复兴，就是中华民族近代以来最伟大的梦想。"这是中国梦的起点，也是时代新人诞生的源头。在2018年9月10日召开的新时代第一次全国教育大会上，习近平总书记强调"培养什么人是教育的首要问题"，并提出"九个坚持"。其中之一就是要"坚持把服务中华民族伟大复兴作为教育的重要使命"。他对新时代的教育究竟要"培养什么人"，新时代的教育与"民族复兴"的逻辑关系给出了确证性的回答。在2019年3月18日召开的学校思想政治理论课教师座谈会上，习近平总书记直接将培养时代新人上升到新时代人才培养目标的高度。他强调，"新时代贯彻党的教育方针……努力培养担当民族复兴大任的时代新人，培养德智体美劳全面发展的社会主义建设者和接班人。"① 习近平总书记首次提出时代新人观后，从2017年10月到2019年3月，在历时不到两年的时间内，就将其确立为新时代人才培养目标，可见其重要性和紧迫性。这一新时代人才培养目标的提出，是我国应对严峻复杂多变的国际、国内新形势的睿智之举，有利于在复杂多变的世情、国情下实现民族复兴的伟业。

新时代不但对人才培养提出了更高的要求，要求他们能够肩负民族复兴的重任，而且也为他们的成长成人成才提供了得天独厚、千载难逢的历

---

① 习近平．论党的宣传思想工作［M］．北京：中央文献出版社，2020：378.

史机遇。正如习近平总书记在2021年3月6日看望参加全国政协会议的医药卫生界、教育界委员时所说："70后、80后、90后、00后，他们走出去看世界之前，中国已经可以平视这个世界了。"① 中国的当代青年可以豪情万丈地立足于世界民族之林，甩掉自近代以来滋生的民族自卑感。今天，我们看待世界的视角之所以能够发生从"仰视"到"平视"的位移，正是缘于祖国发生了从站起来、富起来到强起来的历史性飞跃。在这种飞跃中，中国的角色扮演也发生了从世界的跟跑者、陪跑者到领跑者的历史性转变。站在历史新起点、时代新方位上的广大青年，能够共享人生出彩的机会，在中华民族复兴伟业的历史大舞台上书写自己的豪迈人生。未来30年是"两个一百年"奋斗目标的历史交汇期，是广大青年施展本领、成就自我、实现理想的大好时期，也是他们将"个人梦"融入中国梦并为之拼搏奋斗的黄金时代。

第二节 时代新人的科学解读

一、时代新人的误解误读

本书所研究的时代新人特指这样的个体，他们不但处于中国特色社会主义新时代，而且符合有理想、有本领、有担当的"三有"基本标准，肩负着实现中华民族伟大复兴的神圣使命。习近平时代新人观是马克思主义中国化的重要理论新成果之一。然而，学术界在对时代新人进行研究与论述时，不乏将时代新人与社会主义建设者和接班人、青年一代、青年大学生混为一谈的情境。这突出表现为，学者们将习近平总书记对青年一代及

---

① 杜尚泽．习近平："大思政课"我们要善用之［N］．人民日报，2021－03－07（3）．

青年大学生的讲话精神、指示批示等张冠李戴、笼统地进行混搭和杂糅。“要求‘时代新人’应把握‘三有’基本要求，‘育新人’应坚定‘六个下功夫’努力方向，‘育新人’应坚持‘三结合’基本原则。”① 该论述就直接将习近平总书记对青年或大学生的系列讲话内容直接套用和嫁接在时代新人上。至于“三有”基本要求、“六个下功夫”努力方向、“三结合”基本原则等是否科学地体现了习近平总书记时代新人观的真实意旨，论述者却没有进行深度的学理推敲和阐释。但毋庸置疑，时代新人与社会主义建设者和接班人、青年一代、青年大学生四个概念之间的确存在着或交叉或包含的关系。只有厘清他们之间的逻辑关系，才能更好地理解习近平时代新人观的科学内涵和时代价值。

（一）厘清时代新人与社会主义建设者和接班人的逻辑关系

现代意义上的国家主要是指民族国家。“当前，教育事业已是一项社会的、国家的事业，不再是个人的事务。”② 被纳入国家规划的教育事业是为党育人、为国育才的事业，有着明确的教育路线、方针和政策，须“坚持教育为人民服务、为中国共产党治国理政服务、为巩固和发展中国特色社会主义制度服务、为改革开放和社会主义现代化建设服务”。③ 这决定了高校培养出的是社会主义的建设者和接班人。国家对教育的规划与控制体现在“一个是显性的政策层面，另一个是隐性的意识形态的渗透与制约层面”。④ 国家通过显性教育和隐性教育的方式对大学生进行身体规训和成长促进，培养党和国家所需要的人才。新时代人才培养目标明确要求要培养时代新人。那么，我们该如何理解时代新人与社会主义建设者和接班人的逻辑关系呢？

学校是育人场所，这是学校有别于其他社会机构的标志性特点。大学生将要从事的职业是其担当民族复兴大任的实然载体。“工作的性质从根

① 罗玉霞．习近平关于“培养担当民族复兴大任的时代新人”重要论述研究［D］．重庆：西南大学，2019：39.

② 周浩波．教育哲学［M］．北京：人民教育出版社，1999：213－214.

③ 习近平．论党的宣传思想工作［M］．北京：中央文献出版社，2020：378.

④ 周浩波．教育哲学［M］．北京：人民教育出版社，1999：214－215.

本上说是社会性的，因为人们所从事的各种职业，都是为了满足人类的种种需要和目的……结果是必须有一种社会教育，因为每一个人都必须学会使自己适应他人和整个社会。”① 大学生通过高校教育获得社会职业的上岗证和入场券，再步入各行各业的具体岗位上投身中华民族复兴伟业。各行各业通过自身的实践和理解，分别从不同角度和层次对时代新人增注了丰富的内涵和意象。“但是万变不离其宗，从根本上讲，‘时代新人’归根到底还是‘社会主义事业建设者和接班人’，是这一建设者和接班人在新时代的体现。”② 时代新人不可能脱离社会主义建设者和接班人的政治内涵和政治要求而遗世独立地存在。显而易见，不同时期的时代新人都必须服务于中国特色社会主义事业。时代新人就是中国特色社会主义事业建设者和接班人的代名词，两者之间具有共同性。全面发展的社会主义建设者和接班人“深刻揭示了‘时代新人’的政治内涵和政治要求”③，体现了党和国家在育人目标上的传承性和时代性。但是时代新人与社会主义建设者和接班人之间也有差异性。如果无视这种差异性，就没有意识到新时代的时代新人肩负着民族复兴的大任。就此而言，时代新人是新时代的社会主义建设者和接班人的专属表达和特定称谓。

（二）厘清青年一代与时代新人的逻辑关系

对于时代新人与青年一代的关系，当前学术界主要有两类观点：一类认为时代新人特指青年一代。譬如，“时代新人的主体不是所有的人，而是那些价值观和人生观尚在形成中的青少年”④；“时代新人伴随着中国特色社会主义新时代而生、而成长……是指有理想、有本领、有担当的青年一代”。⑤ 另一类则认为时代新人指能够紧跟时代步伐、担当民族复兴大任

① ［美］约翰·杜威．学校与社会·明日之学校［M］．赵祥麟，任钟印，吴志宏，译．2版．北京：人民教育出版社，2004：298.

② 刘建军．论时代新人的科学内涵［J］．思想理论教育，2019（2）：4－9.

③ 刘建军．论时代新人的科学内涵［J］．思想理论教育，2019（2）：4－9.

④ 龚鉴瑛．时代新人及其培育：主体、主要内涵及培育着力点——基于道德荣誉感的视角［J］．探索，2018（6）：163－169.

⑤ 刘辉．教育学视角下高校时代新人培育研究新探［J］．老区建设，2020（2）：84－89.

的所有人，是没有年龄限制的。譬如，“培养成长为担当民族复兴大任的时代新人，是每一个公民、每一个中华儿女必须承担的光荣义务和应该享有的神圣权利”。[①]“青年群体是‘时代新人’的生力军”。[②]笔者认同第二类观点。在笔者看来，时代新人的“新”特指新时代和新使命。这里的“新”尽管意有所指，在时代背景上特指人才能够大量涌现的新时代，在人才要求上特指适应时代需求、具有时代精神的能够担任民族复兴大任的优秀人才，但是，并无涉及年龄划分上的“新”。如果从字面意义上来理解“新”，而认为其仅仅指涉青年一代，那就是在简单地偷换概念。根据世界卫生组织确定的年龄分段，青年（Youth）被定义为“15—24 岁”。我们可以说，当下的青年一代是时代新人的后备军、未来的生力军，也将会在未来 30 年内陆续成长为时代新人的主力军。显然，时代新人是指出生于新时代、成长于新时代和奋斗于新时代的、能够担当民族复兴大任的所有人。他们既可以是青少年，也可以是中老年。换言之，凡是在不遗余力地为民族复兴伟业贡献力量的都可以称为时代新人。实现中华民族伟大复兴的中国梦是一项亘古未有的大事业，从来就不是单一群体和特定人群的奋斗所能实现的，而更加需要群策群力，举国同心，齐心协力。习近平总书记强调：“中国梦归根到底是人民的梦，必须紧紧依靠人民来实现，必须不断为人民造福。”时代新人由于没有年龄特指或群体规定，而更加具有涵盖性，能够调动起一切积极的力量。“青年兴则民族兴，青年强则国家强。”青年是国家和民族可持续发展的希望。笔者虽不赞成时代新人特指青年一代的观点，但不可否认，青年一代是时代新人的重要后备力量。培养时代新人不是一蹴而就的事，而是久久为功的系统工程，需要社会各行各业各领域等广义上的社会教育系统，来达成共识、形成合力，持续发力，潜心培育出生生不息、源源不断的时代新人。如此一来，民族复兴的伟业方能在一批又一批时代新人的接续奋斗中最终实现。

---

① 董俊山．大力培养和造就一代又一代“担当民族复兴大任的时代新人”［J］．出版参考，2018（1）：12－20.

② 闫咏梅．习近平时代新人三题［J］．理论与现代化．2018（3）：10－16.

（三）厘清青年大学生与时代新人的逻辑关系

“教育是社会进步和社会改革的基本方法。”① 高等教育是经济社会发展的重要推动力量，长期以来通过源源不断的人才培养，为国家的各项事业提供了坚实的智力支持。高等教育阶段是大学生成长为时代新人的关键期，对大学生的发展影响深远。让·皮亚杰（Jean Piaget，1896—1980 年）认为：“发展是一个与认知结构的整体有关的过程。”具体而言，“认知的发展是一个自发的过程，它与胚胎发生的整个过程紧紧相连。胚胎发生于肢体发展，同样也与神经系统和心理功能的发展有关。就儿童认知发展的情况而言，胚胎发生直到成年时才结束。”② 在我国当前的教育体制下，高校培养的大学生，其年龄在 15—24 岁，处在青年迈向成年的认知发展阶段，处于习近平总书记所说的“拔节孕穗期”，其世界观、人生观和价值观都还在形塑之中。“我国各级各类学历教育在校生达到二亿七千万，全国各类高等教育在学总规模达到三千七百七十九万人。”③ “2019 年，高等教育毛入学率达到 51.6%，实现了从大众化向普及化的历史性跨越。”④ “2019 年，我国高等教育在学总人数达到 4002 万，已建成世界规模最大的高等教育体系。”⑤ 时任总理李克强同志在《2021 年国务院政府工作报告》中指出，我国在 2020 年“实现了高职院校扩招 100 万人目标”。⑥ 学校教育业已成为青少年成长、成人、成才的必备阵地。随着高校招生规模的不断扩张，大学生在同一年代的青年中所占的比例呈现逐年增高的发展趋势。高校成为人才的重要输出源，成批的青年大学生被输送到社会各行各

---

① ［美］约翰·杜威. 学校与社会·明日之学校［M］. 赵祥麟，任钟印，吴志宏，译. 2 版. 北京：人民教育出版社，2004：13.

② ［瑞士］皮亚杰. 皮亚杰教育论著选［M］. 卢濬选，译. 2 版. 北京：人民教育出版社，2015：16.

③ 习近平. 论党的宣传思想工作［M］. 北京：中央文献出版社，2020：372.

④ 王家源，焦以璇. “十三五”教育改革发展目标如期实现［N］. 中国教育报，2020－12－02（1）.

⑤ 叶雨婷. 我国已建成世界规模最大的高等教育体系［N］. 中国青年报，2020－12－04（4）.

⑥ 李克强. 2021 年国务院政府工作报告.［R/OL］.（2021－03－05）［2021－03－11］. http：//www.gov.cn/premier/2021－03/05/content_5590492.htm.

业，我国已经实现了高等教育普及化的历史新跨越。尽管如此，我们也要清醒地认识到，培养数量的增加并不能完全保证培养质量的提升。青年大学生的确是时代新人的重要后备力量，但并不是每一位接受了高等教育的青年大学生都能茁壮成长为时代新人。尽管青年大学生把时代新人作为理想追求和奋斗目标，但仍有少数大学生还存在着不成熟、不理性，甚至不合格之处，还有待进入社会大熔炉，接受社会的再教育。正因为如此，高校才要进行改革，以实现从外延式扩张向内涵式发展的转变。

二、时代新人的基本标准

时代新人要符合有理想、有本领、有担当的“三有”基本标准。类似培育爱劳动会劳动懂劳动的时代新人，培育德才兼备、知行合一的时代新人，培育德智体美劳全面发展的时代新人等表述，尽管在时代新人的前面加上了一些限定词，但是，这些表述都是在满足“三有”底线指标的基础上，在特定场景下对时代新人的内涵和外延进行扩展和深化。

（一）有理想：要葆有坚定的理想信念

习近平总书记在党的十九大报告中指出：“广大青年要坚定理想信念，志存高远，脚踏实地，勇做时代的弄潮儿，在实现中国梦的生动实践中放飞青春梦想，在为人民利益的不懈奋斗中书写人生华章！”坚定的理想信念是时代新人的首要指标。高校是为党育人、为国育才的人才高地，根本任务在于立德树人。而立德既要立公德也要立私德，公德在于国家和社会层面上的爱国主义、民族精神、“四个意识”“四个自信”“两个维护”等，私德在于个人层面上的理想信念、道德情操、个人修养等。正所谓“为学须先立志。志既立，则学问可次第着力。立志不定，终不济事”。尚处于求学期的青年大学生如果没有为党为国为民族奉献的家国情怀、道德情操、理想信念作为支撑，就会缺钙，得“软骨病”，成为垮掉的一代。

近代以来，中华民族历尽沧桑、饱受屈辱，在中国共产党的领导下，历经百年的奋斗，完成了从站起来到富起来的历程，并迈上了强起来的新征程。我们只有源源不断地为党培育出一代代理想信念坚定的根正苗红的时代青年，方能确保我们的红色政权永固和国家富强昌盛。高校教育应该从本源上回答好“培养什么人”这一根本问题，进而培养出一代又一代拥护中国共产党领导和社会主义制度、立志为中国特色社会主义奋斗终生的有用人才。

（二）有本领：要练就过硬的实干本领

习近平总书记在党的十九大报告中指出，我们“必须认识到，我国社会主要矛盾的变化，没有改变我们对我国社会主义所处历史阶段的判断，我国仍处于并将长期处于社会主义初级阶段的基本国情没有变，我国是世界最大发展中国家的国际地位没有变”。我们今天所培养的大学生依然要牢牢把握社会主义初级阶段这个基本国情，练就过硬的本领，在所置身的专业领域里持续努力、潜心钻研、积蓄力量，在成为时代新人的道路上坚定前行、自律自强、日臻完善，才能当仁不让地担当起民族复兴的大任。

习近平总书记寄希望于广大青年“一定要坚定理想信念、要练就过硬本领、要勇于创新创造、要矢志艰苦奋斗、要锤炼高尚品格”。① 过硬本领是青年一代成长成人成才的“铠甲”，也是在竞争日益残酷、内卷日益严重的现实社会中优化生存环境的必要条件。“青年的素质和本领直接影响着实现中国梦的进程。”青年如果没有过硬的专业本领，也就不具备为中国人民谋幸福、为中华民族谋复兴的实力，即便是有平台和机遇，那也只能遗憾错失良机。因为“机会总是留给有准备的人，平台也是留给有实力的人”。广大青年只有不断地赋能和充电，才能拥有担当作为的实力。

（三）有担当：要怀有强烈的社会担当

“担当是人对责任积极主动的响应和承担”②“先天下之忧而忧，后天下之乐而乐”“位卑未敢忘忧国”“天下兴亡，匹夫有责”“苟利国家生死以，岂因祸福避趋之”“人生自古谁无死，留取丹心照汗青”“铁肩担道义”“使命呼唤担当，使命引领未来”……这些从古至今的担当精神，诠释了个人使命与家国命运的辩证统一关系。担当就是一种将责任内化于心、外化于行的行动表现，是心系国家命运、服务家国事业的责任感和使

---

① 习近平．在同各界优秀青年代表座谈时的讲话［N］．人民日报，2013－05－05（2）．

② 吕云涛．培养时代新人的理论内涵、目标要求与实践路径［J］．南方论刊，2020（10）：24－26.

命感。“新时代中国共产党的历史使命就是实现中华民族伟大复兴。”

“有担当”是新时代大学生最缺乏也是最亟须的精神标配。没有经历过近代苦难深重、国耻家恨的洗礼，一出生就享受着国泰民安、幸福生活的青年大学生，在面对挫折困难、风险挑战、艰巨任务时，亟须的正是“有担当”这一时代品质。“有多大担当才能干多大事业，尽多大责任才会有多大成就”① 的逻辑关系，是新时代大学生必须学思践悟的一种实践逻辑。前有周恩来“为中华崛起而读书”，今有青年“为中华民族伟大复兴而读书”，这是对“有担当”的最好注解。大学生只有心怀家国，才能深刻理解个人命运与国家命运唇亡齿寒的本质关系。“覆巢之下焉有完卵”正是此意。为此，大学生要自觉地将“个人梦”与中国梦紧密相连。

习近平总书记对时代新人提出的“三有”标准，是基于中国特色社会主义新时代的深刻思考和现实考量而提出的，有着对未来30年人才培养目标的精准研判和未雨绸缪。“有理想、有本领、有担当”这三个标准相辅相成，层层递进，缺一不可。有理想是不忘初心，有本领是牢记使命，有担当是心怀责任。唯有初心、使命、责任共存一体，方能成功培育出真正的时代新人。“得人才者得天下”“发展是第一要务，人才是第一资源，创新是第一动力”，这是古今中外、概莫能外的实践真理。时代新人的“三有”标准是基本要求，并非最高要求。时代新人的丰富内涵还有待社会各行各业在“育新人”的实践与探索中进行多元化的注解。

第三节　教育系统的使命担当

一、人才培养目标的历史嬗变

约翰·杜威（John Dewey，1859—1952年）曾说：“不论人们处于什

---

① 习近平. 为建设世界科技强国而奋斗［N］. 人民日报，2016-06-01（2）.

么年龄段，教育乃是提供确保其成长或合理生活的各种条件的一项事业。”① 由此可见，教育在于促进受教育者成长、成人、成才。“教育是以培养人为首要目的的社会活动，这是教育区别于其他社会活动的根本属性。培养人是教育最基本的立足点和最基本的功能，也是教育存在和发展的基本依据。”② 从时代发展历程来看，不同时代会提出不同的教育要求；从生命成长历程来看，个体在不同的年龄阶段有着不同的教育要求。“有必要揭示统一的整体的教育目的，作为统率教育实践与教育理论的总纲，这是赫尔巴特所强调的主张。”③ 不同的教育目的论或称培养目标论，是因人因时因地而提出的，深受不同社会历史现实背景影响和制约。“培养目标”即“培养什么人”是表达教育目的的主要形式。在我国，“培养什么人”是通过党的教育方针来加以规定，并作为教育的根本问题而得以凸显。教育方针的历史嬗变，反映了中国共产党在不同历史时期对人才素质和人才质量的特殊要求。

中华人民共和国成立70多年来，随着经济社会的快速发展，党的教育方针也在不断完善，这充分体现了对未来教育规划的前瞻性、对当下社会需求的适应性，以及对过往人才目标的继承性。这种发展实质上是一种继承式发展和守正式创新的过程。教育的根本目的在于培养人。为此，党的教育方针由教育的服务面向即为谁培养人、教育的目的即培养什么人、教育的任务即如何培养人这三个要素构成。其中，“培养什么人”是教育方针的核心要素。中华人民共和国成立之初，教育旨在培养国家建设的紧缺人才。毛泽东同志在1958年提出，教育要“培养有社会主义觉悟有文化的劳动者”。改革开放后，党确立了“一个中心两个基本点”的基本路线。邓小平同志在1985年明确指出，教育要培养“有理想、有道理、有文化、有纪律的社会主义建设人才”。在国民经济快速发展的世纪之交，江泽民

① ［美］约翰·杜威．杜威全集：中期著作（1899－1924）第9卷（1916）［M］．俞吾金，孔慧，译．上海：华东师范大学出版社，2012：46.

② 扈中平．现代教育学［M］．北京：高等教育出版社，2010：70.

③ ［日］筑波大学教育学研究会，编．现代教育学基础：中文修订版．［M］．钟启泉，译．2版．上海：上海教育出版社，2003：129.

同志于1999年指出，教育要“造就有理想、有道德、有文化、有纪律的德智体全面发展的社会主义建设者和接班人”。进入经济全球化的新世纪，胡锦涛同志在2007年强调教育要“培养德智体美全面发展的社会主义建设者和接班人”。立足中国特色社会主义新时代，习近平总书记在2018年的新时代第一次全国教育大会上指出，教育要“培养德智体美劳全面发展的社会主义建设者和接班人”。2019年，习近平总书记主持学校思想政治理论课教师座谈会时提出，教育要“努力培养担当民族复兴大任的时代新人，培养德智体美劳全面发展的社会主义建设者和接班人”。2022年，习近平总书记考察调研中国人民大学时指出，“立足新时代新征程，中国青年的奋斗目标和前行方向归结到一点，就是坚定不移听党话、跟党走，努力成长为堪当民族复兴重任的时代新人”。

由是观之，改革开放以来，教育在培养社会主义建设者和接班人这一点上始终没变。尽管对不同年份教育目标的描述有所变化，但充其量也仅是对其内涵的一种丰富和完善。中华人民共和国成立以来，教育行业为社会各界培养和输送了大量人才，有力地推动了中国特色社会主义事业的发展。进入中国特色社会主义新时代，习近平总书记在“两个一百年”奋斗目标的历史交汇期更是提出时代新人观，要求教育部门通过培养时代新人，助力中华民族伟大复兴的中国梦。这就为新时代的教育发展指明了新的航向。

二、高校人才培养的时代使命

历代中央领导集体在教育领域高屋建瓴，谋篇布局，久久为功。从党的教育方针的历史嬗变看，我国教育的服务面向自改革开放以来，就始终秉承着为社会主义现代化建设服务的宗旨。在“第一个百年”奋斗目标即将完成之际，培养时代新人被及时纳入新时代人才培养目标，以建成社会主义现代化强国。培养时代新人由此成为新时代各级各类学校的宏观指针。时代新人观的提出反映了党和国家结合国际国内新形势对教育目的再思考，映射出一种新时代的教育理想。这种教育理想“一方面从本质上说是受教育观念制约的，另一方面又同每个现实的历史状况紧紧联系在一起，以比教育理念更具体、更特殊的形势表现出来。这种教育理想是通过提出培养目标来反映的”。① 人才培养目标就是教育理想的具象化表达。习近平总书记的时代新人观的源点在中国梦。培养时代新人是实现中国梦的必然举措。新时代的教育理想与实现中华民族复兴伟业的中国梦通过时代新人这一人才培养目标而得以连接起来。各级各类学校视中国梦为共同梦想，其所培养的大中小幼的学生作为时代新人的后备军，为民族复兴提供了源源不断、生生不息的人才支撑。这充分彰显了中国共产党治国理政的智慧，以及中国特色社会主义制度集中力量办大事的优势。

“树木长成形要靠栽培，人要长成才则要靠教育。”② 正如让－雅克·卢梭（Jean－Jacques Rousseau，1712—1778 年）所言，我们出生就很弱小、一无所有和懵懂无知，“而我们出生时缺乏的和成长中需要的一切，教育都会赋予我们”！③ 所以，我们需要教育赋予力量、援助和判断能力。教育要促进学生的成长、成人、成才，而教育的主阵地在学校。归根结底，时代新人的成长离不开学校教育。与此同时，教育方针的落脚点在学校，全面贯彻落实党的教育方针是学校的根本遵循。学校作为实施教育强国战略、开展国民教育、提升国民素质的专门机构，其根本任务是立德树人。时代新人培养目标的确立，是教育目的的社会本位论的体现。高等学校培养目标“所要解决的问题是高校应当培养什么样的人的问题，反映着特定的社会教育价值取向”。④ 高校的培养目标受党的教育方针所规划和指引，是对受教育者提出的特定的规格标准，“是高校一切教育活动和工作的出发点及归宿，是高校教育实践活动的理论指南”。⑤ 为此，不同的培养

① ［日］筑波大学教育学研究会，编．现代教育学基础：中文修订版．［M］．钟启泉，译．2 版．上海：上海教育出版社，2003：134.

② ［法］让－雅克·卢梭．爱弥儿：上册［M］．叶红婷，译．北京：台海出版社，2016：7.

③ ［法］让－雅克·卢梭．爱弥儿：上册［M］．叶红婷，译．北京：台海出版社，2016：7.

④ 卢晓中．高等教育新论［M］．北京：高等教育出版社，2016：16－17.

⑤ 卢晓中．高等教育新论［M］．北京：高等教育出版社，2016：16.

目标决定了教育形式、内容、方法和评价的差异性。受时代新人培养目标引领的高校培养目标，理应围绕这一人才培养总目标，结合自身学校的教育资源和教育活动实际，适当调试其教育形式、教育内容、教育方法和教育评价，更好地完成这一历史使命，为民族复兴伟业提供人才支撑。

从1895年官办最早的大学——北洋大学堂（天津大学前身）的创立，到2019年我国高等教育实现从大众化向普及化的历史性跨越，中国现代意义上的高校教育在长达一个多世纪的漫长进程中，立足中国、放眼世界，兼收并蓄、去芜取菁，在借鉴和吸收世界先进教育模式的基础上探索总结出了适合中国国情的中国特色社会主义教育模式。这种高等教育模式在中国从站起来富起来到强起来的伟大飞跃中发挥了重要作用，有目共睹，举世公认。纽曼在《大学的理念》中讲道，大学是“一切知识和科学、事实和原理、探索和发现、实验和思索的高级保护力量”。高校对于高校师生来说，是其开展“创造知识、传授知识、培养人才并服务社会”① 活动的专属空间，形成了特定的文化特点、价值取向、话语方式、行为规范和运作逻辑，教师与学生身处其中研究高深学问、增长专业知识。高校既是高级知识分子聚集的人才高地，也是培养高素质人才的重要基地。与其他社会机构相比，高校拥有得天独厚的人才优势和无与伦比的智力资源。也正是因为如此，在人才强国、科技强国等国家重大战略中，高校历来都承担着提供智力支持与人才支撑的重大职责。实现中华民族伟大复兴是近代以来中华民族最伟大的梦想，也是各行各业未来30年最迫切、最伟大的阶段性目标。这一伟大梦想和目标的实现，离不开高校育人功能的发挥。新时代的高校更应该自觉地承担起培养时代新人的重任。鉴往知来，在实现民族复兴的伟业中，高校不可能也不应该缺位。高校理应成为培养时代新人的先行地和示范区。培养时代新人的号角早已经吹响，为此，高校必须以时不我待的紧迫感和舍我其谁的责任感，根据新时代人才培养目标、创新人才培养理念，优化教育资源的配置，有效平衡外延式扩张和内涵式发展的关系，竭力培养契合新时代需求的、能够担当民族复兴大任的时代新人。

---

① 张维迎．大学的逻辑：3版［M］．北京：北京大学出版社，2012：1.

第三章

高校宣传育人功能的精准定位

培养时代新人是贯彻新时代党的教育方针的具体体现。培养时代新人是一项重大而艰巨的使命任务，事关国运，事关中华民族复兴伟业进程，需要调动起方方面面的教育因素，甚至把长期处于遮蔽状态的教育资源充分调动起来。为此，高校构建起了“三全育人”的制度体系，走协同育人的一体化之路。2017 年 2 月，中共中央、国务院出台的《关于加强和改进新形势下高校思想政治工作的意见》强调，加强和改进高校思想政治工作的基本原则之一就是坚持全员、全过程、全方位育人。“把思想价值引领贯穿教育教学全过程和各环节，形成教书育人、科研育人、实践育人、管理育人、服务育人、文化育人、组织育人长效机制。”① 中共十九届四中全会再次提出，要加强和改进学校思想政治教育工作，建立全员、全过程、全方位育人体制机制。现有的“三全育人”体系尽管涵盖了“课程、科研、实践、文化、网络、心理、管理、服务、资助、组织”育人共十个方面，然而并未将宣传育人纳入其中，直接忽视了高校宣传的育人功能。为此，有必要凸显高校宣传的育人功能，促进高校宣传育人功能由遮蔽到凸显的转变。

“每个获准进入场域的行动者必然会受到场域逻辑的压力，也就是会认同场域的游戏规则。”② 高校宣传置身于高校教育场域，有必要先厘清高校宣传育人特殊的场域逻辑，准确把握自身身处场域所自带的政治属性和教育属性，并以此健全和完善“三全育人”的制度体系。在布迪厄看来，“场域”是一个关系性的概念，“一个场域可以被定义为在各种位置之间存在的客观关系的一个网络（Network），或一个构型（Configuration）”。③“‘场域’与‘教育’结合而成‘教育场域’。作为一个重要的理论范畴，教育场域拥有相对具体的内涵和明晰的特征。”④ 这些特征包括，“教育场

---

① 中共中央、国务院．关于加强和改进新形势下高校思想政治工作的意见［EB/OL］．（2017－02－27）［2021－02－19］．http：//www.gov.cn/xinwen/2017－02/27/content_5182502.htm.

② 朱国华．场域与实践：略论布迪厄的主要概念工具（下）［J］．东南大学学报（哲学社会科学版）．2004（2）：41－45，126.

③ ［法］皮埃尔·布迪厄，等．实践与反思：反思社会学导引［M］．李猛，等，译．北京：中央编译出版社，1998：133－145.

④ 冯苗．教育场域中的对话——基于教师视角的哲学解释学研究［M］．北京：教育科学出版社，2010：54.

域是一种关系场、文化场、权力冲突场、对话场”。[①] 教育场域是指“在教育者、受教育者及其他教育参与者相互之间所形成的一种以知识的生产、传承、传播和消费为依托，以人的发展、形成和提升为旨归的客观关系网络”。[②] 当前的高校宣传要以促进大学生的成长成人成才为旨归，立足民族复兴和国家发展的需要，自觉地以培养时代新人为目标指引，发挥时代新人培养目标的牵引力和统摄力，彰显其立德树人、以文化人、铸魂育人、陶铸新人的育人功能。

第一节 高校宣传的权力逻辑

国家政权体系的稳定，离不开宣传系统的作用发挥。高校宣传尽管在整个国家的宣传体系中处于“半边缘”的位置，但是也要服从和服务于国家的文化安全，通过在高校范围内凝聚政治共识，优化高校治理的格局。教育场域是一种“权力冲突场”。[③]“任何一个场域说到底都受到元场即权力场、政治经济场的制约”。[④] 按照布迪厄的说法，“一个社会构成内各集团或阶级之间的权力关系是专断权力的基础，而这一权力是建立一种教育交流关系的条件，即以一种强加和灌输（教育）的专断方式进行的强加和灌输文化专断的条件”。[⑤] 高校宣传受权力逻辑的影响，要把控好政治方向，站在维护党的领导的高度，增强思想和价值的引领能力，引导大学生

---

① 冯苗．教育场域中的对话——基于教师视角的哲学解释学研究［M］．北京：教育科学出版社，2010：54 －57.

② 刘生全．论教育批评［M］．北京：教育科学出版社，2006：98.

③ 冯苗．教育场域中的对话——基于教师视角的哲学解释学研究［M］．北京：教育科学出版社，2010：54 －57.

④ 朱国华．场域与实践：略论布迪厄的主要概念工具（下）［J］．东南大学学报（哲学社会科学版）．2004（2）：41 －45，126.

⑤ ［法］P. 布尔迪约，J. －C 帕斯隆．再生产——一种教育系统理论的要点［M］．邢克超，译．北京：商务印书馆，2002：14.

增强维护意识形态安全的责任；通过净化高校舆论场来巩固党的领导地位、维护党的权威；要对大学生进行权力规训和行为矫正，通过身体规训达到心理认同的目的，达到身与心的统一；要以习近平新时代中国特色社会主义思想为指导，把社会主义核心价值观从外在的价值要求转变成大学生内在的价值追求，增强中华民族共同体意识，建构中华民族共有精神家园。

一、高校宣传政治属性的界定

宣传这一概念自诞生之日起，与宗教、战争、革命、政治或经济相联系，带有传播、信息布达之意，后依托文字、符号、数据、比特等以时间为重点的媒介和以空间为重点的媒介，发展成为公共关系知识生产传播存续的一种宣传影响力。“在众多形成影响力的源泉之中，宣传始终受到权力的使用与制造同意的操纵。”① 掌权者历来视宣传为驭人之术，且深谙此道。掌权者要借助于宣传等把“硬权力”变成“软权力”和“巧权力”，而使宣传成为权力杠杆进行操纵的重要工具。权力对宣传的渗透发展出新型的权力方式，造就出宣传的多面性特点，有利于巩固和扩大权力的影响，这是宣传历来受到器重的重要原因。但与此同时，这也使得一些人对宣传持有偏狭性看法和歧视性误解，而将宣传视为煽动、鼓吹和欺骗的代名词。历史上还曾经有人试图剔除宣传的权力属性，但终究只是枉费心机、徒劳而已。我国是人民民主专政的社会主义制度，国家性质体现出“国家一切权力属于人民”的特点，这与资本主义国家所鼓吹的“主权在民”有着本质的区别。这也从根本上决定了我们的宣传不但能够满足国家管理和社会管理的需要，而且能够满足广大人民群众的需要。由此可见，我国的国家性质决定了宣传有自我完善和自我提高的能力，能够将宣传部门治理现代化自觉融入国家治理体系和治理能力现代化的进程中。

---

① 王怡红．宣传研究的概念考察——兼评刘海龙的宣传研究［J］．新闻界，2014（20）：27－35.

随着全媒体的到来，现代媒体业已发展成为无处不在、无所不及、无人不用的社会公众全方位信息生活服务的工具。媒体已成为一种重要资源，资源掌控权决定着媒体运行原则和价值目标。“政府希望媒体按照政治原则和道德原则运行，民间资本则要按经济利益原则运行。”① 高度市场化的商业媒体遵循流量逻辑的运作机制，热衷于炒作话题和制造热搜，博得点击浏览量、点赞率、发帖评论数等统计数据的急剧提升，打造“眼球经济”。传统媒体与新兴媒体都正经历着竞争激烈的生存战，风险与收益、挑战与机遇共存，“学会生存”“适者生存”是他们的必备技能。“这使得新型主流媒体既需要实现正确舆论导向，也要在市场竞争中实现价值补偿和价值增值，找准宣传阵地与市场经济的结合点。”② 然而，以消费者为导向的流量逻辑，将不可避免地朝低俗、庸俗、恶俗的方向发展。“当新闻炒作成了新闻媒体的生存手段，当收视率主宰了媒体的生存，当眼球经济披上了新闻自由的外衣，当宣传为市场权力所控制，客观公正的新闻理念就无法真正得到实现。”③ 被市场驱动的商业媒体甚至其宣传内容会偏离事实真相，只为曲意奉迎，投其所好。这种不正确的媒体价值观理应受到批判和监管。

在我国，党管意识形态、宣传、媒体是坚持党的全面领导的重要方面。在推进国家治理体系和治理能力现代化的进程中，高校宣传与政府机关的宣传一样，尽管处于商业化的语境下，但要坚持党管宣传的原则，要坚守政治属性、抑制过度商业化的倾向。当前的国际政治主要是政党政治。党管宣传的领导机制不但确保了党对教育的领导权，而且使得高校培养什么人、怎样培养人、为谁培养人等有了清晰明了的答案。《高校宣传思想工作意见》在提出的五个努力方向中，就提出“要切实加强党对高校宣传思想工作的领导”。由是观之，坚守政治属性是高校宣传与商业媒体的差异性所在。高校宣传具有风向标的作用，有着明确的价值指向性。高

---

① 魏则胜．道德建设的文化机制研究［M］．广州：广东人民出版社，2005：173－174.

② 黄楚新，文传君．从数字化转型到数字化生存：媒体的变革与发展［J］．新闻与写作，2020（12）：22－27.

③ 段兵，刘志．宣传与公共权力关系辨析［J］．当代传播，2008（4）：37－38.

校宣传要高强度地配合意识形态的建设，常抓不懈，积极践行社会主义核心价值观，发挥高校宣传在人才培养上的价值引领作用，帮助大学生坚定政治信仰，明确政治立场，提高政治站位；通过加强高校思想文化领域的管控力，有效应对来自高校内外的信息风险，净化高校舆论氛围；通过营造风清气正、积极向上的校园文化环境和安定团结的和谐氛围，为高校实现立德树人、培养时代新人提供精神动力和舆论支持。

二、高校宣传育人功能的遮蔽

长久以来，高校宣传在政策宣传、人才培养、社会服务、高校发展、舆情应对等方面尽责履职，成绩显著，功不可没。高校宣传对于捍卫马克思主义在高校意识形态的指导地位，意义重大。高校宣传致力于信息的上传下达，通过舆论引导、管控分歧、稳定思想来达到稳定高校的目的。尤其是，高校宣传一直在调动高校内部所有的宣传媒介，不遗余力地推进育人工作，把育人视为自身的初心和使命，在神州大地上浓墨重彩地描摹出育人的宏伟蓝图；坚持以马克思主义新闻观为指导，积极培育与弘扬社会主义核心价值观，提高大学生的马克思主义理论素养；建构中华民族共有精神家园，铸牢并增强青年大学生的家国情怀和民族意识。

很长一段时间，无论是社会公众还是学术界，对高校宣传的认知都还存在着一定程度的偏颇和不足，使得高校宣传屡遭诟病，并引发高校宣传在社会认同和自我认同上的双重弱化。有人认为，高校宣传受官方意识形态的管控，对信息进行选择性利用，以达到遮蔽真相式的“洗脑”效果；有人还认为，高校宣传尽人皆知，就是扮演着信息的上传下达的角色，创新空间有限。对于高校宣传，学术界更多的是从政治学、历史学、社会学、传播学等视角进行研究，而缺乏教育学的视角，由此带来了高校宣传育人功能的盲视。虽然高校宣传对大学生的身心塑造已经成为一种常态，然而学术界对高校宣传的育人功能给予高度评价的却少之又少，凤毛麟角。即使有这样的学者存在，那也是偶然的幸存者偏差，更奢谈对其育人潜能的深度挖掘了。持有上述观点的人对高校宣传或持有思维偏见，视政治属性为高校宣传的“原罪”，或存在认知盲点，未能深入研究其育人功能。他们内外合谋，相互印证和强化，将歧视性话语无情地镌刻在高校宣传上，遮蔽了高校宣传的育人功能。高校宣传被错误对待，也有高校宣传自身的原因。高校宣传归属于非教学的行政团队，没有处在高校工作的核心地位，缺乏人事的任免权、财务的管理权、物资的分配权等，由此也遮蔽和忽视了高校宣传的育人功能。作为高校宣传供给侧的从业人员，其职业信仰也受到各种偏见影响。故而，高校宣传的育人功能长期被排除在主流视野的关注范围之外，也就不足为奇。以致到实践层面，高校宣传在育人领域的话语权偏弱。凡此种种，高校宣传育人理念有待深入研究。

高校宣传的政治属性决定了其必然要加强高校意识形态阵地建设，维护高校意识形态安全。高校宣传思想工作是有立场的，不可能持不偏不倚的中立立场。这种认识形成了高校宣传育人功能的“刚性制约”。然而，社会公众却不能因为高校宣传具有政治的倾向性，就否定其育人功能。高校宣传育人有着现有的课程育人、管理育人、实践育人等“十大育人”体系难以发挥的替代效应。无视高校宣传的育人功能，或将高校宣传游离于正式教育之外，只会带来高校育人渠道的萎缩。对高校宣传育人功能的盲视和遮蔽也会戕害高校宣传本身，并从侧面印证一些人对高校宣传的误识误判。概而言之，高校宣传育人功能的遮蔽，既制约了高校的育人效果，也限制了高校宣传本身的发展。

第二节 高校宣传的教育逻辑

“社会性的文明成就无法像本能那样自然遗传，所以发明了教育。教育正是文明的遗传方式，没有教育，文明就不可能延续。”① 而高校则在人类文明的传承中发挥了异乎寻常的作用。高校既是知识生产和供给的重要

① 赵汀阳．教育问题：遗产、经典和榜样［J］．陕西师范大学学报（哲学社会科学版），2020（2）：10－14.

基地，也是人才的集中地和“孵化器”，承载着知识生产和人才培养的重任。布迪厄把“资本”分为经济资本、文化资本、社会资本和符号资本四种类型。“教育场域是文化资本的产生、传播以及传承的地方。”① 教育属于文化活动范畴，其“各个要素及他们之间的联系，基本上都是通过知识而实现的”。② 高校宣传置身于教育场域之中，以校园媒体为媒介承载着知识即布迪厄所说的文化资本的生产、传播以及传承的功能。“教育场域是一种文化场域和意义场域，赋予场域内各行动者之间的交往以浓郁的‘文化’色彩。”③ 高校宣传的形式和内容的本质就是一类知识和文化的合理存在，通过传播、传承来达到以文化人、铸魂育人的目的。2020 年 10 月 13 日，中共中央、国务院颁布实施的《深化新时代教育评价改革总体方案》明确指出，“坚持把立德树人成效作为根本标准”。④ 高校的各项工作都应该紧紧地围绕着立德树人这项根本任务而展开，致力于培养适应社会主义现代化建设的人才。高校宣传在高校各职能部门中处于非常耀眼的位置，理所当然要参与人才培养，承接育人的神圣职责。高校宣传致力于宣传社会主义物质文明、政治文明、精神文明、社会文明、生态文明，发挥“精神嫁接术”的作用，以健全大学生的理想人格，促进其成长成人成才。尽管“高校宣传”和“高校育人”作为两个独立议题均受到了学界的广泛关注，但对两者关系的研究却比较缺乏，这一点可从前文的文献概貌中获取例证。理论研究上的不充分必然会制约高校宣传育人功能的正常发挥。

一、高校宣传育人功能的凸显

政治属性不是高校宣传的唯一属性。“宣传思想工作历来就具有教育

① 冯茁．教育场域中的对话——基于教师视角的哲学解释学研究［M］．北京：教育科学出版社，2010：54 - 57.

② 谢维和．教育活动的社会学分析：一种教育社会学的研究［M］．北京：教育科学出版社，2000：73 - 74.

③ 刘生全．论教育批评［M］．北京：教育科学出版社，2006：100.

④ 中共中央，国务院．深化新时代教育评价改革总体方案［EB/OL］（2020 - 10 - 13）［2021 - 03 - 05］．http：//www.gov.cn/zhengce/2020 - 10/13/content_5551032.htm.

人、培养人的功能。成功的宣传思想工作能够使时代对人的要求被个人所接受，逐渐内化为自我要求和自身追求，进而外化为符合时代要求的自觉行动。因此，宣传思想工作最能塑造人的精神品质、价值观念，进而影响一代人的品行习惯和人生选择。”① 如果将政治属性视为高校宣传的唯一属性，那么就简单地把高校宣传等同于政府机关的宣传。这就走上了视高校宣传为政府机关宣传的“扩音器”的误区，或者生发出直接用政府机关的宣传代替高校宣传的谬论。这无疑抹杀了高校与政府机关的实体差异性，无视了不同场域的边界所在。高校宣传即使具有政治属性的导向性，那也是以立德树人为旨向的，有着特殊的时空场域逻辑。这种特殊性就在于宣教者通过有意识地与被宣教者进行互动，在保持高校宣传政治属性恒定的基础上，立德树人、以文化人、铸魂育人、陶铸新人，发挥文化规训和成长促进的育人功能。高校宣传受权力逻辑和教育逻辑的双重支配，形成高校宣传的政治化与教育化的交相并存。为了遵循这种特殊的场域逻辑，高校宣传以马克思主义新闻观为指导，聚焦学校发展、教育改革、学科建设、人才培养、维护稳定、服务社会、巩固政权等重点领域，积极宣传党和国家的路线、方针、政策，帮助大学生坚定马克思主义信仰，并用马克思主义信仰来指导生活实践。

宣传育人与课程育人、管理育人、实践育人等虽然分属不同的子场域，但是它们都立足于总的教育场域，都受立德树人这一根本任务的指引，遵循以习近平新时代中国特色社会主义思想进行铸魂育人这一共同价值指向。共同的价值指向，使得高校宣传与高校的思政课程和课程思政能够一起同向而行，不但共同行动，而且方向一致。无论是木桶理论②还是“板块轮动”③ 的说法，都确证了宣传育人的重要性。不重视挖掘高校宣传的育人功能，就难以避免组织破坏性和机构耗散性的宿命，弱化甚至抵消

---

① 吴东莞．培养担当民族复兴大任的时代新人［EB/OL］．（2018－10－15）［2021－03－10］．http：//theory. people. com. cn/n1/2018/1015/c40531－30340719. html.

② 如果宣传育人得不到重视，还是会影响木桶功能的发挥，抵消课程育人、管理育人、实践育人等的育人效果。

③ 在课程育人、管理育人、实践育人等受到重视后，就该轮到重视宣传育人了。

育人的效果。而重视高校宣传的育人功能，就会形成育人的合力，发挥教育的整体协同效应。宣传育人当之无愧属于高校“三全育人”制度体系的结构性标配。高校宣传在育人方面所发挥的作用，尽管不是人无我有，但是也具有人有我优的鲜明特色。高校宣传在育人上所起到的示范性、借鉴性、推广性，必将为深化“三全育人”的理解提供有益启示。

二、高校宣传育人功能的深化

传播学影响高校宣传的发展。传播学研究自20世纪80年代起，开始在我国学术界受到重视。改革开放前，受主客体二元对立的线性传播模式影响的，从传播者角度出发的新闻报道已不再适应大众的多样化需要，“要使新闻媒体保持长久的活力和强大的竞争力，就必须对受众进行细致深入的观察和研究”。① 高校宣传应该紧抓大学生的思想动态，关注大学生的真实需求，以便提升高校宣传育人的实效性，做到有的放矢。只有这样，高校宣传才能缩小与大学生之间的心理距离。在教育产业化中，大学生作为教育消费者的身份凸显。受消费文化心理的影响，大学生以消费者的姿态来审视、看待和评价教育。大学生生活在内卷严重、高度筛选、流动性减弱的社会，生存压力很大。大学生视教育为消费品，希望通过教育消费促进其品德养成和人格完善，以应对日益内卷的社会。需求侧发生的变化必然带动供给侧也发生变化。加强高校宣传，发挥其对大学生的身心塑造功能，为育人提供知识基础和资源支撑，其重要性不言而喻。以宣传为切入口来探索如何促进大学生的全面可持续发展，是高校进行育人资源供给侧改革的必然选择。一方面，有利于激发高校育人的深层力量，培育和涵养大学生的世界观、人生观和价值观；另一方面，有利于提升高校宣传部门的社会认知，使得高校宣传既有秩序，又有活力。

随着中国特色社会主义建设的深入发展，全社会对高校的期望值也水涨船高，要求高校培养出能够担任民族复兴大任的时代新人。为了能够满

① 徐新平．中国新闻伦理思想的演进［M］．北京：北京大学出版社，2019：412.

足社会的期望，受治理现代化理念的影响，高校形成了“三全育人”等协同育人的意识，并催生出课程育人、实践育人、管理育人、服务育人等概念。就如同现行的“课程思政”，就是要求思想政治理论课之外的课程要放弃课程中心主义的思想，放弃不合时宜的“傲慢与偏见”，而从学科规训的角度重新认识和反思课程的“育新人”作用，回到促进青年大学生的全面可持续发展上。重估高校宣传的育人功能，把一般教育意义上的“因材施教”转变到高校宣传意义上的“因材宣教”，实际上就是在弥合“三全育人”体系中的缺环，既有利于促进高校各育人要素的连接与共生，也有利于促进高校宣传与高校其他工作的有机关联与共济互补，整合和盘活高校育人资源，形成系统性的教育合力。可以这么说，在陶铸时代新人的世纪伟业中，发挥高校宣传的育人功能是必然选项。新时代的高校宣传在健全和完善“三全育人”的制度体系时，自然要以“育新人”为定位，建构与时代新人相适应的宣传育人机制。这不但有利于提高大学生对高校宣传的黏性，而且有利于提升高校宣传的社会认可度和美誉度。

《高校宣传思想工作意见》在提出的五项主要任务中，就提出要“立足学生全面发展”。立足于高校育人的全要素管理，充分发挥高校宣传的“育新人”功能，是深化新时代高校宣传研究的具体体现。宣传育人的积极探索对于管理育人、服务育人、文化育人等具有重要参考意义，同样，后者的实践经验对于前者也具有重要价值。进入新时代，以时代新人为目标驱动的高校宣传也要发生一系列的随迁式变化，开显出培育时代新人的新思路，凸显其人才培养的服务功能。高校宣传要把大学生培养成社会主义核心价值观的践行者和中华优秀传统文化的弘扬者，开阔大学生发展的社会空间；应对大学生数字化生存的需要，提高大学生信息传播的本领，以便更好地触网发声；致力于增强大学生的中华民族共同体意识，建构中华民族共有精神家园，为中华民族的伟大复兴奠定精神文化基础。

第三节　高校宣传育人的定位

尽管高校宣传的育人功能受各种内外在因素的影响而处于潜隐和遮蔽

状态，但其育人的本质和功效却不会因此而消解，反而随着新形势下党和国家对宣传思想工作、意识形态工作的高度重视而逐步增强。尤其是在习近平总书记把“育新人”确立为宣传思想工作的使命之后，其趋势更加明显。马克思的一个基本观点是“每个历史时代都要有属于自己时代的社会新人”。[①] 它证明了时代新人是一个动态发展的蕴含历史表征的概念。高校的人才培养目标也要随着时代语境的变换而进行适时的调整。所以，当前高校应该紧扣新时代这一历史方位，以培养能够担当民族复兴大任的时代新人为己任。这里的“时代”是指中国特色社会主义进入新时代，寓征这种新时代特征的不仅有中国社会主要矛盾的变化，而且有中华民族所处的发展进程。中华民族不但处在伟大复兴的征程中，而且自近代以来，中华民族从未像今天这样，如此接近伟大复兴梦想的实现。高校宣传站在这一新的历史方位之上，首先要明确自身所围绕的中心是培养时代新人即“育新人”，服务的大局是民族复兴伟业即中国梦。

一、“育新人”是高校宣传工作的重要职责

习近平总书记在 2013 年 8 月 19—20 日的全国宣传思想工作会议上，对宣传思想工作进行了精准定位，“宣传思想工作一定要把围绕中心、服务大局作为基本职责……经济建设是党的中心工作，意识形态工作是党的一项极端重要的工作……”[②] 在我国，党的宣传思想工作是一个涵盖党政军民学等各行各业的政治系统，高校宣传是其子系统之一。为指引高校宣传界将习近平总书记的“8·19”重要讲话精神落地生根、开花结果，中共中央办公厅、国务院办公厅于 2015 年 1 月出台了《高校宣传思想工作意见》，再次对高校宣传的时代方位加以确证和强调，“做好高校宣传思想工作……事关党对高校的领导，事关全面贯彻党的教育方针，事关中国特色社会主义事业后继有人……”高校宣传思想工作战略地位的确证，提升了

① 周建超．论时代新人生成的逻辑理路［J］．学术界，2019（11）：132－139.
② 习近平．论党的宣传思想工作［M］．北京：中央文献出版社，2020：14.

高校宣传育人的重要性。2018 年 8 月，习近平总书记在全国宣传思想工作会议上将“育新人”视为宣传思想工作的“五大使命任务”之一，“就是要培养能够担当民族复兴大任的时代新人”。届时，“育新人”也就成为高校宣传的重要职责，成为新时代高校宣传育人的逻辑起点和目标旨归。高校宣传育人除了将“育新人”视为宣传界的普适性要求加以贯彻之外，还应体现出高校宣传的场域逻辑，厘清教育逻辑和权力逻辑、商业逻辑等相互之间的关系，以彰显高校宣传的与众不同。

二、“育新人”是“有机宣传”的集中体现

在推进国家治理体系和治理能力现代化的进程中，高校宣传要尝试性地建构时代新人目标驱动下育人体系，深度介入育人领域。高校宣传可以分为“无机宣传”和“有机宣传”两种模式。“无机宣传”在宣传理念的定位上，以现代性工具理性为导向，人为构建出“自我”与“他者”的二元对立的主客体关系；在宣传角色的扮演上，把宣传理解为功利化的手段，停留在高校宣传小格局的视野下，固守旧有的“传声筒”和“扩音器”的角色定位；在宣传技术的使用上，由于盲从单纯的技术主义路线而不可避免地陷入技术主义迷思；在宣传受体的界定上，将大学生降格为工具性的存在，无视大学生的主观能动性和信息自主权，以致疏远了与大学生的心理距离；在宣传效果的期待上，沉浸在理性自大逻辑的惯性思维状态下，将大学生纳入同一性的谋划进程中，致力于形成以同一性压制异质性的高校宣传思维模式；在宣传力量的整合上，由于缺乏宣传大格局的视野，未能有效地盘活存量、扩充增量，既不能促进校内协同，也无法促进校际协同。“无机宣传”可概括为只讲共性不讲特性、只讲政治不讲育人，缺乏生命关怀的生机与活力。“有机宣传”在宣传理念的定位上，对高校宣传者与大学生之间的“中心—边缘”的偏向性结构进行批判；在宣传内容的筛选上，有效平衡政治性与教育性、文化性的关系，既不完全强调宣传的政治色彩，也警醒宣传中的“去政治化”倾向，注重政治性与人文性相结合；在宣传技术的更新上，运用新媒体技术拓展高校宣传路径，统筹

网上网下宣传两种阵地，发展智慧宣传；在宣传力量的整合上，把高校领导的顶层设计与基层师生的智慧结合起来，建构一元主导下的多元主体协同共治模式，变单向宣传为多向宣传，调动大学生的主体性为高校宣传进行深度赋能；在宣传格局的重塑上，致力于形成高校宣传大格局，并以此建构高校宣传者与大学生之间的新型关系，把大学生由被动者转变成主动者，让大学生参与到维护意识形态安全的行列中，培养更多的源头活水；在宣传生态的重构上，将高校宣传与“育新人”相关联，拓展高校宣传的育人功能，助推中华民族伟大复兴的历史进程。“有机宣传”可概括为既讲共性更讲特性、既讲政治更讲育人、既追求厚度信度也追求温度，具有教育味、人文性和生命力。“有机宣传”相比较于“无机宣传”，处于新的技术生态、政治生态和文化生态中，在育人上更加具有实效性和持久性。从工作效用上看，“有机宣传”既解决实际问题又解决思想问题，借力工作思维和工作方式方法的转换，能更好地强信心、聚民心、暖人心、筑同心。就此而言，新时代的高校宣传育人，亟须一场“有机宣传”的理念与实践共生共进共融式的革新；在遵循教育规律和生命发展规律的基础上，讲述好“育新人”的中国故事。高校宣传以“育新人”为契机，合力打造“有机宣传”模式，力争在传承与创新、改革与发展中做出特色，促进新时代高校宣传在价值取向上的复归。

青年学生生活在大时代，有着个人未来发展上的无限可能性。大时代的青年学生不但要有大理想，而且要有大本领和大担当。置身于高校宣传场域的大学生从某种程度上来说是一种宣传性存在。新时代的高校宣传要融进批判主义的思维方式，总结高校宣传在育人方面的成功经验，反省其缺陷和不足，提升高校宣传育人的实效性；自觉地以时代新人为目标驱动力，用习近平新时代中国特色社会主义思想武装青年大学生的头脑，以“育新人”为中心，以实现中国梦为大局；强化大学生的政治风险意识，坚定大学生的政治信仰，提升大学生的政治参与能力；要直面“具体的时代新人”与“抽象的时代新人”之间的辩证统一性，把知识传授、能力培养和素质提高等的普适性要求落实到实处，提高大学生的综合素养；引导大学生树立正确的偶像观，促进大学生的精神成长和文明进步；要通过榜样示范、经典研读和专家辅导等多种方式，帮助大学生树立远大理想和鸿鹄之志，增强家国情怀和民族认同；提高大学生的媒介素养，增强其数字化生存的能力；帮助大学生形成健康的生活意向，丰富内心世界，健全主体人格。

第四章

高校宣传工作面临的风险挑战

中国要增强自身的综合实力，就要源源不断地进行人才供给。新时代的高校在培养时代新人时，有必要发挥高校宣传的育人功能。反观当前的高校宣传处在一个不太理想的境地，面临着诸多的困难、风险和障碍，危象凸显。西方国家在资本逻辑的支配下，发展出文化殖民这一后殖民样态。西方文化在中国大肆“传经布道”，影响到建构中华民族共有精神家园的正常进程。全球化编织出利益错综复杂的混乱格局。冷战结束以后，中国就成为中西方意识形态斗争和较量的漩涡中心。国际、国内复杂的舆论环境也会投射到高校中，引发高校思想领域的混乱，尤其使得高校的网络文化安全面临严峻考验。新媒体的兴起增加了信息供给的主体，从客观上来讲，造成了高校宣传话语权的旁落。旧有的高校宣传生态陷入困窘。高校宣传何以从诸多主体中脱颖而出？高校宣传部门的改革创新意识不强，在从整体上降低高校宣传实效性的同时，也自损了部门的社会认可度和美誉度，戕害了高校宣传人才的职业信仰。如何提高他们的职业信仰？高校宣传深陷思想迷津和实践迷途中。

“在风险社会中，不明的和无法预料的后果成为历史和社会的主宰力量。”① 贝克认为，整个社会处在快速变迁的不确定性中。我们生活的社会就是一个风险综合体，充满着风险的偶然性。风险是相对于必然性的偶然性和意外。“风险社会”加剧了生命的脆弱性和命运的不确定性。在“风险社会”，并非所有的风险都会成为问题，关键在于有没有做好风险管理。如果风险管理做得不好，那么，风险就会转变成问题，然后就要被迫进行问题管理。显然，风险管理不等于问题管理。为了提升高校宣传育人的实效性，高校宣传不但要理顺高校宣传的场域逻辑，正视和改善高校宣传的约束性条件，还要增强风险意识，积极建立灵活的富有成效的风险管理体系，提高风险的识别能力和应对能力。以乌尔里希·贝克（Ulrich Beck，1944—2015 年）的“风险社会”论为指导，进行基于风险的高校宣传工作创新探索，就显得尤为必要。

---

① ［德］乌尔里希·贝克，风险社会［M］. 何博闻，译. 南京：译林出版社，2004：20.

第一节　宏观层面上国际形势的演变

一、第二次世界大战后西方的文化殖民

第二次世界大战后，世界被划分为两大阵营。在复杂的国际形势演进中，西方国家为了更好地推行霸权主义和强权政治，将殖民形态从剑拔弩张、攻城拔寨的军事和政治殖民转变为经济殖民、文化殖民，由此进入后殖民主义时代。在西方国家殖民样态的转变中，我们可以看到，政治、经济、军事、文化等不同领域的斗争发生了此消彼长式的变化。文化领域是西方殖民世界据守的最后堡垒。西方国家奉行文化帝国主义，以文化扩张为手段，使得国际话语权斗争相应地从幕后走到台前。军事领域的“脱离接触”与文化领域的话语权争夺成为新的世界图景。思想文化领域成为各种力量斗争和较量的重要场域，眼之所及充斥着名目多样的阳谋和阴谋。西方国家是近代工业文明的发源地，最早开启工业革命，并一跃而为世界的中心，成为其他国家学习和效仿的对象和榜样。不同文化之间因为历史和现实的际遇差异，必然会产生势差。西方国家基于西方文化对东方文化的这种势差，站在鄙视链的最顶端，把白人至上主义、文化扩张主义、狭隘民族主义、宗教极端主义等杂糅在一起，建构出“中心—边缘”的偏向性、压制性文化结构，破坏后殖民国家完整的历史叙事。历史书写必须借助于一定的话语来表述，而这种表述实际上就是一种建构，表现为一种历史话语权。一旦历史书写遭受权力的浸染，历史文本就会偏离历史真相。权力对知识的染指，污染了知识生产和再生产的生态体系。权力之所以要操控历史书写，根本上还是源于权力的内在冲动。历史话语权由此就成为政治权力等的自然延伸。这种话语权的建构深受福柯的话语即权力理论的影响。这是一种双重互动互为的进程：“一方面，通过对权力关系的加工，

实现一种认识‘解冻’，另一方面，通过新型知识的形成与积累，使权力效应扩大。”① 后殖民时代，西方国家想拥有对后殖民国家历史书写的权力。奉行西方中心主义的西方国家为了维护其话语霸权，把后殖民国家纳于西方中心主义的文化图式之中，并将其升格为书写定式，生产出非历史的历史知识；通过历史书写不断地再生产出歧视性的话语系统，通过后殖民国家历史书写的失真来达到文化同化的效果；把各种各样的污名化之词如思想贫瘠、文化落后、精神荒原等，生搬硬套到后殖民国家的身上，并且依靠其强大的国际舆论工具，持续不断地进行话语渗透，构建层出不穷的话语陷阱。西方称道的“普世主义”独断而荒谬地自说自话地“断定全世界人民都应当信奉西方的价值观、体制和文化”。②

改革开放之后，西方强势文化大举进入中国，影响到中国的文化主导权。“各西方国家利用其先进的传播技术和雄厚的经济实力，在文化传播方面形成了强势态势。”③ 西方国家打着文化交流、学术自由的旗号，凭借其在传播领域的技术优势和资金优势，开动全部的国家机器，先声夺人，不断地切换和“炮制”话题，以一种更为隐蔽的方式向我国大举传播和渗透西方文化，试图消解中华优秀文化的影响力、削弱中华优秀文化的群众基础。西方国家对中国的形形色色的理解、观念和定性依然停留在近代中国的阶段。大学生处在三观成模成型的成长成熟关键期，“复杂多元文化的冲击极易使大学生良莠不分，不利于中华民族共同体意识的培育”。④ 在全球化时代，西方的注视成为大学生内在的一部分。西方对中国持有的偏见直接影响到大学生的认知和理解。大学生如果不在乎西方的看法，那就显得故步自封，丧失前进的动力；大学生如果过于在乎西方的看法，则显

---

① [法] 米歇尔·福柯，规训与惩罚 [M]. 刘北成，杨远婴，译. 北京：生活·读书·新知三联书店，2012：251.

② [美] 塞谬尔·亨廷顿. 文明的冲突与世界秩序的重建 [M]. 朱思明，贾晓伟，译. 北京：新华出版社，2017：285.

③ 马俊毅. 中华民族共同体与人类命运共同体视角下的民族研究 [J]. 贵州民族研究，2019，40 (11)：28-35.

④ 罗利玉. 民族院校打牢中华民族共同体意识的逻辑遵循和路径探析 [J]. 广西民族大学学报 (哲学社会科学版)，2020，42 (3)：192-197.

示出缺乏文化自信。大学生在认知和理解上，无论是凸显出与西方知识传统中的中国印象的反差，还是认同西方知识传统中的中国印象，都显示出文化上的不自信。一些大学生的话语系统被西方国家所操纵，在西方划定的知识边界里认识和思考自我，精神世界的“内殖民”印记比较突出。大学生陷入西方精心编织的知识陷阱中，容易与一些不公义同流合污，认同一些不合时宜的观念。高校宣传事关国家的文化主权。在培养大学生的认同心理上，高校宣传一方面要进行积极的话语抗争，从后殖民理论的实践迷思中走出来，防范西方国家的文化殖民及和平演变，杜绝文化帝国主义中的“外殖民”和“内殖民”的相互勾连；另一方面要建构体现中国特色的话语体系，帮助大学生建构有别于西方中心主义视野下的中国形象，加强大学生的自我印象管理。

二、现如今世界局势的变幻莫测

进入新世纪以来，全球范围内经济高速增长的奇迹状态渐次消失，经济疲软和增长乏力使得经济竞争逐步从经济增量转变到经济存量，并开启了优胜劣汰的残酷洗牌模式。以综合实力的兴衰为锚点，全球政治、经济、文化、军事等正在酝酿新的平衡。大国之间纷纷亮牌和“秀肌肉”，其竞争也从硬实力向软实力、“巧实力”拓展。国际范围内的博弈增多变快，影响世界经济发展的不确定因素增多，国际社会进入“动荡期”，风起云涌，波谲云诡，险象环生。我们俨然置身于“乱了套的世界”，“黑天鹅”和“灰犀牛”事件不断，世界的不确定性不稳定性增加。特别是2020年新冠疫情在全世界大暴发之后，世界经济陷入衰退期，逆全球化趋势更加明显，国内国际双循环应势而生，越发考验反映一个国家经济存量与社会原创力的国内循环能力。国内循环实力俨然成为并已经成为一个国家在“后疫情时代”经济复苏的原动力和新动力。

对此，习近平总书记在多个场合都指出，世界正面临“百年未有之大变局”。这种“世纪意识”是有关国际局势的精准判断，对我国的国际交往实践具有指导意义。虽然不同国家间的合作和交流促进了国际秩序的深度融合，但是国家实力的此消彼长也在促使世界范围内的斗争和较量朝纵深方向发展。国际政治舞台成为各种政治力量较量的角斗场。在国际秩序的重塑中，各种利益摩擦和纷争从来没有中断过。天地间不时上演西方发达国家对落后国家进行“降维打击”和无情碾压的剧目，幕启幕合，场次不断。伴随着英国脱欧、美国对中国发动贸易战、日韩贸易战的升级等，类似“美国优先”的国家本位主义、贸易保护主义、“民粹”主义等思想浪潮甚嚣尘上，逆市场化、逆开放性、逆全球化的举动凸显。新冠疫情在全球范围内的肆虐和蔓延，使得全球迎来至暗时刻。国际环境的凶险程度，远超我们的理性认知。巨大的未知风险和不确定性把世人抛入恐慌之境。

中国既处于中华文明与异域文明的交流和碰撞中，也处于现代化、西方化、民族化的交织和互嵌中，成为各种力量斗争和较量的汇集地。冷战中两大阵营的对立以苏联解体和东欧剧变而告终。冷战结束以后，中国就成为东西方意识形态斗争和较量的漩涡中心，处在各种因素叠加的断裂带上。在西方反华势力铺天盖地的突袭式侵扰下，中国的思想文化阵线面临着异乎寻常的压力。境内外反动势力相互勾结，妄图通过思想上的混乱等来达到干扰和破坏中国改革开放大局的目的。在中国互联网上不时兴起涉及敏感话题的网络舆情。这些舆论风波和网络谣言的四处播撒和蔓延，就潜隐着西方国家对中国进行网络攻击的“黑思维”。

近代以来，中国不但发生了从传统国家向现代民族国家的转型，而且经历了从站起来到富起来的沧桑巨变。尤其是现在，中国正走在强起来的伟大历史征程上。改革开放以来，中国的面貌发生了翻天覆地的变化，综合国力得到了前所未有的提升，社会主义现代化建设成就举世公认。随着中美之间实力对比上的此消彼长，大国博弈的天平发生了有利于中国的转变。美国已经感受到其国际话语权受到挑战，以致遏制中国成为美国共和党和民主党的主流共识，中美博弈的大牌局全面铺展开来。美国在保持经济、科技和军事优势的同时，也在竭力争取扩大非传统威胁的优势。由于担心中国推行有别于西方世界的价值观，美国就改变了对华接触策略，转而步步紧逼、煽风点火，打着各种各样的旗号干涉中国内政，妄图通过整体性的施压形成颠覆性效应。美国一些政客深陷“修昔底德陷阱”，抱着旧有的冷战思维不放，视大国竞争为零和博弈，肆意中伤和污蔑中国，图谋不轨。中国在中印边界、台湾海峡和南海遭到的挑衅等，都在昭示着一个铁一般的事实，即中国正在承受着异乎寻常的压力。在中美之间围绕综合国力的斗争和较量中，中国要想挫败美国一些政客的险恶用心，就要源源不断地形成新的优势。中国除了加强经济、政治、军事、外交等建设外，还要加强文化建设、捍卫文化安全。高校宣传要引导大学生正确地分析和应对复杂多变的国际形势，不但具备“总体国家安全观”，而且要练就“准确识变”的“火眼金睛”“科学应变”的“三头六臂”和“主动求变”的“智慧大脑”。

第二节　中观层面上高校宣传的窘况

一、高校意识形态领域风险的安全威胁

国际范围内的意识形态话语权之争方兴未艾、激战正酣。有关意识形态话语权内涵有三种典型管理：“权力说”即权利、权力；“认同说”即共识和认同；“三维度说”即权利、权力、权威。“无论从哪个视角切入，意识形态话语权的核心要义指向夯实和增强话语权力。”① 所谓意识形态话语权，是指国家为提升意识形态的影响力、扩大意识形态的辐射范围、追求国际社会对其意识形态话语的认同等，借助于话语传播来表达和宣示潜隐在意识形态背后的规则定义权和维护权，具体表现为界定意识形态传播的范围、设定意识形态讨论的话题和议程、把控意识形态评判的舆论导向、

① 唐晓燕．党的十八大以来意识形态话语权研究回顾与展望 [J]．思想理论教育导刊，2021（1）：137－143.

对意识形态难题的诠释。停留在冷战思维的西方国家，把“霸凌主义”政策延展到网络空间，继续保持咄咄逼人的强攻态势。围绕网络空间的话语权斗争此起彼伏。“权力可视为一种组织化的网络，社会权力的四个来源——意识形态的、经济的、军事的和政治的关系是达到人类目标的组织、制度手段。”① 有关意识形态的舆论宣传已经被放入大国竞争的工具箱。西方国家特别希望以高校为跳板，进行思想文化的渗透，借此影响中国的年轻一代。作为精神文化堡垒的高校，处于意识形态斗争的前沿战场，断然不是风平浪静、岁月静好、你依我侬的“避风港”和庇佑所，而是成为各种利益诉求主体的寻租之地，被无情地推到了中西方意识形态斗争和较量的最前沿。大学生也身不由己地被卷入到意识形态的纷争中，遭受各种主义、思想和流派的裹挟、建构和塑造。

根据中国互联网络信息中心（CNNIC）第47次《中国互联网络发展状况统计报告》显示，截至2020年12月，网民学历结构显示，大学专科、大学本科及以上占比19.8%。② 在世纪之交出生的青年大学生，是一批批名副其实的网络原住民。互联网的普及帮助大学生获得了相对开放的网络空间，这既促进了大学生知识获取和娱乐消费的便利化程度，也为西方意识形态的渗透提供了快捷的通道，威胁到了高校网络文化的安全。在政治认同上，大学生潜藏着被西方意识形态俘获的危险，极有可能摇身一变为黄皮白心的“香蕉人”，成为西方国家在华的利益代言人。“互联网是当前宣传思想工作的主阵地。这个阵地我们不去占领，人家就会去占领；这部分人我们不去团结，人家就会去拉拢。”③ 西方国家对中国进行网络攻击的“黑思维”，已经将中国高校纳入其攻击范围之中。从中国高校网络系统面临“黑客”攻击的数据看，尤其是部分“双一流”高校的网络系统，无时无刻不遭受着来自国外“黑客”势力的攻击，攻击形势之猛、频次之高远

---

① 王雨磊．关系中的权力再生产［J］．江苏行政学院学报，2014（6）：69－73.

② 中国互联网络信息中心．第47次中国互联网络发展状况统计报告［R/OL］．（2021－02－03）［2021－02－19］．http：//www.gov.cn：8080/xinwen/2021－02/03/content_5584518.htm.

③ 习近平．习近平谈治国理政：第二卷［M］北京：外文出版社，2017：325.

远超出你我的想象。现实经验和历史教训均告诫我们，维护高校网络信息安全责任重大，时不我待。对此，习近平总书记在多个场合曾经语重心长地讲过，“没有网络安全就没有国家安全；过不了互联网这一关，就过不了长期执政这一关”。① 互联网已然成为宣传思想工作的关键主阵地。“管好用好互联网，是新形势下掌握新闻舆论阵地的关键。”② 对互联网的管用并举显得异常重要。“我们必须科学认识网络传播规律，提高用网治网水平，使互联网这个最大变量变成事业发展的最大增量。”③ 掌握互联网传播规律，提高互联网管理水平是新时代宣传工作者的必备素养。“要把网上舆论工作作为宣传思想工作的重中之重来抓。”④ 互联网舆情风险防御和舆论管控能力的提升，业已成为宣传工作者的刚需和急需。网络意识形态风险的不断发酵会从线上向线下蔓延和扩散。高校舆情应对的失控、意识形态阵地的失守，文化安全防线的崩溃，会引发一系列的连锁反应，不但会搞乱高校，影响到党的教育事业，而且会削弱党对教育事业的领导权，严重冲击党的执政地位。在中西方意识形态斗争中，做好高校网络意识形态的工作，获取高校网络战场的主动和先机，是当前高校宣传工作争夺意识形态话语权的重中之重。那么高校宣传工作该如何发挥优势，以便做好网络舆情的科学应对和风险防控呢?

二、高校宣传工作革新进程的相对滞后

“改革开放以来党的意识形态话语权建设工作始终围绕服务大局、服务经济建设这条主线，既符合了经济基础发展对意识形态工作的内在要求，又反过来促进了经济建设的发展，保证了改革开放实践的顺

① 习近平．论党的宣传思想工作［M］．北京：中央文献出版社，2020：354.

② 习近平．论党的宣传思想工作［M］．北京：中央文献出版社，2020：183.

③ 习近平．论党的宣传思想工作［M］．北京：中央文献出版社，2020：339.

④ 艾文礼．应势而动顺势而为把网上舆论工作作为宣传思想工作的重中之重［EB/OL］．（2013－10－23）［2021－03－05］．http：//theory. people. com. cn/n/2013/1023/c40531－23299502. html.

利进行。”① 在国家、市场与技术的多重视域下，作为复杂利益链条的重要节点的高校宣传部门，成为意识形态阵地保卫战的前沿哨所，承载着维护意识形态安全的历史使命，应扮演好时代尖兵的角色。在高校信息传播的内联外通中，高校宣传扮演着维护高校意识形态安全的哨兵角色，肩负着去噪降噪的职责，是高校不良舆情的“灭火队”和“救护车”；扮演着讲好“中国故事”、传播“中国声音”和弘扬“中国精神”的角色，承载着发声扬声的职责，是党的声音的“播撒机”和“扩音器”。长久以来，高校宣传坚持以马克思主义新闻观为指导，积极培育与弘扬社会主义核心价值观，在政策宣传、人才培养、社会服务、高校发展、舆情应对等方面尽责履职，成绩斐然，功不可没。新时代的高校宣传更要继承这一优良传统，紧紧团结在以习近平同志为核心的党中央周围，自觉地维护党中央的权威，锚定时代新人培养目标，坚持党对一切工作的领导权。这一立场丝毫不能动摇。那么，首当其冲的问题在于，新时代的高校宣传如何打好网络意识形态的阵地保卫战、夯实马克思主义意识形态的师生基础呢？这就要求高校宣传要学会牵头研判高校的网络舆情动态，以贝克的“风险社会”论为指导，不但要合理引导高校网络舆情的发展走向，而且要探索基于风险的高校网络舆情管理机制，筑牢网络意识形态阵地的防火墙。然而，反观当前的高校宣传部门，面对复杂多变的舆论环境时，无论在宣传内容和形式，还是在宣传话语体系，抑或在宣传载体方面，都缺乏强烈的改革创新精神，存在本领不足、能力匮乏、心理恐慌、被动应对等弊病，缺乏应对风险的“尖刀利刃”，窘境毕现。近年来，面对网络舆情应对和突发应急事件考验时，大多数高校的宣传部门在整体表现上是可圈可点、功不可没的，但也不乏应对失败甚至引发更大舆论风波的反面教材。而这些反面教材，也成为高校宣传工作总结反思和新闻传播学课堂教学的典型案例。

高校宣传“育新人”时代任务的提出、高校宣传系统性风险的形成与

---

① 吴春雷．新时期我国马克思主义意识形态话语权建构［J］．重庆社会科学，2017（11）：11－17.

高校宣传工作创新能力的不足之间形成了强烈的对比。

其一，思想层面上依然存在定位不准和重视不够的问题。不可忽视的是，当前高校工作仍然存在厚此薄彼、重科教轻宣教的现象，对高校宣传的重要性认识不够，聚焦度后置。《高校宣传思想工作意见》和《高校宣传队伍建设意见》对新时代的高校宣传发挥着政策指引的作用，是高校宣传工作创新的政策依循。高校要高度重视高校宣传工作创新在高校治理中的地位，并要就机制调整、平台建设、资源配套等作出卓有成效的改革，为高校宣传“育新人”提供切实的条件与保障。但是，一些高校对宣传工作创新定位不准、重视不够，甚至务虚而不务实，仍然存在观念落后、方式传统、内容僵化、机制不畅、成效不显等问题，不但造成高校宣传工作创新在高校现代治理中的缺位，而且引发“三全育人”制度体系对宣传育人的遮蔽。

其二，机制层面上仍然存在宣传部门建制不全的问题。我国高校有公办和民办之分。其中，公办高校确立了党委领导下的校长负责制，基本上健全了党委系统建制，一定程度上保证了党委宣传部的建制。可是在民办高校，特别是独立学院和民办高职高专，却有着另一番景象。民办高校历来就存在固有的利益矛盾，校方、投资方、举办方等多方主体的利益博弈一直在进行着。受此影响，民办高校的宣传部门往往只挂牌不配套或与其他部门合署办公或挂靠其他部门等，其建制存在着形式上应付、实质上缺位的现象。甚至有民办高校缺乏宣传部门的建制，在接到上级部署的宣传工作安排时，由学校领导进行临时分配和综合分摊。据调查，截至2020年12月，广东地区100所公办高校（含高职高专院校）中有76所建有党委宣传部，并配备1位以上党委宣传部负责人。公办高校尚且没有全覆盖，民办高校的建制率则更低。缺人、资源少、平台小、机制软等，成为诸多高校宣传部门的共同困境。

其三，平台层面上仍然存在全媒体矩阵建设不成熟的问题。新媒体的发展日新月异，催生出涵盖传统媒体和新兴媒体的全媒体矩阵。这使得高校宣传从封闭走向开放，造就出高校宣传主体的不确定性。高校宣传主体的多元化会削弱高校宣传部门的权威，使得高校宣传部门形同虚设。高校宣传也面临着社会媒体行业的倒逼转型。部分高校宣传部门依然只做固有的传统媒体，不主动抢占新媒体。有些高校没有开通官方微信号、微博等最为普遍常用的新媒体；有些高校虽然开通了官方微信公众号、微博等，但是请学生团队作为运行主力，存在质量低下、监管不力等问题；有些高校只运行官方微信公众号服务号（一个月仅能推送 4 次也就是仅有 4 天能推送），而不做官方微信公众号订阅号（每天均能推送 1 次，或获得授权后可每天推送多次，如北京大学、浙江大学等就享有这种特权）。究其原因多半是因为“媒体平台的管理运行权责归属不明、人手不足、精力有限、忙不过来”。这些情况在民办高校、高职高专院校表现得尤为明显。

其四，队伍层面上普遍存在着人才紧缺的问题。高校宣传部门普遍面临着任务重、要求高、压力大等问题，缺乏对优秀人才的吸引力。这不但使得高校宣传人员的能力和水平参差不齐，高低不一，而且高校宣传部门普遍存在人手不足的弊病。尤其是民办的高职高专问题更为严重。这些问题的普遍存在及问题症结的悬而未决，严重制约了高校宣传育人功能的发挥。在“双一流”高校中，如西安交通大学党委宣传部有在编工作人员 31 人①，东南大学党委宣传部设岗 15 个②。纵观国内高校，能够与上述“双一流”高校宣传部门的人员配置相媲美的寥寥无几。高校宣传部门尤其缺乏同时具有政治理论素养高、网络媒体技术强的复合型人才。“通常来讲，理论水平高的人才更愿意选择教师岗，技术技能强的人才更愿意选择社会媒体或行业媒体岗。”高校宣传行政岗不在这些人才的优先选择之列。为了解一时之困和燃眉之急，高校宣传部门情非得已，退而求其次，只能降低招人用人的标准。这就为高校宣传工作创新中的自信不足、能力匮乏、本领恐慌等埋下了隐患。人才是变革的基础和前提。为了顺应高校宣传的新形势和严要求，高校宣传部门亟须配齐、配强高水平的专业人才队伍。但反观当前的高校宣传部门，却陷入了左右为难的逼仄境地。一方面，高

① 西安交通大学党委宣传部［EB/OL］.［2021 - 02 - 19］. https：//xcb. bnu. edu. cn/.

② 东南大学党委宣传部［EB/OL］.［2021 - 02 - 19］. https：//xcb. seu. edu. cn/fwlc/list. htm.

校宣传部门人员结构不合理，中老年占主导，无心无力再学习网络媒体技术及构建高校全媒体的发展新局，而只能求助于思维敏捷活跃的青年大学生媒体团队；另一方面，高校宣传人员中的年轻人是高校宣传队伍中的中坚力量。但他们中的大多数由于没有事业编制，薪资待遇低，缺乏职业归属感和荣誉感，而往往视当前所从事的工作为职业跳板，他们的流动性导致高校宣传质效低下，宣传短板及疏漏越发明显。作为高校宣传思想工作队伍的骨干和主心骨的高校宣传工作者（基本上均来自高校宣传部门），就面临如此多的现实困境，更别说部分层次不高、实力不强、管理不善的高校大宣传队伍的建设现状，就更令人担忧。

此外，宏观上，高校宣传是涵盖从知到行的完整过程。但是，高校宣传依然未能摆脱传统格局小的狭隘视野，学校不同部门在宣传上的联动性不强，各自为政、单兵作战。高校宣传过于偏离学生的基本需求，难以与学生形成真正的对话和交流，凸显出高校宣传的脆弱性；高校宣传学术取向上的弱化，也模糊了其社会定位；高校宣传者的职业精神受到冲击，存在自信不足、本领恐慌等问题；高校舆论场的分裂使得高校舆论从可控转向不可控。

为此，高校宣传要改革创新，就要正视大宣传格局构建过程中的现实困境，主动解决长期积攒下来的沉疴旧疾，但是高校宣传工作创新进行简单的“打补丁”已经无济于事。高校宣传部门亟须通过借鉴治理现代化理念中的多元主体、协商民主、协同治理、责任共担、利益共享等思想，探寻一种合适的治理现代化样式来推进自我革新。通过建章立制，建设全媒体矩阵，改变高校宣传队伍青黄不接的现状，力求在宣传内容、宣传功能、宣传主体、宣传格局等方面能够获得大的发展，提升高校宣传工作改革创新全校共建共享的能力和水平。高校宣传工作改革创新只有打出一套漂亮的治理“组合拳”，方能对症下药、与时俱进、提升实效。

高校宣传从来没有像今天这样面临着大好机遇，也从来没有像今天这样面临着极大挑战。置身于“风险社会”的高校宣传部门，处在全民族的精神凝视状态下，责任重大，任务艰巨。“在现代化进程中，生产力的指数式增长，使危险和潜在威胁的释放达到了一个我们前所未知的程度。”① 中国在推进社会主义现代化实现民族复兴伟业的进程中，注定不会是一帆风顺的，必定充满风险与挑战。经济的全球化在给世界各国带来经济便利的同时，也加速了包括疾病传播、毒品泛滥、恐怖袭击、有组织犯罪等在内的风险全球化。此次由新冠疫情引发的全球经济萧条、政治危机、民生问题等风险，再次确证了“风险社会”全球化的内在倾向。我国疫情的有效防控，充分体现了中国制度、中国治理的优势，这对于中国公民来说，是一次成功的国家认同宣传教育；对于国际世界来说，也是一次成功的大国地位认同宣传。事实证明，中国经过长期的国力储备，其强国地位已从缺场走向在场，从边缘走向中心。在推进国家治理体系和治理能力现代化的进程中，中国在应对西方国家恶意抹黑和妖魔化的同时，还要施加中国样本的全球影响力，不断扩大中国治理模式和经验的影响力。未来，中国智慧和中国方案的提出必将使全球治理体系发生深刻的变化。中国在国际坐标体系中的位移，使得高校宣传的样态由原来的单向度转变成双向度，由面向国内转为面向全世界，高校宣传要施加中国治理样本的全球典范效应。当前，高校宣传部门要在国家治理视角下进行自我优化，把高校宣传打造成国家治理体系和治理能力现代化中的经典样本，为培养时代新人贡献更大的智慧和力量。这是高校宣传迫切需要潜心研究和专心应答的时代考题，极具挑战性。

第三节　微观层面上新兴媒体的赋权

一、高校宣传话语权的无奈旁落

经过长时间的技术积淀，高校宣传已经发展到了新媒体时代。新媒体

① ［德］乌尔里希·贝克，风险社会［M］．何博闻，译．南京：译林出版社，2004：15.

对智慧宣传的推崇，成为推动高校宣传场景变迁的重要工具变量。高校宣传获得了新媒体技术的助力，焕发出勃勃生机，形成了线上与线下、虚拟与现实相结合的宣传格局，促进了高校宣传主体的多元化。高校宣传在对新媒体传播环境的适应上，表现出种种滞后效应。媒介传播技术的革新在为高校宣传提供技术保障的同时，也制造出技术进步与传播失序的悖论场景。高校宣传部门在享受技术红利的同时，不可避免地陷入伦理焦虑、能力匮乏、本领恐慌的困境中，风险剧增。

在传统的媒介环境下，高校宣传部门是“意见中枢”，掌控着高校的话语权，是不折不扣的信息垄断者，拥有高度非对称的引以为傲的信息垄断权。高校宣传部门启动的是自上而下的单向宣传和反复渲染，经验主义色彩浓厚。传统的高校宣传叙事预设了掌握绝对真理的、拥有话语权的宣教者与全盘接受的大学生的理想图景。这种“中心—边缘”的不平等宣传结构不但宣传主体单一，宣传渠道狭窄，宣传辐射面小，而且无形中剥夺了大学生的信息选择权和表达权。大学生参与高校宣传的热情不高、意愿不强，几乎处于缺位和失语的遮蔽状态。宣教者由于缺乏大学生的信息反馈，也丧失了优化宣传的机会。缺乏互动的宣传，其后果就是，不断制造出高校宣传者与大学生之间的信息隔阂和情感隔膜，而且，宣教者和大学生都陷入了独角戏式的自说自话、各说各话、自我陶醉的迷局中，误以为真。

现代信息传播技术的革命性发展引发信息大爆炸，使得互联网上的信息承载量可以核爆级来评估。新媒体相对于旧媒体，不但在信息量上有了巨变，而且在连接、沟通和联动度上都有了突飞猛进的发展和进步，增强了即时互联互通的关联性。媒介传播技术的提高压低了信息传播的知识和能力要求，计算机和手机等制造成本的下降降低了个体拥有传播工具的门槛，使得每个人都能轻而易举地参与信息传播。截至 2020 年 12 月，我国网民规模达 9.89 亿人，互联网普及率达 70.4%；我国网民职业结构显示，学生占比最高为 21.0%。① 而在校大学生是网民中的积极分子。新媒体为

① 中国互联网络信息中心．第 47 次中国互联网络发展状况统计报告［R/OL］.（2021－02－3）［2021－02－19］. http：//www.gov.cn：8080/xinwen/2021－02/03/content_5584518.htm.

大学生连接外部世界、获取信息提供了多元化和便利化的途径和方式，助长了大学生的信息传播意愿，能够将大学生从受众变为传播源。新媒体的大面积推广和大范围使用，正在潜移默化地改变高校宣传场域的行动逻辑和景观呈现。

借助于新媒体，大学生一下子就被抛掷于信息的汪洋大海之中，被纷繁复杂的信息裹挟前行。面对海量的信息资源，大学生的心理和行为特征都在发生深刻变化，不但有心态的转变、视野的放大和能力的增长，而且有角色的转换。大学生利用互联网强大的搜索引擎工具，能够在第一时间接触到大量丰富的宣传资源，关注视野不再囿于有限的校园范围，而是直接参与世界对话。新媒体让大学生意识到了自身的重要性，并重新界定和评估自身在高校宣传中的地位和分量，这种认识上的蜕变式升华，有利于强化大学生的自我认同和肯定。新媒体把处于散兵游勇状态的大学生联合起来，变分散化存在为互动式存在，拓展了大学生的人际关系网络。大学生的交往范围沿着校园现有的人际关系网络，从线下的真实空间向线上的虚拟空间、从熟人社会向陌生人社会等方向迅速铺展开来。新媒体在高校内部形成难以统计的信息圈层部落，如微信群、QQ 群、知乎、百度贴吧、微博树洞等，搭建泛社交的平台，促使大学生产生“适应性偏好”。随机分享的信息无论是从数量还是频度上都有了质的飞跃。“圈层”这一新概念、新现象就此产生。“圈层与圈层之间自我封闭和互相分化，生成了以兴趣共识、社区共识、家庭共识、部落共识、饭圈共识等碎片化共识为基础的去中心化的观念集合体。”① 大学生以新媒体为技术手段，建构出以认同为导向、以圈层为典型形式的社会关系网络，人脉资源获得指数级增长。受共情心理的影响，大学生或主动或被动地被深度卷入各类社会公共话题的讨论中，不但参与传播，而且进行赋权扩能增效。“赋权是一个动态的过程，也是一个能动的过程，是通过发展人的效能获得的。”② 新媒体赋权降低了大学生参与高校宣传的门槛，提升了大学生在高校传播格局中

---

① 李腾凯．后真相时代历史虚无主义传播的新变化及其应对［J］．理论导刊，2020（12）：57－63.

② 李红艳．新媒体技术助力乡村治理［J］．人民论坛，2021（1）：69－71.

的地位，改变了高校宣传部门与大学生之间原有的信息不对称状态。大学生通过新媒体的赋权扩能增效，能够把自身蕴藏着的巨大能量从潜隐状态转变成现实，帮助自身成长为高校信息传播的新生力量。大学生在新的高校宣传场域中，实现了被动接受—在场发声—新兴主体—主动对话的宣传位置和宣传角色上的转变。大学生由此成为信息传播网络中的一个个节点，集接收者、传播者、生产者的多重角色为一体。

高校宣传技术从旧到新的升级换代、高校宣传主体从单一到多元的不断裂变、高校宣传场域从封闭到开放的加速转型等，在打开高校宣传新视界的同时，也改变了高校宣传的运行场景，掀起了高校宣传去中心化的浪潮，喻示着高校宣传主体单一化的时代一去不复返了。“以传统媒介为基础的宣传及其权力的使用肯定会受到网络生产和消费的威胁和削弱。”① 新的高校宣传场域把大学生泛化成无数个传播节点，确立了大学生在高校信息传播中的主体地位，促进了高校宣传多元化主体的生成。“信息传播由传统传播方式的‘一对多’模式，即由文化中心向受众扩散模式发展到‘一对一’‘多对多’与‘一对多’共存的模式。每个人都有可能构成文化传播的亚中心。文化传播的个人时代悄然来临。”② 随着高校宣传场域的传播模式从“一对多”改变成“多对多”，旧有的用于维系媒介权力和话语权威的高校宣传机制趋于崩溃。新媒体的兴起在形成多元信息链路的同时，也趋向于填平信息鸿沟，模糊高校宣传部门与大学生之间的信息边界。信息来源的多样化改变了高校的信息权利结构，打破了高校宣传的信息垄断和闭路循环；冲击了高校宣传部门原有的信息优势、平台优势和渠道优势，改变了高校宣传者高高在上、自说自话的姿态；解构了“高校宣传者—大学生”之间的“中心—边缘”的不平等结构，从等级秩序走向杂乱状态；如同“后现代的酸”一般溶解了高校宣传者的权威，并将他们“贬入凡尘”。网络社会信息传播的任何一个节点，从理论上而言都有逾越其他节点的传播优势。高校宣传部门的信息传播在人数上并不占有优势，

---

① 王怡红．宣传研究的概念考察——兼评刘海龙的宣传研究［J］．新闻界，2014（20）：27－35．

② 魏则胜．道德建设的文化机制研究［M］．广州：广东人民出版社，2005：114．

如此一来，稍有不慎，其传播的信息就会很快淹没在信息的汪洋大海中。大学生利用新媒体强化主体地位的过程，也是高校宣传部门威权地位弱化的过程，两者之间发生了此消彼长式的变化。发生在高校宣传部门与大学生之间的双重改变，不但把传统的从上而下的行政宣传传播路径泛化成无数传播路径中的一条，而且喻示着高校宣传部门话语权的旁落和下沉已经成为一种既成事实。

二、高校宣传新格局的艰辛探索

尽管传统的高校宣传相对封闭，媒介技术相对落后，但对高校宣传部门采用精细化管理，往往就能牢牢把控高校的舆情。伴随着高校宣传对旧有的技术生态和文化生态的告别，高校宣传者的话语权趋于弱化。新旧宣传主体会在信息缠斗中陷入折腾和内耗，使得诘问和质疑之声不时泛起。一般来讲，高校宣传的主体越多，潜在的风险则越大。作为传播节点的大学生呈现出分布式的状态。外部信息对大学生的无限传导会把大学生转变成风险的转嫁者抑或制造者，带来风险的无限放大。如缺乏谣言辨识力，则可能陷入造谣者和传谣者的陷阱，背负不必要的骂名。成为新兴宣传主体的大学生，其话语得以深入高校公共话语空间，并缔造出主流话语与非主流话语相互并存的多元公共话语，呈现出多元话语的纷争状态。“一旦情绪化和非理性的舆论渗入公共话语，个体的主观性、非理性情绪在舆论共同体中相互聚合、扩散、激化，就会繁衍出杂草丛生的政治价值生态。”① 同时，大学生作为新生的高校宣传主体，由于缺乏岁月的打磨和风霜的浸染，还显得娇嫩幼稚，沸腾于大学生身上的能量正处于野蛮增长的原始状态，横冲直撞，濒临失控。传播风险的分散化和放大化使得信息的全程闭环管理变得不太现实，高校舆情的管控难度陡然加大，高校宣传部门的信息管控力减弱。技术发展、场域变迁、风险应对等的渐进式演化或

① 李腾凯．后真相时代历史虚无主义传播的新变化及其应对［J］．理论导刊，2020（12）：57－63.

突变式巨变加剧了高校宣传的不确定性，使得风险一直在酝酿和积聚。从高校系统不断涌现出的汹涌舆情，会使得高校宣传部门疲于奔命。正反两方面的经验教训告诉我们，高校舆情的失控必然会使其成为滋生社会风险的策源地，破坏高校安全稳定的和谐局面。

高校宣传场域的尴尬局面亟待规范，新媒体为新兴主体张力赋权的环境还有待优化，高校宣传者的专业素质和职业精神还有待提高，高校宣传者与大学生的关系样态还有待重塑等。高校宣传既不可能把自己封闭在真空环境里，也不可能像要戏法一样，凭空捏造出“异度空间”，而必须直面高校宣传领域的新变化和新风险。高校宣传者不能停留在传统的宣传习惯和经验中，而要进行系统性的变革。否则，高校宣传就有可能被边缘化，其运作的正当性和合理性必然深受质疑，并逐步丧失公信力。高校宣传部门要进行传播策略的适时调整。在高校宣传的智力支持上，直面宣教者与大学生之间复杂多元的交相建构的关系，把高校领导的顶层设计与基层师生的智慧结合起来，形成多元互动的关系。“当宣传对象把接受宣传作为义务或责任的正当性来对待时，他们需要知道宣传的目的是什么，宣传者至少要有符合被宣传对象的意愿的表达等。”① 高校宣传要提高育人的实效性，就要了解和掌握大学生的实际需求状况，做到有的放矢。在高校宣传载体的选择上，必须综合发挥旧媒体和新媒体的优势。快速兴起的自媒体不是高校宣传的天敌，不是散布于宣传机构肌体的“毒瘤”，更不是宣传机构的“历史终结者”。新媒体技术的兴起对高校而言是压力，但更是动力。在高校宣传格局的重塑上，应把大学生发展成高校宣传的力量或同盟军，重建高校宣传者与大学生之间的关系，建构“以高校宣传部门为主导、以大学生为主体”的高校宣传共同体，促进宣传主体间的融合发展和协同一致。如果说高校宣传在价值观多样化的宣传背景下，坚守政治属性是为了搭建风险“防火墙”，那么，建构一元主导的宣传新格局，发挥高校宣传部门主心骨的作用，同样是为了在宣传主体多样化的宣传场域下

---

① 王怡红．宣传研究的概念考察——兼评刘海龙的宣传研究［J］．新闻界，2014（20）：27－35.

搭建风险“防火墙”，两者有着异曲同工的效果。高校宣传共同体变单向宣传为多向宣传，激发了高校宣传的内生发展动力，让全体师生员工认识到捍卫高校舆论安全是义务而不是选择，理应成为一种“集体无意识”。这不但提升了高校宣传者职业生涯的满意度和幸福感，也让大学生从高校宣传中受益。高校宣传与高校育人由此在深层逻辑上达至统一。

国际斗争向高校舆论的渗透，多种权力在高校宣传场域的汇聚激荡，迫切要求高校宣传者要强化风险意识，帮助大学生规避信息化时代所内含的道德、法律和政治风险。新媒体的兴起尽管带来高校宣传部门权威性的弱化，但是高校宣传部门还是要致力于提供权威性担保，把控“后真相时代”高校宣传的话语权和解释力，为事实真相提供机构上的担保。“从官方机构视角来看，历史解释的权威性来源经历了从传统神圣信仰、领导人的威信力向世俗化的转变，世俗化时代的权威性与党执政成效评价、政府公信力建设密切相关。”① 改革开放以来，我国发生了翻天覆地的巨变，中国共产党的执政成效有目共睹，举世公认。这是高校宣传提高话语公信力和权威性的底气所在。数字媒体将情绪情感、价值观念，甚至可以毫不夸张地说世间万事万物均可以信息数据的叙事方式加以转述和传播开来，“完成对社会情感的调控和社会价值的建构”。② 高校宣传者的职责由此也发生变化。高校宣传者不但要传播信息，而且更要深度解读信息。如果说新媒体的兴起填平了高校宣传者与被宣教者之间在信息获取上的鸿沟，那么，在解读信息上高校宣传者依然可以大有作为。为了增强高校宣传的育人功能，把大学生培养成合格的宣传主体，高校宣传部门极为紧迫的是，要突破思维定式，以新媒体的兴起为契机，集“内容为王”与新媒体技术于一身，不但运用治理思想形成大宣传格局，而且致力于提高大学生的媒介素养。如高校宣传部门可以牵头组织大学生成立学生记者社团、学生新媒体协会、学生新媒体联盟、校园全媒体联盟等，让大学生在宣传实践中

---

① 李腾凯. 后真相时代历史虚无主义传播的新变化及其应对 [J]. 理论导刊，2020 (12)：57－63.

② 李腾凯. 后真相时代历史虚无主义传播的新变化及其应对 [J]. 理论导刊，2020 (12)：57－63.

提高宣传技能。尤其是学生记者社团，已经普遍成为各高校的双赢之选，既能帮助高校宣传部门分担日常工作的压力，又能创作出广接地气的、满足青年大学生口味和风格需求的、充满生机与活力的宣传内容，还能帮助大学生增强宣传主体性、提升媒介素养、提高数字化生存能力，最终成长为合格的宣传主体。

第五章

高校宣传工作创新的行动依循

政府出台的高校宣传政策归属教育政策范畴，是对长期以来理想空间建构供给侧矛盾与需求侧问题的回应。“教育政策（Education Policy）是公共政策的一种类型，是指为了解决教育领域所产生的公共问题，政党、立法机构、政府等所制定的教育方针、行动纲领、教育法规、条令条例等多种行为规范和活动过程的总称，是对教育工作的目的、策略和途径的总体规定。”①

依据政策过程阶段模型可知，“一项教育政策的出台要经过问题界定、政策议程、政策形成、政策采纳、政策实施和政策评价五个阶段。”②“研究一项教育政策是怎样制定出来的。要回答的问题是一项教育政策究竟是怎样出台的，属于动态教育政策分析的范畴，偏重教育决策过程的描述和分析。”③ 解读一项教育政策需要回到该政策出台的时代背景和特定环境去分析。“政策问题的发展既有问题按自身规律发展的一面，也有问题受到它所存在的环境中诱因的驱动而发展变化的一面。从决策结果即出台的政策看，它虽然是以现实问题为基点或切入点，但其聚焦点自始至终都锁定在未来的某一时空变化发展中的问题。而且，问题的解决是在充满变数的未来环境中进行的。”④ 一项广受认同的教育政策，既要立足当下环境的实际，也要面向未来发展的需要，要兼具时代底色、实践显色和思想特色。伟大的实践孕育伟大的理论，伟大的理论指导伟大的实践。“只有以先进理论为指南的党，才能实现先进战士的作用。”⑤ 中国共产党领导人民，之所以无论是在革命、建设还是改革中，都能够取得重大胜利，其原因就在于中国共产党始终以马克思主义为指导思想，并在实践中不断发展和丰富

---

① 陈孝彬，高洪源．教育管理学：3 版［M］．北京：北京师范大学出版集团，2008：120.

② ［美］弗朗西斯·C. 福勒．教育政策学导论：2 版［M］．许庆豫，译．南京：江苏教育出版社，2007：13.

③ 谢少华．试论教育政策研究分类的理论基础［J］．华东师范大学学报（教育科学版）．2002（1）：83－90.

④ 谢少华．提高教育政策执行力必须超越“执行”的视域局限［J］．华南师范大学学报（社会科学版）．2008（6）：89－95，159.

⑤ 列宁．列宁专题文集：论无产阶级政党［M］．中共中央马克思恩格斯列宁斯大林著作编译局，编译．北京：人民出版社，2009：71.

马克思主义。2021 年 2 月 25 日，习近平总书记在全国脱贫攻坚总结表彰大会上向全世界庄严宣告："我国脱贫攻坚战取得了全面胜利。"中国的脱贫攻坚成绩实属罕见，举世公认，必将彪炳史册。我国正处在"两个一百年"奋斗目标的历史交汇期，全体中华儿女正致力于实现中华民族伟大复兴的中国梦。习近平新时代中国特色社会主义理论体系为我国的各项事业指明了前进的方向。我们比任何时候都应该自觉地增强道路自信、理论自信、制度自信、文化自信，不断丰富和发展马克思主义中国化的理论成果。

"党的十八大以来，我们把宣传思想工作摆在全局工作的重要位置，作出了一系列重大决策，实施了一系列重大举措。"① 习近平总书记针对宣传思想工作发表了一系列重要讲话，国家也相继出台了一系列重磅政策。比较典型的有，2013 年 8 月 19 日，全国宣传思想工作会议在北京召开（以下简称"2013 年宣传会议"）；中共中央办公厅、国务院办公厅 2015 年 1 月 19 日印发了《高校宣传思想工作意见》②；中共中央宣传部、中共教育部党组 2015 年 9 月 30 日印发的《高校宣传队伍建设意见》③；2018 年 8 月 21 日至 22 日，全国宣传思想工作会议在北京召开（以下简称"2018 年宣传会议"）；2019 年 6 月 29 日，党中央印发《中国共产党宣传工作条例》④。这些政策文件和重要会议精神是新时代高校宣传思想工作必须遵循的行动指南，对加强高校宣传具有重要指导意义。

---

① 习近平．论党的宣传思想工作［M］．北京：中央文献出版社，2020：337.

② 中共中央办公厅 国务院办公厅．关于进一步加强和改进新形势下高校宣传思想工作的意见［EB/OL］．（2015 - 01 - 19）［2021 - 02 - 19］．http://www.gov.cn/xinwen/2015 - 01/19/content_2806397.htm.

③ 中共中央宣传部 中共教育部党组．关于加强和改进高校宣传思想工作队伍建设的意见：教党〔2015〕31 号［EB/OL］．（2015 - 09 - 09）［2021 - 02 - 19］．http://www.moe.gov.cn/srcsite/A12/moe_1416/s255/201510/t20151013_212978. html.

④ 新华网．中共中央印发《中国共产党宣传工作条例》［EB/OL］．（2019 - 08 - 31）［2021 - 03 - 15］．http：//www.xinhuanet.com/politics/2019 - 08/31/c_1124945630.htm.

第一节　以新宣传政策引领高校宣传工作创新

一、全国宣传工作会议精神的解读

（一）两次全国宣传工作会议精神的对比分析

党的十八大后，2013 年 8 月 19 日和 2018 年 8 月 21 日召开了两次全国宣传思想工作会议。习近平总书记出席并发表重要讲话，对宣传思想工作均作出了重要部署，成为推动宣传思想工作发展的重要依循，意义重大，影响深远。这两次会议讲话也为研究高校宣传工作创新奠定了坚实的理论基础。

对比这两次会议，可以看出以下共同点和差异点：

其一，在对宣传思想工作重要性的认识上，2013 年宣传会议指出，“经济建设是党的中心工作，意识形态工作是党的一项极端重要的工作……宣传思想工作就是要巩固马克思主义在意识形态领域的指导地位，巩固全党全国人民团结奋斗的共同思想基础”。① 2018 年宣传会议则概括指出，“党的十八大以来，我们把宣传思想工作摆在全局工作的重要位置……我们必须坚持以立为本、立破并举，不断增强社会主义意识形态的凝聚力和引领力”。② 两次会议都强调宣传思想工作在“两个巩固”中的重要作用。2018 年宣传会议更进一步提出，宣传思想战线要把建设社会主义意识形态作为重要的战略任务。而且两次会议都强调宣传思想工作要建设社会主义文化强国。

其二，两次会议都要求宣传思想工作要旗帜鲜明地讲政治、明方向和

① 习近平．论党的宣传思想工作［M］．北京：中央文献出版社，2020：14.

② 习近平．论党的宣传思想工作［M］．北京：中央文献出版社，2020：337 - 339.

守阵地。在对宣传思想工作的政治属性上，2013 年宣传会议指出，“所有宣传思想部门和单位，所有宣传思想战线上的党员、干部都要旗帜鲜明坚持党性原则”。① 2018 年宣传会议指出，“要加强党对宣传思想工作的全面领导，旗帜鲜明坚持党管宣传、党管意识形态。”② 两次会议都强调宣传思想工作要坚持正确政治方向，视政治属性为宣传思想工作的本质属性。尤其是2018 年宣传会议不但一如既往地强调“党对意识形态工作的领导权”③，而且将这种领导权从网下拓展到网上。“我们必须科学认识网络传播规律，提高用网治网水平，使互联网这个最大变量变成事业发展的最大增量。”④

其三，在对宣传作用的认识上，2013 年宣传会议指出，“把全国各族人民团结和凝聚在中国特色社会主义伟大旗帜之下……坚持团结稳定、鼓励正面宣传为主，是宣传思想工作必须遵循的重要方针”。⑤ 2018 年宣传会议指出，“中国特色社会主义进入新时代，必须把统一思想、凝聚力量作为宣传思想工作的中心环节”。两次会议都强调要把全国各族人民团结和凝聚在马克思主义、中国特色社会主义的旗帜下，在理想信念（马克思主义、共产主义信仰）、价值理念（社会主义核心价值观）、道德观念（公民道德素质）上取得共识。

其四，在对宣传阵地的建设上，2013 年宣传会议指出，“党校、干部学院、社会科学院、高校、理论学习中心组等都要把马克思主义作为必修课，成为马克思主义学习、研究、宣传的重要阵地”。⑥ 2018 年宣传会议指出，“要压实压紧各级党委（党组）责任，做到任务落实不马虎、阵地管理不懈怠、责任追究不含糊”。⑦ 由此可见，高校是巩固社会主义意识形态的重要阵地，高校党委担负着管理高校这一重要阵地的直接责任。

---

① 习近平．论党的宣传思想工作［M］．北京：中央文献出版社，2020：15.
② 习近平．论党的宣传思想工作［M］．北京：中央文献出版社，2020：342.
③ 习近平．论党的宣传思想工作［M］．北京：中央文献出版社，2020：338.
④ 习近平．论党的宣传思想工作［M］．北京：中央文献出版社，2020：339.
⑤ 习近平．论党的宣传思想工作［M］．北京：中央文献出版社，2020：15 – 16.
⑥ 习近平．论党的宣传思想工作［M］．北京：中央文献出版社，2020：15.
⑦ 习近平．论党的宣传思想工作［M］．北京：中央文献出版社，2020：340.

其五，在对宣传重点的强调上，2013 年宣传会议指出，“要深入开展中国特色社会主义宣传教育”。2018 年宣传会议指出，“重中之重是要以坚定的理想信念筑牢精神之基，坚定对马克思主义的信仰，对社会主义和共产主义的信念，对中国特色社会主义道路、理论、制度、文化的自信”。①

其六，在宣传中华文化上，2013 年宣传会议指出，中华文化滋养着中华民族，是中国特色社会主义的沃土，中华优秀传统文化是一种文化软实力。2018 年宣传会议则指出，“中华优秀传统文化是中华民族的文化根脉”②，要求提炼其精神标识和文化精髓。

其七，在对外宣传工作上，2013 年宣传会议指出，“讲好中国故事，传播好中国声音”。③ 2018 年宣传会议则更加详细地指出要讲好“三种”中国故事，即“中国共产党治国理政的故事、中国人民奋斗圆梦的故事、中国坚持和平发展合作共赢的故事”。④

其八，在宣传格局和理念的要求上，2013 年宣传会议提出大宣传的工作理念。2018 年宣传会议则提出，“要完善国际传播工作格局，创新宣传理念、创新运行机制，汇聚更多资源力量”。⑤

其九，在对宣传思想工作队伍的建设上，两次会议都对宣传思想干部寄予厚望。2013 年宣传会议指出，“宣传思想部门工作要强起来，首先是领导干部要强起来，班子要强起来。各级宣传部门领导同志要加强学习、加强实践，真正成为让人信服的行家里手”。2018 年宣传会议指出，“宣传思想干部要不断掌握新知识、熟悉新领域、开拓新视野，增强本领能力，加强调查研究，不断增强脚力、眼力、脑力、笔力，努力打造一支政治过硬、本领高强、求实创新、能打胜仗的宣传思想工作队伍”。这显示出培养宣传思想工作队伍的重要性和高标准。

综上可知，2018 年宣传会议篇幅更长、内容更为丰富、涉及面更广，

---

① 习近平．论党的宣传思想工作［M］．北京：中央文献出版社，2020：340.
② 习近平．论党的宣传思想工作［M］．北京：中央文献出版社，2020：342.
③ 习近平．论党的宣传思想工作［M］．北京：中央文献出版社，2020：17.
④ 习近平．论党的宣传思想工作［M］．北京：中央文献出版社，2020：342.
⑤ 习近平．论党的宣传思想工作［M］．北京：中央文献出版社，2020：342.

整体上是对2013年宣传会议精神的继承、深化和发展。两次讲话互为补充，各有侧重。2013年更为侧重工作理念上的创新和方针的明确，具体而言提出了大宣传工作理念，明确了团结稳定鼓劲、正面宣传为主的方针。2018年更为侧重新形势下宣传思想工作的使命任务上的创新，郑重提出了“五大使命任务”。

（二）宣传思想工作的“五大使命任务”

针对新时代宣传思想工作的使命任务，习近平总书记站在新时代党和国家事业发展全局的高度，在2018年全国宣传思想工作会议上指出：“做好新形势下宣传思想工作，必须自觉承担起举旗帜、聚民心、育新人、兴文化、展形象的使命任务。”这深刻阐述了新时代党的宣传思想工作的历史方位和使命任务。高校宣传隶属于党的宣传思想工作大范畴，是其在高校场域的特别设置，一方面具有宣传思想工作的共性，另一方面也有其身处教育场域的独特性。对于新时代党的宣传思想工作的“五大使命任务”，鲜有高校宣传部门结合教育场域特性进行特色的阐释和解读，为高校宣传践行“五大使命任务”提供理论镜鉴和实践参考。故此，本书有必要立足教育场域对高校宣传的“五大使命任务”从教育学视角进行解读。

1. 举旗帜：校媒姓党，坚持社会主义办学方向。习近平总书记强调，“举旗帜就是要高举马克思主义、中国特色社会主义的旗帜，坚持不懈用新时代中国特色社会主义思想武装全党、教育人民、推动工作，在学懂弄通做实上下功夫，推动当代中国马克思主义、21世纪马克思主义深入人心、落地生根”。旗帜就是方向。尽管高校有公办和民办性质之分，但“公办民办都是党办”，都要牢牢坚持社会主义办学方向。《高校宣传思想工作意见》明确把坚持党性原则、强化责任作为高校宣传“五个坚持”的首要原则。“党和政府主办的媒体是党和政府的宣传阵地，必须姓党。”“党管媒体，不能说只管党直接掌握的媒体。党管媒体是把各级各类媒体都置于党的领导之下。”① 高校宣传必须坚持党性原则，确保校媒姓党。这一点毋庸置疑。高校只有道路、理论、制度正确了，才能保障办学方向的

① 习近平．论党的宣传思想工作［M］．北京：中央文献出版社，2020：183.

正确；高校宣传只有属性、原则、任务正确了，才能正确履行“育新人”的使命。政治属性是高校宣传的本质属性，党性原则是高校宣传的第一原则，必须坚定不移地将其贯穿“育新人”的始终。

2. 聚民心：凝聚共识，做大做强主流思想舆论。习近平总书记强调，“聚民心就是要牢牢把握正确舆论导向，唱响主旋律，壮大正能量，做大做强主流思想舆论，把全党全国人民士气鼓舞起来、精神振奋起来，朝着党中央确定的宏伟目标团结一心向前进”。高校宣传部门单单依靠有限的编内人员来做大做强主流思想舆论，实属勉为其难。高校宣传部门一方面要监管好各职能部门、各二级院系主办的校园媒体平台；另一方面要发起校园媒体联盟倡议，构建起校园媒体矩阵，强化“校媒姓党、党管媒体、党管宣传”的共识，主导校园媒体拧成一股绳；协同党委组织部，在基层组织培养起理想信仰坚定、学养深厚、服务意识强的宣传委员，在党委宣传部的指导下履行好宣传职责，做好政治理论宣讲，传播主流思想舆论，践行社会主义核心价值观；要协同团委，立足“青马工程”，培养青年马克思主义者，发挥朋辈效应，促使更多的青年大学生成为马克思主义的坚定信仰者、践行者和传播者；要协同学生处，充分发挥优秀学生干部、学生“意见领袖”和论坛版主、“三好学生”等群体的标杆力量和示范效应，传递正能量。高校宣传部门要合力将宣传委员、青年马克思主义者、优秀学生干部等学生群体吸纳进高校宣传队伍，发挥点线面的辐射效应，带动更多的青年大学生身体力行，营造“人人皆为宣传员”的高校宣传格局。

3. 育新人：合力推进，培养“三有”时代新人。习近平总书记强调，“育新人就是要坚持立德树人、以文化人、铸魂育人、陶铸新人，建设社会主义精神文明、培育和践行社会主义核心价值观，提高人民思想觉悟、道德水准、文明素养，培养能够担当民族复兴大任的时代新人”。习近平总书记的时代新人观对新时代高校“培养什么人”进行了明确指引，即培养“有理想、有本领、有担当”的时代新人。高校宣传一要借助自身官方媒体平台优势和主导校园媒体矩阵优势，对时代新人的“三有”基本标准进行宣传和解读。高校宣传要强化大学生对时代新人标准的认同，并以此为基础，促使大学生进行自我教育和自我塑造。二要依托教师队伍，通过定向的政治教育强化其对培养时代新人的使命任务的认知和认同，一方面将时代新人的“三有”基本标准嵌入到教书育人、教育教学的过程中去；另一方面依照“三有标准”对自身进行再教育、再塑造，进而对大学生群体进行言传身教、因材施教。三要依仗辅导员队伍，通过定向的理论宣讲帮助其履行“育新人”的重要职责。辅导员是青年大学生最亲近、最直接、最具影响力的引路人和陪伴者，其言传身教的育人成效是不可替代的。这也是为什么高校能够将富有特色、成效显著的辅导员制度传承至今的缘由所在。促进全校媒体矩阵、教师队伍、辅导员队伍在“育新人”方面的联动，是发挥高校“三全育人”资源优势的重要体现。

4. 兴文化：以文化人，建设中华民族共有精神家园。习近平总书记强调，“兴文化就是要坚持中国特色社会主义文化发展道路，推动中华优秀传统文化创造性转化、创新性发展，继承革命文化，发展社会主义先进文化，激发全民族文化创新创造活力，建设社会主义文化强国”。“兴文化”是高校宣传“育新人”的基本路径和主要依托。高校宣传要认真领会和解读习近平总书记对“兴文化”使命任务提出的“一个坚持、一个推动、一个继承、一个发展、一个激发、一个建设”的深刻意蕴，从中厘清校园文化建设与建设中华民族共有精神家园的内在逻辑关系，明确新时代校园文化建设的目标就是构建起中华民族共有精神家园，为青年大学生成长为时代新人提供源源不断的精神动力和文化滋养。高校宣传部门要通过高校校园的场域创新来填充校园文化空间，对静态的物质空间进行空间规划设计、分割重组和功能拓展，对动态的活动空间进行顶层设计、主题构思和议题设置，以发挥校园文化空间的育人功能。高校宣传要为活动构思和设置具有校本特色、区域文化、时代思想的主题和议题，精心打造品牌活动；不但追求形式和数量上的丰富多元，而且追求内容和品质上的内涵价值，淘汰质量不高浪费资源的短视活动，集中资源和力量打造高质量的长线活动，并加以传承创新发展。

5. 展形象：立德树人，讲好高校“育新人”好故事。习近平总书记强调，“展形象就是要推进国际传播能力建设，讲好中国故事、传播好中国声音，向世界展现真实、立体、全面的中国，提高国家文化软实力和中华文化影响力”。改革开放40多年来，中国实现了从站起来富起来到强起来的伟大飞跃。高等教育随着经济社会的高速发展，实现了从精英化到大众化再到普及化的目标。但高校教育从精英教育走向普及教育的过程，也伴随着诸多质疑和诟病。在此背景下，高校宣传如何为高校发声，外塑高校立德树人形象，内强大学精神文化内涵呢？高校宣传应把落脚点放在讲好新时代高校“育新人”的故事上。高校宣传部门要挖掘在学校乃至全社会有广泛影响力的优秀校友、“三好学生”、优秀学生干部、“道德标兵”“十佳教育工作者”、教书育人模范等先进人物，借助包括官网、校报、广播电台、电视台、宣传橱窗、微信公众号、微博、B站号、头条号、视频号、抖音号等全媒体平台，图文并茂、音视频结合，全方位营造浓郁的正面宣教氛围。同时，高校宣传要真实、立体、全面地向全社会展示高校“育新人”的标志性成果、典型案例和动人故事，塑造高校服务中华民族复兴伟业、潜心培养时代新人的良好形象，以此引导全社会各行各业从不同领域不同层面培养时代新人。

二、高校宣传工作政策文件的解读

（一）高校宣传思想工作意见

《高校宣传思想工作意见》对新形势下高校宣传的引领价值和指导意义凸显在以下几个方面：其一，明确了意识形态工作是党和国家一项极端重要的工作。其二，明确了战略工程、固本工程、铸魂工程“三项工程”在加强高校意识形态工作阵地建设的重要方位，以及“巩固马克思主义在意识形态领域的指导地位，巩固全党全国人民团结奋斗的共同思想基础”重要深远意义。其三，提出了高校宣传思想工作的“五项主要任务”：坚定理想信念，巩固共同思想道德基础，壮大主流思想舆论，推动文化传承创新，立足学生全面发展。其四，针对性地指出了高校宣传思想工作的“五个努力方向”：要切实推动中国特色社会主义理论体系进教材进课堂进头脑，要大力提升高校教师队伍思想政治素质，要不断壮大高校主流思想舆论，要着力加强高校宣传思想阵地管理，要切实加强党对高校宣传思想工作的领导。其五，明确高校宣传思想工作的“五个坚持”：坚持党性原则、强化责任，坚持育人为本、德育为先，坚持标本兼治、重在建设，坚持改革创新、注重实效，坚持齐抓共管、形成合力。

1. 坚持党性原则、强化责任。《高校宣传思想工作意见》指出，“高校宣传思想工作要切实担负起政治责任和领导责任，提高领导水平，增强驾驭能力，敢抓敢管、敢于亮剑，做到守土有责、守土负责、守土尽责”。党性原则是高校宣传的第一原则，必须牢牢把握“党管宣传、党管意识形态、党管媒体”① 和“党性与人民性相统一”② 的基本原则。高校宣传必须坚定不移地跟党走、旗帜鲜明地讲党性，及时传达和阐释党的路线方针政策等，坚决维护党中央权威，确保马克思主义意识形态话语权在高校的绝对主导地位，避免高校成为西方意识形态的“泄洪区”和“沦陷区”。“意识形态工作是党和国家一项极端重要的工作，高校作为意识形态工作前沿阵地，肩负着学习研究宣传马克思主义，培育和弘扬社会主义核心价值观，为实现中华民族伟大复兴的中国梦提供人才保障和智力支持的重要任务。”③ 高校宣传要讲好中国故事，传递中国声音，阐释中国道路、中国模式和中国精神，促进高校与外部世界的互联互通；组织协调文明校园建设，增强大学生的“四个自信”，增强中华民族共同体意识，构筑中华民族共有精神家园。

2. 坚持育人为本、德育为先。《高校宣传思想工作意见》指出，“高校宣传思想工作要把坚定理想信念放在首位，始终坚持用中国特色社会主义理论体系武装师生头脑，确保社会主义办学方向”。要从战略高度认识到发挥高校宣传育人功能的重要性。作为高校工作内容的一部分，高校宣传也肩负着立德树人的职责。高校宣传尤其应关注大学生的精神文化空间。高校宣传要用中国特色社会主义理论体系尤其是习近平新时代中国特

---

① 习近平．论党的宣传思想工作［M］．北京：中央文献出版社，2020：181.

② 习近平．论党的宣传思想工作［M］．北京：中央文献出版社，2020：15.

③ 中共中央办公厅国务院办公厅．关于进一步加强和改进新形势下高校宣传思想工作的意见［EB/OL］．（2015－01－19）［2021－02－19］．http：//www.gov.cn/xinwen/2015－01/19/content_2806397.htm.

色社会主义思想来武装青年大学生的头脑，立德树人、以文化人、铸魂育人、陶铸新人，把大学生培养成能够担负民族复兴大任的时代新人。育人不但要遵循教育原则和教育规律，而且要坚持德育为先，增强青年大学生的家国情怀。高校宣传采取的育人方式有别于标准化评价、规范化管理、严格性要求、严厉性惩罚等传统的育人方式。高校宣传应借助于官方微信、微博、抖音、公众号、知乎、B 站等新媒体平台，使大学生具有与信息传播技术相匹配的素养。高校宣传在育人上可以发挥统一思想、价值引领、舆论引导、文化熏陶、信息整合、素养提升、凝聚力量等作用。发挥高校宣传的育人功能，不但有利于拓展时代新人的涵育路径，而且有利于坚定高校宣传思想工作者的职业信仰。

3. 坚持标本兼治、重在建设。《高校宣传思想工作意见》指出，“高校宣传思想工作要坚持标本兼治、重在建设。强化依法管理，着力加强制度建设，把高校建设成为学习研究宣传马克思主义的坚强阵地”。在党的十八届三中全会通过的《中共中央关于全面深化改革若干重大问题的决定》当中，首次提出了国家治理体系和治理能力现代化的概念。党的十九届四中全会审议通过的《中共中央关于坚持和完善中国特色社会主义制度、推进国家治理体系和治理能力现代化若干重大问题的决定》，更是明确把国家治理体系和治理能力现代化写进了标题，为深化改革、扩大开放指明了前进的方向，有利于坚持和完善中国特色社会主义制度。由此，治理现代化理念成为治国理政的重要依托，方兴未艾。时下蓬勃发展的治理现代化理念，相继被运用到现代高校办学治校的实践中，为高校宣传的未来发展走向指明了前进的道路，意义重大而深远。新形势下的高校宣传面临着来自国内外、校内外、网内外（线上线下）的一系列风险和挑战。为了优化高校宣传的场域空间，有必要以大宣传理念为指导，重构高校宣传的政治生态、文化生态、技术生态和媒介生态，提升高校宣传的传播力、引导力、影响力、公信力，并把体系完善、逻辑自洽、形式严谨、运行顺畅、典型示范等外显特征作为高校宣传工作创新的衡量标准和评价尺度。就此而言，推进高校宣传工作创新，是健全和完善国家治理体系的需要。以责任共担、资源共享、协同共治的治理理念为指导，打造融高校宣传者与大学生为一体的高校宣传共同体，促进校园媒体矩阵的建设，加速高校旧媒体与新媒体的融合，建构高校大宣传格局。《高校宣传思想工作意见》从制度建设层面强化了高校宣传的治理逻辑及标本兼治、重在建设的要求，自觉地将高校宣传工作创新融入国家治理体系和治理能力现代化的进程中。

4. 坚持改革创新、注重实效。《高校宣传思想工作意见》指出，“高校宣传思想工作要准确把握师生思想状况，创新工作理念和方式方法，把解决思想问题与解决实际问题结合起来，不断增强针对性实效性”。高校宣传重点是做人的思想工作。思想工作往往属于隐性教育的范畴，是一个潜移默化、润物无声的过程。而把握大学生的思想动态、解决其思想问题往往是最难评估的工作之一。如何让隐性教育显实效、出成果，是高校宣传的一大难点。这就需要高校宣传部门携手学校的各职能部门，以大宣传理念为指导，从全媒体理念、媒介融合、大宣传格局等方面入手，携手做好网络舆情监测；强化风险管理的意识，由消极被动应对转为积极主动防范，避免高校宣传风险向问题及危机的转变，维护高校育人环境的和谐稳定；积极探索建立高校宣传实效性的考核指标，推进高校宣传工作创新的进程。新媒体的兴起不但能够为加强高校宣传提供技术保障，而且能够为高校宣传的迭代式发展提供技术引擎。高校宣传要利用新的通信技术搭建高校宣传云平台，发展智慧宣传。立足于全球化时代，高校宣传从业人员要具有世界视野和国际情怀，牢记职业使命，掌握数字化宣传的基本技能。

5. 坚持齐抓共管、形成合力。《高校宣传思想工作意见》指出，“高校宣传思想工作要推动校内外协同配合、全社会支持参与，构建高校宣传思想工作新格局”。新格局意在以习近平大宣传理念为指导，构建起高校大宣传格局。单兵作战、孤军奋战的高校小宣传格局已无法适应新时代高校宣传的要求。高校宣传部作为推动构建高校大宣传格局的主导机构，要准确把握习近平大宣传理念的精髓要义，树立大局意识，提高政治站位，积极联动和协同校内的党政工团、师生员工和校外的媒体力量、社会力量，形成强大的宣传合力，齐抓共管，全面提升“三全育人”这一制度体系的实效性。

（二）高校宣传队伍建设意见

《高校宣传队伍建设意见》紧随《高校宣传思想工作意见》之后出台，旨在将该项政策推向深入、落地见效；通过切实加强高校宣传思想工作队伍建设，为推动高校宣传思想工作质量提升和创新发展提供坚强有力的组织保证。《高校宣传队伍建设意见》对新形势下高校宣传思想工作队伍建设明晰了以下重要指引：其一，明确高校宣传思想工作队伍是党的宣传思想工作的一支重要力量。统筹推进高校党政干部和共青团干部、思想政治理论课教师和哲学社会科学课教师、辅导员和班主任、心理健康教育教师和学生骨干等宣传思想工作队伍建设，培育建设网络评论队伍，是全面落实新形势下高校宣传思想工作战略任务的基础工程。其二，对高校宣传思想工作队伍的建设目标进行了明确，即努力建设一支信念坚定、数量充足、结构合理、能力突出、勇于担当的高素质宣传思想工作队伍，为全面加强高校宣传思想工作，办好中国特色社会主义大学提供坚强有力的思想和组织保障。其三，明确了高校宣传思想工作队伍建设的“四个坚持”：坚持党管宣传、强化责任，坚持德才兼备、全面发展，坚持统筹规划、分类指导，坚持从严从实、改革创新。其四，明确高校宣传思想工作队伍建设的“四个大重点任务”：配齐建强工作队伍，提升队伍整体素质，改进加强网宣能力，完善激励评价机制。其五，明确高校宣传思想工作队伍建设的具体保障措施：把宣传思想工作经费纳入学校年度经费预算安排，不断完善经费支持政策和保障制度；院（系）党委（党总支）统筹负责院（系）宣传思想工作，并明确一名分管院（系）领导和一名宣传员，确保任务到岗、责任到人；各高校党委要强化政治责任和领导责任，把宣传思想工作列入党委工作重要内容，每学期都要专题研究意识形态工作和宣传思想工作队伍建设工作；要建立健全宣传思想工作目标管理责任制和考核评估制度，构建党委书记负总责，校长和分管副书记、其他班子成员“一岗双责”，各有关部门和院（系）协调推进的工作机制，把宣传思想工作纳入学院和有关部门领导班子的考核当中，明确各级宣传思想工作队伍的目标任务和责任清单，做到有责必问、有责必查、有责必究。

《高校宣传思想工作意见》和《高校宣传队伍建设意见》这两份文件立足全国高校宣传的全局视角和战略高度，对高校宣传进行了全面系统的科学部署，互为犄角、相得益彰；提出的意见和要求不但具有逻辑上的必要性，而且具有现实上的可行性，尤其是为高校宣传发挥育人功能提供了政策指向上的依据。

第二节　以新宣传理念推进高校宣传工作创新

一、大宣传理念的现实召唤

在2013年召开的全国宣传思想工作会议上，习近平总书记发表了著名的“8·19”讲话，强调指出，“要树立大宣传的工作理念，动员各条战线各个部门一起来做，把宣传思想工作同各个领域的行政管理、行业管理、社会管理更加紧密地结合起来”。① 自此，大宣传理念被广泛运用于各行各业宣传思想工作、意识形态工作领域，同时助推了宣传思想工作大格局、大宣传格局等相关概念的诞生，并在历史演进中发展成为政策工具，被创新性地运用到包括高校宣传在内的各宣传领域。

（一）大宣传理念的历史演进

大宣传概念的提出，具体可追溯到20世纪50年代，当时的大宣传还仅仅是一个名词，还不能称得上一种概念，更不能称其为一种理念。从名词概念，到实践运用，升华至工作理念，历经了三个发展阶段。

1. 名词概念阶段（20世纪90年代以前）。“大宣传”一词最早诞生于

---

① 中共中央宣传部理论局．指导新时期宣传思想文化工作的纲领性文献：学习习近平总书记在全国宣传思想工作会议上的重要讲话文章选［M］．北京：学习出版社，2013：5－6.

一篇农业生产实践的宣传报道稿（翁诗平，1959），“队队有宣传组，天天宣传，大讲开发海南的政治意义，大张旗鼓地宣传了生产的四大指标……使方针任务家喻户晓。”① “大宣传”一词是为宣传上级指示而采取的方式方法的创新，有着鲜明的政治色彩，属于一种政治任务。1977 年 3 月发表的《大学习大宣传大落实》社论中提出，“从上到下，各行各业，来一个思想大发动”，② 这依然是农业生产领域的一种由上至下的政治任务。“大宣传”后来又用来指称税收实践领域的一类活动。“税收政策大宣传活动，采用文件印制、张贴，编印宣传手册、标语，墙报，广播，幻灯片放映，评比、比赛，宣传演唱，宣传栏等系列宣传教育举措。”③ 此后，大宣传日渐发展为一种政治任务式的宣传活动，具有人多、部门多、范围广、方式方法多样等特点，使用领域也从农业生产领域拓展至税收、水利、法制等领域。

20 世纪 90 年代以前的大宣传从一句新口号发展至一种实实在在的政治任务或行政行为，宣传的内容偏向于宏观，如会议精神宣传落实、国家方针政策的宣传教育等，宣传的形式载体也不断丰富和发展。这期间的大宣传还未发展成为一个学术问题，相关成果也都是以某领域的宣传报道式文章出现，还没有涉及概念的内涵阐释。

2. 实践探索阶段（20 世纪 90 年代初至 21 世纪初）。20 世纪 90 年代初，《关于“大宣传”》（张振方，1993）一文的发表，宣告了大宣传概念正式从企业组织的思想政治工作实践中提出。“‘大宣传’即企业思想政治工作新机制，是社会主义市场经济体制下的企业思想政治工作机制，它是紧密围绕并服务于企业生产经营、改革目标、大覆盖面，采用现代化手段、实行党政共管的企业思想政治工作机制。”④ 该文对大宣传的阐释与分

---

① 翁诗平．大宣传大检查大评比三结合四共同　安宁农场掀起开荒高潮［J］．中国农垦，1959（7）：27.

② 陕西日报社论．大学习大宣传大落实［J］．陕西农业科技，1977（3）：1－2.

③ 广东省财政厅税务局．开展税收大宣传大检查查补偷漏欠税一百一十多万元［J］．财政，1983（6）：33.

④ 张振方．关于“大宣传”［J］．思想政治工作研究，1993（1）：18－19.

析涉及大宣传的概念、目标、职能与内容、功能、形式、范围与对象、组织体制、队伍等。而后，前文作者又继续发表了《企业宣传思想工作的出路在于改革》（1993）一文。该文有别于前文将大宣传归属于思想政治工作范畴的界定，而将大宣传界定为宣传思想工作改革探索与实践的一种新体系和新机制，强调要重视大宣传对生产、经营、效益等的推动方面的效果评估。① 沿着这一新思路，刁成民（1994）② 首次提出大宣传格局这一新概念、新思路，提出要应势而为，营造大宣传格局，强调形成工作体制上的整体合力。自此，大宣传格局开始广受关注，令大宣传从一个行政领域上的“名词概念”发展为各行各领域争相应用的“概念实体”。大宣传格局很快被运用于各行各业宣传工作的理念更新、工作实践和机制改革中，涵盖了消防、税务、国土、水务、电信、计生、文化、高校、政府、企业等领域。从国家到社会，从政府到企业，各行各业对大宣传格局这一概念实体的认同和运用度在不断提升。

从20世纪90年代开始，各行各业开始关注单位和行业内部的思想政治工作的改革与发展问题，发现传统的宏观政治性宣传已经不能适应行业内部的快速发展需求，亟须一种更为开拓、系统、开放的思想政治工作体系和宣传工作机制来激活组织的整体发展，倒逼固有的以政治中心为主的宣传工作向以业务为主的服务工作转移，也就是追求组织效益、实现组织目标为主。可分析归纳如以下三类：

第一类，企业组织呼吁宣传工作中心转向以经济建设为主，提出宣传要讲究经济效益的观念。相关文献有《政治宣传和经济宣传要双强化》（东海船厂党委宣传部，1994）③、《以经济建设为中心　进行“大宣传”的探索》（1994）④、《深入经济　扩展职能　开创企事业宣传工作新局面》

---

① 张振方．企业宣传思想工作的出路在于改革［J］．思想政治工作研究，1993（12）：34－35.

② 刁成民．建立“大宣传”格局发挥宣传思想政治工作的最佳效益［J］．理论学习与探索，1994（5）：49－50.

③ 东海船厂党委宣传部．政治宣传和经济宣传要双强化［J］．思想政治工作研究，1994（3）：24－25.

④ 以经济建设为中心 进行“大宣传”的探索［J］．中国兵工，1994（5）：27－28.

（丁德心，1995）① 等。

第二类，政府部门探索大宣传观念更新，以宣传促进或提升政策执行效益。相关文献有《大消防与大宣传》（卞正，1994）②、《东港区人大常委会树立"大宣传"观念》（庄光志等，1999）③ 等。

第三类，在大宣传概念的探索应用中，衍生出大宣传格局概念，被各行各业广泛认同并付诸实践。各行各业宣传领域尝试构建起适合本土或本单位实际的大宣传工作机制或工作体系，以让宣传工作更好地服务组织效益、实现组织目标，也衍生出大服务的创新概念，指出宣传本身不是中心，服务组织发展、提升组织效益才是其工作中心。相关文献有《坚持大服务定位　构建大宣传格局》（任红，2012）④、《坚持大服务定位　构建大宣传格局——关于黑龙江省赵光农场加强新闻宣传工作的实践与思考》（任红，2012）⑤ 等。

3. 工作理念阶段（2013 年 8 月 19 日至今）。2013 年 8 月以后，大宣传开始成为学术界的研究热点，尤其是报纸对于"大宣传"的宣传倡导尤为明显，形成一股强大的推动力量。这一研究热点的形成与习近平总书记 2013 年发表的"8·19"重要讲话高度相关。习近平总书记在"8·19"讲话中正式提出大宣传工作理念。自此，大宣传被赋予政治权威性和政策规定性。随后，《人民日报》《检察日报》《中国人大》《党建》《思想政治工作研究》等权威媒体持续对其进行宣传解读与推广。也因此，大宣传一词在我国宣传领域开始从第一阶段的仅在农业生产、政府部门使用的"名词概念"发展至大宣传格局等"概念实体"，上升至作为一种各行各业宣传实践领域所遵循的工作理念，并日渐演进成为一种广泛运用的政策工

---

① 丁德心．深入经济 扩展职能 开创企事业宣传工作新局面［J］．中国兵工，1995（5）：29－31.

② 卞正．大消防与大宣传［J］．上海消防，1994（8）：1.

③ 庄光志，张佃凯．东港区人大常委会树立"大宣传"观念［J］．山东人大工作．1999（3）：34.

④ 任红．坚持大服务定位 构建大宣传格局［N］．北大荒日报，2012－07－19（8）．

⑤ 任红．坚持大服务定位 构建大宣传格局——关于黑龙江省赵光农场加强新闻宣传工作的实践与思考［J］．农场经济管理［J］，2012（9）：39－41.

具，运用于各类政府政策文件和各行各业宣传工作领域的制度文件之中，用以指导宣传工作实践。

（二）以形成合力为旨要的大宣传理念

大宣传工作理念强调，“做好宣传思想工作必须全党动手……要树立大宣传的工作理念，动员各条战线各个部门一起来做，把宣传思想工作同各个领域的行政管理、行业管理、社会管理更加紧密地结合起来”。大宣传工作理念继承了中国共产党优良的宣传思想工作传统，是对新形势下宣传思想工作的重大创新。该理念“突出了党委领导下宣传思想工作辐射全局的整体思维，‘大’体现在参与宣传思想工作的人员专业跨度大，内在要求是宣传思想工作的大众化，即宣传思想工作归根结底是做人的工作，实现党性与人民性的统一”。①

做好新时代高校宣传，需要全校师生员工的共同努力，以及校内校外的协同配合。高校党委要带头树立大宣传工作理念，带领党政工团各方面积极行动，发挥学校、家庭、社会、企业等各方面的人力资源优势，形成加强和改进新时代高校宣传的强大合力，合力构建起“全员参与、全程陪伴、全方位覆盖”的高校大宣传格局，为实现中华民族伟大复兴服务，着力培养担当民族复兴大任的时代新人。

高校宣传工作创新关系到高校培养时代新人的进程，关系到高校立德树人根本任务的实现。为了应对“百年未有之大变局”这一复杂严峻的局势，国家有关部门相继于 2015 年、2019 年出台了《高校宣传思想工作意见》《高校宣传队伍建设意见》《中国共产党宣传工作条例》，明确了高校宣传部门要对宣传思想工作进行牵头协调的职能，直接影响新时代的高校宣传工作。《高校宣传思想工作意见》的印发为高校构建大宣传格局提供了政策依据。

《高校宣传思想工作意见》明确规定了要建立健全高校党委统一领导、党政工团齐抓共管、党委宣传部门牵头协调、有关部门和院（系）共同参与的工作机制，充分发挥院（系）党组织保证监督作用。《高校宣传思想

---

① 刘奕君．全媒体时代大宣传格局的构建［J］．学术论坛，2016（12）：146－151.

工作意见》的出台，对于高校党委领导下的宣传部门来说，是一本详尽的工作指南，革新了高校和宣传部门对宣传工作的认识。新形势下的高校宣传思想工作被全新定义和赋能，对传统的高校宣传思维产生了提纲挈领式的指导意义和革故鼎新式的重大影响。毋庸置疑，宣传部门是作为负责高校宣传思想工作具体规划与实施的职能部门而设置的。从《高校宣传思想工作意见》看，高校宣传思想工作涉及思想政治教育、高校制度建设、校园文化育人的方方面面，高校党政、共青团干部等都是宣传思想工作的骨干队伍，也都是宣传思想工作的多元主体。故此，宣传部门是参与高校宣传的多元主体中的一方，亦是高校大宣传格局构建涉及的多元主体中的一方。所不同的是，宣传部门是高校专门设置用来开展宣传思想工作的职能部门，代表着高校党委主抓宣传思想工作的意志。由是观之，《高校宣传思想工作意见》不但对宣传部门提出了新的任务和要求，而且助推了宣传部门的机制健全和地位提升，明晰了宣传部门在大宣传格局中的主导责任。

宣传思想工作是党的一项极端重要的工作，是中国共产党领导人民不断夺取革命、建设、改革胜利的优良传统和政治优势。从建党之初到新中国成立再到进入中国特色社会主义新时代，宣传工作都一如既往，贯穿始终。《中国共产党宣传工作条例》明确规定，高校党委须设立宣传部，领导宣传部门做好宣传工作，选优配强宣传系统领导班子和主要负责人，加强宣传干部、人才队伍建设，将贯彻落实宣传工作条例纳入党建工作责任制，纳入意识形态工作责任制，纳入领导班子、领导干部目标管理，纳入监督执纪问责范围。当然，宣传思想工作的内涵和使命也随时代发展而发生随迁式变化。2013 年 8 月 19 日，习近平总书记首次在全国宣传思想工作会议上明确提出宣传思想工作战线要树立大宣传工作理念，强调要动员各条战线各个部门一起来做，把宣传思想工作同各个领域的行政管理、行业管理、社会管理更加紧密地结合起来。宣传部门作为高校宣传思想工作的主导力量，首先得从思想上、观念上认同大宣传理念，方能内化于心、外化于行，进而担当起牵头协调大宣传格局构建的责任与使命。这一系列宣传政策的出台，将宣传工作推上了前所未有的战略高度，标志着宣传工作的科学化、规范化和制度化建设迈上了新的台阶，充分体现了以习近平同志为核心的党中央对宣传工作的高度重视。新时代的高校宣传要自觉地以这一工作理念为行动指南。

二、全媒体理念的自然演绎

在我国，全媒体理念的发展不是一蹴而就的，而是经过长期的实践发展而来。全媒体作为一个学术概念是在《媒体融合方向下的四个关键变革》（彭兰，2009）一文中提出的，"'全媒体'探索首先触及的是媒介融合的一个基本层面，那就是媒介业务形态的融合，即'全媒体化'，是这一种业务运作的整体模式与策略，即运用所有媒体手段和平台来构建大的报道体系。从总体上看，报道便不再是单落点、单形态、单平台的，而是在多平台上进行多落点、多形态的传播"。① 全媒体概念提出至今，学术界还未产生广泛引用的权威定义，但其内涵却在媒介、技术、思想文化领域的实践中不断被丰富和具象化，可将其发展历程大致划分为三个阶段。②

（一）全媒体理念的历史演进

1. 媒介视角下的新型媒体形态革新阶段。这一阶段，全媒体一词主要出现在各类媒介上，往往指的是不同媒体形态的综合运用，常等同于新媒体。③ 代表性的观点有：其一，媒介运营说，"全媒体不再是一元支撑单一形态媒介，而是在多元平台基础上全覆盖、多样态传播的一种全新的媒介运营模式，报纸、广播、电视与网络都是多样态传播体系的构成平台"。其二，传播形态说或媒介形态说，全媒体的概念"来自于传媒界的应用层面，是指综合运用各种表现形式，如文图声光电，来全方位立体展示传播内容，同时通过文字声像网络通信等传播手段来传输的一种新的传播形

---

① 彭兰．媒体融合方向下的四个关键变革［J］．青年记者，2009（6）：22－24.

② 刘英，谢少华．全媒体＋教育：从"四全"媒体到"四化"育人——习近平全媒体理念融入青少年价值观教育探微［J］．中小学德育，2019（4）：19－23.

③ 姚君喜，刘春娟．"全媒体"概念辨析［J］．当代传播，2010（6）：13－16.

态，是载体内容形式以及技术平台的集大成者。其‘全’体现在对受众的全面覆盖上，在受众需要导向下又表现为超细分服务”。① “全媒体是一种汲取传统媒体要素基础之上的多元素、多平台、多样态的媒介形态，不仅囊括传统媒介——报纸、广播、电视等，而且包括互联网络、手机终端、户外视屏、电子纸移动报纸等现代媒介。”其三，媒介整合说，最具代表的是全媒体出版，“将同一个内容同时发布在纸媒、互联网、手机以及手持阅读器等多种媒体上，尽可能覆盖不同层次读者的方法”。综上所述，这期间的学者多从媒介形态和运行方式来探究全媒体的概念和内涵，未有权威的核心定义产生。

2. 技术视角下的现代传播体系构建阶段。这一阶段，国内主要是从内部发展环境的某个层面开始，侧重于政策层面对新事物语义的定义和描述②。2014 年 8 月，习近平总书记主持召开中央全面深化改革领导小组第四次会议时审议通过了《关于推动传统媒体和新兴媒体融合发展的指导意见》③，明确要推动传统媒体和新兴媒体在内容、渠道、平台、经营、管理等方面的深度融合，以形成立体多样、融合发展的现代传播体系。2015 年 12 月，习近平总书记在视察解放军报社时强调新闻媒体的内容创新、形式创新、手段创新的同等重要性。2016 年 2 月，习近平总书记主持召开党的新闻舆论工作座谈会再次强调，“要推动融合发展，主动借助新媒体传播优势……必须创新理念、内容、体裁、形式、方法、手段、业态、体制、机制，增强党的新闻舆论工作的针对性和实效性”。这期间，伴随移动信息技术对全媒体的优化升级，国家政策层面也开始关注并倡导新旧媒体的融合发展和技术革新。该阶段的全媒体在前一阶段的基础上融入了技术革

---

① 刘小帅、张世福，3G 时代：传媒价值链的重构［EB/OL］.（2009 - 07 - 14）［2019 - 03 - 06］. http：//media. people. com. cn/GB/22114/46419/162352/9651808. html.

② 李丽丽．论全媒体条件下大学生社会主义核心价值观培育［D］. 信阳：信阳师范学院，2018（6）：3.

③ 国家新闻出版广电总局．关于进一步加快广播电视媒体与新兴媒体融合发展的意见：新广电发〔2016〕124 号［EB/OL］.（2016 - 07 - 02）［2021 - 02 - 19］. http：//www. nrta. gov. cn/art/2016/7/2/art_3592_42309. html.

新与整合应用的丰富内涵。①

3. 思想文化视角下的媒体融合发展阶段。习近平总书记自党的十八大以来多次深入考察调研、主持召开重要会议，谋篇布局、全面部署，推动解答媒体融合发展这一项紧迫课题。② 2019 年 1 月 1 日，由中央宣传部主管主办的“学习强国”学习平台在全国上线，包括电脑 PC 端、手机客户端、门户网站等多种形式，是以宣传贯彻习近平新时代中国特色社会主义思想为核心内容，涵盖党的路线方针政策和中央重大决策部署，重要工作动态和重要新闻信息，以及政治、经济、生态、法治、教育、科技、文化、卫生、体育、社会、军事、国际等方面知识和信息的互联网学习平台；是立足全党、面向全社会的科学理论学习阵地、思想文化聚合平台、科学知识传播高地、人民群众精神家园。目前，日均阅读量已高达 10 亿人次左右。“学习强国”学习平台的成功打造，为我国媒体融合发展、全媒体建设与应用树立了一个标杆、一面旗帜。“全媒体不断发展，出现了全程媒体、全息媒体、全员媒体、全效媒体，信息无处不在、无所不及、无人不用，导致舆论生态、媒体格局、传播方式发生深刻变化，新闻舆论工作面临新的挑战。”③ 该论述给“全媒体”赋予全新的定义和定位。“习近平对全媒体时代的深刻洞察，对媒体融合发展的科学谋划，充分彰显了党中央对全媒体发展大势的敏锐判断，为新时代的媒体发展把脉定向。”④ 这也标志着“全媒体”的应用与发展自此从传媒领域、技术领域拓展到思想文化领域。

---

① 刘英，谢少华．全媒体＋教育：从“四全”媒体到“四化”育人——习近平全媒体理念融入青少年价值观教育探微［J］．中小学德育，2019（4）：19－23.

② 中央广播电视总台央视网．习近平的全媒体理念［EB/OL］．（2019－02－19）［2019－03－07］．http：//news.cctv.com/2019/02/19/ARTIWE9A3w88jSrRErrnK4Rh190219.shtml.

③ 中央广播电视总台央视网．习近平的全媒体理念［EB/OL］．（2019－02－19）［2019－03－07］．http：//news.cctv.com/2019/02/19/ARTIWE9A3w88jSrRErrnK4Rh190219.shtml.

④ 中央广播电视总台央视网．习近平的全媒体理念［EB/OL］．（2019－02－19）［2019－03－07］．http：//news.cctv.com/2019/02/19/ARTIWE9A3w88jSrRErrnK4Rh190219.shtml.

在此阶段，国家领导人专门对“全媒体”作出了权威解读，习近平全媒体理念也由此诞生，并在学术界引发关注和研究。学者们对该理念的称谓略有差异，包括习近平总书记关于媒体融合重要论述、习近平总书记关于媒体融合发展重要论述、习近平“四全媒体”论、习近平新闻舆论观、习近平全媒体思想、习近平全媒体理念等几种。相关研究文献有：《全媒体+教育：从“四全”媒体到“四化”育人——习近平全媒体理念融入青少年价值观教育探微》（刘英等，2019）①、《习近平论“建设全媒体”》（陈力丹，2019）②、《习近平全媒体思想引领下媒体融合路径研究》（王凯迪等，2019）③、《习近平新闻舆论观的思想精髓、理论来源与实践价值》（郑保卫等，2019）④、《习近平的“四全媒体”论探析》（方提，2019）⑤、《打造新时代的“四全媒体”——努力践行习近平关于媒体融合发展重要论述》（童兵，2020）⑥、《习近平总书记关于媒体融合重要论述的演进脉络及目标指向》（宫承波等，2021）⑦。这7篇文献有5篇为核心期刊，且篇幅均较长。这说明，2019年至今关于习近平全媒体理念的研究在新闻传播学和教育学学科已成研究焦点，且研究学者层次较高、研究富有深度，进一步确证了该理念已发展成为一个学术概念和一种理论，可用于指导宣传工作研究与实践。

（二）以“四全媒体”为特征的全媒体理念

习近平全媒体理念是全媒体在我国发展的最新阶段，是习近平新时代

---

① 刘英，谢少华．全媒体+教育：从“四全”媒体到“四化”育人——习近平全媒体理念融入青少年价值观教育探微［J］．中小学德育，2019（4）：19－23.

② 陈力丹．习近平论“建设全媒体”［J］．新闻爱好者，2019（4）：4－6.

③ 王凯迪，周德书．习近平全媒体思想引领下媒体融合路径研究［J］．今传媒，2019，27（9）：1－5.

④ 郑保卫，张喆喆．习近平新闻舆论观的思想精髓、理论来源与实践价值［J］．新闻与写作，2019（10）：5－14.

⑤ 方提，尹韵公．习近平的“四全媒体”论探析［J］．马克思主义研究，2019（10）：116－121.

⑥ 童兵，费雯俪．打造新时代的“四全媒体”——努力践行习近平关于媒体融合发展重要论述［J］．新闻与传播评论，2020，73（4）：5－11.

⑦ 宫承波，孙宇．习近平总书记关于媒体融合重要论述的演进脉络及目标指向［J］．中国出版，2021（3）：5－10.

中国特色社会主义思想体系又一崭新成果，是全媒体在我国发展的最新阶段。宋建武认为，该理论是一个对于现代传播环境和媒体特点的全新的、全面的论述，与通常的认识不同的是，这里的“全媒体”主要不是指媒体种类的“全”，而是强调当前人类信息交互的“全程、全息、全员、全效”等特性。① 周绍萍认为，习近平全媒体理念中的“四全”，从时间、空间、主体、效能四个维度概括了全媒体时代的基本特点。②

其一，“全程”特性，是指客观事物运行的全过程被现代信息技术所捕捉、记录并存储。这属于时空维度。③“全程”即全过程，突破了时空尺度，意指事件从发生到结束，无时无刻不处于传播链之中。④

其二，“全息”特性，是指媒体信息格式多元，囊括文图音视频等。大数据时代，在物联网、人工智能、云技术等新兴技术的加持下，信息的采集已走向“全息化”。⑤“全息”，万事万物皆可成媒通过数据来表达，打破了物理空间，变得唾手可得。⑥

其三，“全员”特性，是从社会维度出发，指社会各行、各业、各类个人或单位主体都在通过网络进入到社会信息交互过程中。自媒体的“全员化”顺应了公众参与社会事务的主体需要。⑦“全员”，突破主体尺度，从“一”对“多”传播变成“多”对“多”传播，在自媒体的赋能下，人人都可成媒。⑧

---

① 宋建武．推动媒体深度融合做大做强主流舆论［N］．广州日报，2019－02－18(21)．

② 周绍萍．全媒体时代＋“三全育人”视域下高校媒体的育人功能探微［J］．文化综合，2021（2）：123－124．

③ 宋建武．推动媒体深度融合做大做强主流舆论［N］．广州日报，2019－02－18(21)．

④ 周绍萍．全媒体时代＋“三全育人”视域下高校媒体的育人功能探微［J］．文化综合，2021（2）：123－124．

⑤ 宋建武．推动媒体深度融合做大做强主流舆论［N］．广州日报，2019－02－18（21）．

⑥ 周绍萍．全媒体时代＋“三全育人”视域下高校媒体的育人功能探微［J］．文化综合，2021（2）：123－124．

⑦ 宋建武．推动媒体深度融合做大做强主流舆论［N］．广州日报，2019－02－18（21）．

⑧ 周绍萍．全媒体时代＋“三全育人”视域下高校媒体的育人功能探微［J］．文化综合，2021（2）：123－124．

其四，“全效”特性，是指媒体功效的全面化，是基于媒体功能维度而言。各类应用APP和信息资源汇聚于媒体，媒体的服务功能变得空前丰富、强大、全面和立体，业已成为数据总汇和运营的枢纽，算法技术的应用令媒体传播和信息服务功能变得更为精确、定向，助长了无人不用的平台化优势。“全效”突出效率效果，借助各类信息科技，可以准确掌握受众偏好，提高传播的精准度。①

高校宣传育人是“三全育人”的制度体系不可或缺的一环，宏观来讲关乎时代新人培养目标实现的工作全局，微观来讲每一篇新闻报道都如同一堂文化课、新闻课和思政课，具有全员、全过程、全方位的“三全”特性。“无机宣传”是自上而下、由内向外、上传下达、由里及表的被动的宣传模式，已经不能适应全媒体时代的要求。高校宣传要因势而谋、应势而动、顺势而为，主动思考习近平全媒体理念中的“四全”特性对“宣传路径、宣传阵地、宣传主体、宣传队伍”等的深层影响，探索构建起校园全媒体矩阵，充分发挥校园媒体平台的育人优势，履行好“育新人”的重要职责。

三、元治理理念的异军突起

国家治理体系和治理能力现代化的目标设置，以及培养时代新人成为新时代党的教育方针的政策规划等，在赋予高校宣传新的内涵和价值向度时，也对高校宣传工作提出了更高的要求，指明了前进的方向。“高校宣传思想工作有利于全面落实立德树人、塑造学校品牌形象、巩固和扩大群众基础，对高校治理能力建设发挥着确保正确方向、营造有利环境、促进制度落实等重要作用。”② 从根本上来讲，国家治理体系和治理能力现代化建设的有效推进，为高校宣传格局和高校宣传部门的治理创新提供了强有力的理论支撑。

---

① 周绍萍．全媒体时代＋“三全育人”视域下高校媒体的育人功能探微［J］．文化综合，2021（2）：123－124.

② 王玉平．论宣传思想工作在高校治理能力建设中的作用［J］．改革与开放．2015（3）：109－110.

（一）建构大宣传格局是高校宣传工作改革创新的必由之路

1. 高校宣传部门在治理创新上的故步自封。推进国家治理体系和治理能力的现代化能够为中华民族的伟大复兴提供强有力的体制机制保证。党中央站在新的历史高度，高屋建瓴地进行了科学的战略谋划，在党的十八届三中全会的全面深化改革的决议当中，首次提出了国家治理体系与治理能力现代化的概念；党的十九届四中全会的决定明确把国家治理体系与治理能力的现代化写进了标题。实际上，这是对党的十八届三中全会全面深化改革决议的进一步深化。习近平总书记在参加十二届全国人大二次会议上海代表团审议时指出，“治理和管理一字之差，体现的是系统治理、依法治理、源头治理、综合施策”。① 教育部高等教育司吴岩同志提出，“高等教育进入普及化……就要求我们推进治理能力和治理体系现代化，大学的各层领导和高等教育各级领导，要把高等教育和高等学校管理作为一门高深的学问，不断提高治理能力和治理水平的现代化”。② 高等教育从精英化到大众化再到实现普及化，是其逐步走向高等教育现代化的必由之路。高校治理体量巨大，是国家治理体系的重要环节。促进高校治理现代化是完善国家治理体系的必然举措。

坚持党的教育方针，坚持社会主义办学方向，坚持立德树人根本任务，办好人民满意的教育是中国特色社会主义高校承载的教育报国、教育强国的初心和使命，更是新时代高校所继承的“中国基因”。中国特色社会主义高校承担着培养德智体美劳全面发展的社会主义建设者和接班人的教育初心和为党育人、为国育才的办学使命。早在2010年7月出台的《国家中长期教育改革和发展规划纲要（2010—2020年）》中，就将建设现代大学制度确立为一项战略任务。当前和今后相当一段时间内，大学的一项重要工作就是在已有的现代大学制度的建设基础上，深入贯彻落实党的重

---

① 新华网．习近平参加上海代表团审议［EB/OL］.（2014-03-05）［2021-02-01］. http://www.npc.gov.cn/zgrdw/npc/xinwen/2014-03/06/content_1839144.htm.

② 叶雨婷．教育部高教司司长：进入普及化阶段的高等教育有四大特征［N/OL］. 中国青年报，2020-12-03［2021-02-01］. https://s.cyol.com/articles/2020-12/03/content_DEZoPWCj.html.

要会议精神，推进大学内部治理结构的改革与完善。新时代的高等教育改革发展迎来了新一轮的机遇和挑战。但总体上来看，机遇大于挑战。

置身于高等教育现代化进程中的高校宣传部门，在高校的对外交往中始终处于排头兵和领头羊的位置，置身于意识形态斗争和较量的前沿阵地。高校宣传位于层层加码和施压的基层，其运作长期处于高负荷的状态下。做好高校宣传工作，巩固马克思主义在高校意识形态阵地中的指导地位，事关党对高校的领导地位，事关中国特色社会主义事业后继有人，非常之重要。由此可见，高校宣传部门治理现代化改革是大学内部治理结构的重要组成部分。高校宣传部门自然要把对自身的治理现代化视为头等大事。可是长期以来，高校宣传部门在治理现代化改革上存在盲目自信、故步自封的问题，使得高校宣传领域积累下了诸多短板、漏洞甚至痼疾。尤其是当前，高校宣传在“育新人”上表现得还不够淋漓尽致，还存在角色错位、职责担当不到位等缺陷。

2. 大宣传理念下高校大宣传格局构建的应运而生。构建高校大宣传格局，是推进高校宣传工作创新的重要一环，有助于在高校宣传部门实现“善治”。每个时代都有自身的宣传特殊性。脱离具体的时代背景来谈宣传必然会犯历史虚无主义的错误。新时代的高校宣传部门要立足于新时代的时代背景，积极构建大宣传格局。“治理的典型特征是多元主体参与的共同治理，即‘共治’。共治是路径，善治（good governance，直译为‘良好治理’等）是目标……共治并不必然带来善治，但没有共治就必然没有善治，共治所具有的内在优势有助于达成善治。”① 治理中的多元主体共同参与、共同享有、共同担责的理念，有利于实现共建共治共享的格局。我们生活在一个能够催生出大理念的大时代。随着治理现代化理念的异军突起，大外交、大思政、大统战、大健康、大卫生、大区域等诸如此类的大概念如雨后春笋般地兴起，迅速见之于媒体。治理现代化理念的兴起与高校宣传的变革相互激荡，并逐渐合拍，催生出大宣传的核心理念。因而，

---

① 袁本涛，孙霄兵．教育治理现代化：理念、制度与政策［M］．北京：经济科学出版社，2018：56.

构建高校大宣传格局就是要尝试将大宣传理念融入高校宣传，创新高校宣传的改革路径，并使之发展为优化高校宣传育人功能的变革性力量。这是高校宣传应对世界“百年未有之大变局”的因应之策和睿智之举。这不是偶尔的机缘巧合，而是客观的时势造就。高校宣传在顺应社会变化的基础上，也发生着自适应、自调整的变化，通过增强高校宣传的弹性与韧性来提高其社会认可度和美誉度。高校宣传工作创新是一项涵盖从人员组成、运作机构、方式方法、操作规程到评价体系等要素的系统性工程。高校宣传部门要想走上自我提升、自我优化的正向循环之路，就必须拥有系统性和精致化的治理创新思维。

长久以来，高校宣传部门搭乘时代快速发展的列车，以马克思主义新闻观为指导，在高校宣传中履职尽责，大力宣传党和国家的路线、方针、政策，积极维护高校意识形态安全，全身心地参与培育与弘扬社会主义核心价值观，较好地完成了立德树人、以文化人、铸魂育人、陶铸新人的历史重任。习近平总书记在对高校宣传成绩给予高度肯定的同时，也在多个重要场合不断强调高校宣传的重要性。深刻领悟和重点研究习近平总书记党建思想，对于高校宣传的格局创新具有指导性意义。“要树立大宣传的工作理念”① “宣传思想工作是政治性强、涉及面广、影响力大的系统工程，需要统筹谋划、强化协作，需要多方联动、全员参与。”② “只有调动各方力量、运用各种资源，形成上下互通、横向联合、齐抓共管的大宣传格局，实现工作共融、资源共享、发展共赢，打好‘组合拳’，奏响‘交响乐’，才能在新时期把宣传思想工作做得更好。”③ 习近平总书记提出的

---

① 中共中央宣传部中共教育部党组．关于加强和改进高校宣传思想工作队伍建设的意见：教党〔2015〕31 号［EB/OL］．（2015 - 09 - 09）［2021 - 02 - 19］．http：//www. moe. gov. cn/srcsite/A12/moe_1416/s255/201510/t20151013_212978. html.

② 中共中央宣传部理论局编．指导新时期宣传思想文化工作的纲领性文献：学习习近平总书记在全国宣传思想工作会议上的重要讲话文章选［M］．北京：学习出版社，2013：29.

③ 中共中央宣传部理论局编．指导新时期宣传思想文化工作的纲领性文献：学习习近平总书记在全国宣传思想工作会议上的重要讲话文章选［M］．北京：学习出版社，2013：29 - 30.

大宣传工作理念渗透和浸染着鲜明的时代特色，为新时代高校宣传工作创新提供了致思路径。习近平总书记大宣传工作理念是根据新媒体的兴起、社会治理需求等提出的一种崭新的宣传格局。大宣传工作理念视域宏大，含义隽永，背后潜隐着治理思维，蕴藏着大局意识，传达出新时代政府高层对宣传基本面的发展研判及对宣传人员寄予的殷切期盼。大宣传工作理念的形成喻示着宣传领域正式开启了宣传部门从传统管理走向治理现代化的进程。当前，高校宣传的创举就在于充分明确了"轴心思维"，即以习近平大宣传工作理念为关键理念，进行高校宣传工作创新的功能、内容、主体、技术、格局、责任创新，形成齐抓共管兼享的高校宣传新格局、新生态和新图景。作为一种复杂的治理体系的高校宣传工作创新，通过强调风险治理，来提升高校宣传应对系统性风险的能力；通过强调多元治理，不但能调动大学生参与高校宣传的积极性，而且能提高大学生的媒介素养，健全大学生的主体性，促进校内外多元主体的形成；通过强调协同治理、协商共治，建构高校大宣传格局，提升高校宣传"育新人"的能力，并最终达到高校宣传者与大学生的共赢。这是高校宣传工作创新在改革创新上迈出的坚实一步。尤其是大宣传格局构想出高校宣传的未来空间场景，在宣传的想象力边界的框定上突破了原初的限制，为充分发挥高校宣传的育人功能插上了翅膀。高校宣传工作创新就是要以坚持为宣传部门纾困、提高宣传机构运行的舒畅度为原则，通过大格局、新视野、高品位、精配方等的组合，建设匹配度高、逻辑自洽、运行顺畅、功能全面的宣传体系，既提升高校宣传的治理水平，也增强高校宣传的育人功能，提升高校宣传服务学校、服务社会的能力。高校宣传的外显层面和内置层面发生的系统性变革，既能重构高校宣传的传播生态，也会奠定高校宣传工作创新的新起点，翻开高校宣传改革创新的新篇章。就此而言，大宣传理念的有效贯彻对高校宣传"育新人"功能的发挥具有至关重要的意义。

尽管高校宣传承载着立德树人、以文化人、铸魂育人、陶铸新人的功能与使命，但是，做大做强高校宣传，加强意识形态阵地建设，显然不仅是高校宣传部门这个职能部门的责任，而是高校各个部门的共同责任。高校各个部门均应树立守土有责、守土尽责的责任意识。高校大宣传格局所指的不但是参与主体多元、内容形式多样、人才队伍面广、体制机制健全等方面的“大”和“全”，而且还包括提高政治站位、强化大局意识、遵循全校“一盘棋”、坚持党建引领等方面的“正”和“高”。这对高校坚持把立德树人作为根本任务、推进依法治校和民主管理等都有着重大而深远的意义。

（二）明晰元治理者是高校大宣传格局构建的关键之举

每一种治理都会涉及多元主体及多样治理模式之间的目标认同、资源整合、责任分担、力量平衡、冲突化解、利益共享等若干问题，因此，治理行为实际上都充满着不确定性。其中，导致治理失败、治理失灵、治理低效的最大可能性就在于元治理者的权威不足。治理理论本身就包含着治理的多元主体要正视并承担治理失败、治理失灵的风险的关键要素。英国著名学者鲍勃·杰索普（Bob Jessop）对治理失败进行研究并在其《治理的兴起及其失败的风险：以经济发展为例的论述》（1999）中提出元治理即“自组织的组织”。他提出，“元治理不可混同于建立一个至高无上、一切治理安排都要服从的政府。相反，它承担的是设计机构制度，提出远景设想，它们不仅促进各个领域的自组织，而且还能使各式各样自组织安排的不同目标、空间和时间尺度、行动以及后果等相对协调”。[①] 元治理包含制度和战略两个方面。一方面，制度上要提供各种机制，促成多元主体联合行动上的功能联系和资源依存关系；另一方面，战略上促进共同愿景的建立，并以此激励新旧制度安排的承接与更新，以及固有治理模式的改革与创新。代表国家的政府部门在这一过程中担当一元主导和民主协调的元治理者，即多元主体对话的主要组织者、保证子系统团结合作的总体机构、权威规章制度的制定者、子系统治理失败的兜底者和补救者。

我们从杰索普的元治理理念中可以发现，该理念蕴涵着和而不同、协同互补、协调共进的行为倾向，不但将多元主体参与的治理行为视为“现代治理共同体”，而且要求以国家的代言人——政府部门或公共部门为中

---

① 鲍勃·杰索普. 治理的兴起及其失败的风险：以经济发展为例的论证［J］. 国际社会科学（中文版），1999（1）：31－48.

心，不同主体各司其职，共同发展，最终通过相对的治理平衡实现治理效能的最优化。至于元治理理念是否适用于分析高校场域的具体问题，我国学者罗建河在《论高等教育的元治理》（2017）一文中对此问题进行了论证，得出了高等教育需要借用元治理来正视治理失败和治理失灵的风险，元治理促进了高等教育治理过程中的自我反思性观念的形成，以及亟须对国家和政府部门在高等教育治理中的角色定位的结论。① 为此，置身于高校教育场域的高校宣传工作创新不但亟须元治理，还亟须明晰元治理者职责由谁来担当的现实问题。通常来讲，只有由代表一定权威的部门来担当元治理者的角色，才能获得广泛认同与多方支持。元治理者凭借自身所拥有的权威，通过统筹协调、科学谋划、形成合力、行为监督、灵活应对等，建立起一个健全、稳定、可持续的治理结构，以防范治理失败的可能性。自带权威的元治理者角色就是一种“自组织的组织”“对治理的治理”行为，也就是元治理的本质内涵。元治理者通过权威形成由其主导的多元主体的协同治理；保障多元治理主体间的信息传递、意见交换和有效沟通，促进治理过程的透明化，以实现共同的目标；在让所有主体认同利益共同体的基础上，尽最大可能协调和平衡各主体的利益关系，避免产生内耗严重的矛盾和冲突，维护治理体系的有序运转和高效运作。

长久以来，高校宣传的责任集中于宣传部门。宣传部门面临犹如头顶“高压线”、脚踏“风火轮”，人手不足、能力欠缺、疲于应付的问题频频凸显。宣传制度体系的不健全和宣传资源保障的不到位，使得高校宣传显得很被动。民办高校的宣传工作则愈加表现得差强人意。部分二级单位过于依赖校级宣传部门，而忽略自身宣传体系和宣传队伍的建设，导致学校层面宣传热闹、二级单位层面冷静的失衡现象。这一情况在习近平总书记大宣传工作理念提出和《高校宣传思想工作意见》出台之后，才有所改观。笔者所在的高校在2016年方才独立设置校级宣传与新闻中心，后又在2018年设置党委宣传部来专门负责和推进学校宣传思想工作。近年来的实践证明，宣传部门的成立对高校育人事业的发展与促进、思想政治教育的

① 罗建河．论高等教育的元治理［J］．高等教育研究．2017，38（12）：12－20.

开展与助推、学校社会声誉与影响力的营造与扩大等方面，起到了明显的正向推动作用。高校宣传部门作为高校宣传的牵头协调部门，在高校宣传大格局中应有怎样的角色担当，元治理理念为其打开了新视野、提供了新启示。高校大宣传格局包含校内外多元治理主体，其中校内涵盖学校党委、宣传部门、单位组织、师生员工等，校外则包括与学校存在利益关系的政府部门、企业组织、社会媒体、社会群体等利益相关者（见图5－1）。

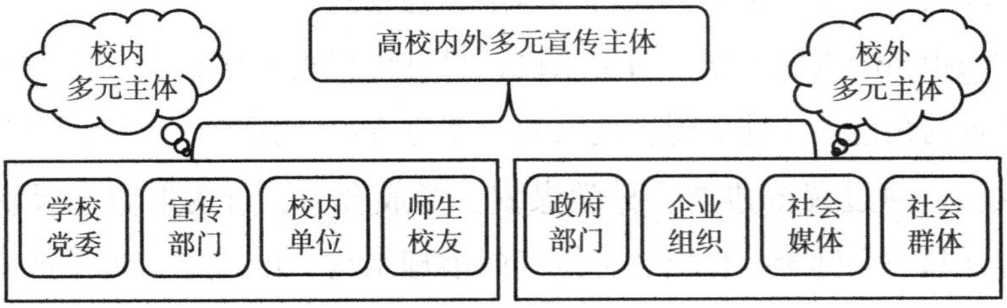

图5－1　高校内外多元宣传主体

高校宣传部门是在学校党委正式授权和领导下的、承担宣传职责的职能部门，理所当然要在高校大宣传格局的构建中担当元治理者的角色，要负责推进校内各部门和师生员工等多元主体间的共建共享共治。《高校宣传思想工作意见》明晰了党委宣传部门在构建大宣传格局过程中应担当起牵头协调的角色，把新时代的高校宣传提升到了新的历史高度。宣传部门在制定和执行宣传规章制度方面占据主导地位，同时直接负责相关宣传资源和平台的管理和运行。这是体现宣传部门牵头协调的职能所在。具体而言，宣传部门因受学校党委的授权和委托，拥有对宣传规章制度进行制定和修订的权利，可通过建立健全宣传规章制度体系来规范和协调大宣传格局的关涉主体。宣传部门通过自身的以身作则和率先垂范，成为构建高校大宣传格局中的最有力的助推者，而受到其他多元主体的广泛认同和争相效仿。《高校宣传思想工作意见》明确提出要配齐建强高校宣传思想工作队伍，统筹推进高校宣传思想工作骨干队伍建设；要坚持高标准选配高校宣传思想工作干部，加强高校宣传思想工作人才培养。这一系列的政策规定，为高校大宣传人才队伍建设提供了强有力的政策依据。因舆情失控、凝神聚力等而引发的风险不是高校宣传部门所能承受的。这也决定了高校宣传要致力于培养多元化的宣传主体，促进不同主体之间的责任共担。宣传部门也就可以据此着力强调大宣传人才建设工作，努力争取多元主体的共同支持，首先是骨干培养上的支持。据调查，73.56%的高校宣传工作者认为，宣传育人要求高但宣传队伍建设跟不上，已发展成为高校宣传发挥育人功能的主要困境。各单位要将政治意识强、责任意识强、业务能力强的人才挑选出来作为宣传思想骨干来自发培养，宣传部门策划组织系列全员参与的专题培训和骨干参与的研修项目，点面结合，立体培养。其次是工作量认定上的支持。高校的现实情况决定了宣传思想队伍建设必须采取专兼职相结合的模式。师生兼职队伍的工作量必然要得到人事部门、教务部门和学生管理部门的认定，可以采取工作量、学分、综合分等认定方式。再次是媒体素养提升上的支持。在全媒体时代，宣传队伍要想正确地运用媒体发声传播，就需要不断提高媒体素养。宣传部门要联合教务部门，将媒体素养的公选课程与校内各单位对媒体素养的宣传教育结合起来。

高校宣传内含多元主体的利益矛盾和冲突，这就需要宣传部门通过协调实现不同主体间的利益平衡。宣传部门负责统筹全校的宣传工作，拥有最多的宣传资源和最优的宣传平台。宣传部门一方面要利用好这些宣传资源和平台，实现高校宣传工作创新的帕累托最优，另一方面要建立健全相应的宣传制度体系，用制度来规范和协调各宣传主体的利益关系，做到有据可依，有章可循。“从理性主义的角度看，利益相关者之所以参与到协同治理的过程，是因为他们能够从协同过程满足自己的利益诉求。”① 高校宣传部门在担当元治理角色的过程中，一方面可以通过多种途径和方法把利益相关者吸纳进来；另一方面，在不同利益相关者陷入利益冲突和矛盾时，可以要求他们以学校大局为重，通过适度的补偿或倾斜来进行协调。

高校宣传经费包括校内的校园文化建设与宣传经费，以及校外的媒体合作拓展与维护宣传经费。据调查，宣传经费投入不足是高校普遍面临的

---

① 张贤明，田玉麒．论协同治理的内涵、价值及发展趋向［J］．湖北社会科学，2016（1）：30－37.

现实问题，尤其是民办院校表现得更为明显。宣传经费因其相比教学科研经费的劣势，往往成为开源节流的标的。同时，因宣传经费投入不足对学校发展产生的负面影响，在感知层面上具有延后性，不是一下子就能引发各方眼光的聚焦。宣传部门要博采众家之长，牵头制定一套具有前瞻性和科学性的宣传经费保障体系，从有利于学校发展的大局出发，进行适度的倾斜或补偿。

概而言之，高校宣传工作创新就是指要彻底改革那种单纯依靠行政力量管控高校思想文化的传统思维和粗放行为，以新宣传政策和新宣传理念为基本遵循和行动指南，本着“以人为本”的治理理念，建构以高校宣传部门为主导、以大学生为主体、全校师生共建共享的高校宣传大格局，重构高校宣传的政治生态、文化生态、技术生态和媒介生态，充分发挥高校宣传“育新人”的功能。以元治理理念为指导来构建高校大宣传格局，是当前高校宣传部门改革工作理念、完善体制机制建设的首要选择。高校宣传元治理有利于促使高校宣传实现从自上而下的管理、到多元主体的治理、再到协调合作的元治理等的渐次转变，从散在的治理主体向联合的治理主体的更迭，以及从完成任务式的疲于应付到优化服务的主动作为的逆转，实现不同治理主体间的责任共担与利益共享。

第六章

高校宣传工作创新的一体推进

大学生正处于拔节孕穗、模压成型的阶段，要在时代熔炉的锻造和文明沃土的滋养中发现自我、重塑自我。高校宣传要摸清底牌，掌控大学生的思想动态。高校宣传要以社会主义核心价值观为引领，整合大学生的多元价值观。媒介素养是新时代的大学生置身于数字化生存理应具备的，与工作技能一样重要。高校宣传要促使大学生认识到全媒体时代提高媒介素养的重要性，履行高校宣传主体的责任与义务，自觉地将宣传内容转化为建构未来的重要资源。

第一节　高校宣传内容的守正创新

“道德教育目标规定了受教育者应该具备的道德标准，直接关系到所培养人才的品德性质，影响着道德教育内容的确定及途径和方法的选择，在整个道德教育活动中起着主导性的作用。”① 通常来讲，高校宣传以“育新人”为目标，以社会主义核心价值观为价值引领，可以归纳为五育并举中的德育范畴。高校宣传的内容可归纳为德育的一种特定的文化承载和实践体现。高校宣传为了提高和优化育人功能，也要适应形势变化进行不断的变革。高校宣传的创新不是无原则、无限度的。高校宣传的特殊性决定了其内容创新只能是守正创新。在完成全面建成小康社会、全面建设社会主义现代化国家的历史节点，高校宣传要完成“育新人”的使命任务，就要顺应新时代社会主要矛盾的转变，将大学生对美好生活的向往，转变成建设家园和服务祖国的精神动力；就要繁荣校园文化，致力于建构中华民族共有精神家园，实现中华民族伟大复兴的中国梦。高校宣传思想工作应遵循“人民逻辑”②，诠释好中国梦，促使师生将个人梦以中国梦为同心

① 葛新斌．注重培育公民基础道德：我国当今道德教育的目标选择［J］．江西教育科研，1998（5）：16－18．

② 刘铁军．坚定文化自信推动高校宣传思想工作强起来［J］．北京教育（高教），2019（12）：21－23．

圆，凝聚起强大的民族复兴力量。为此，高校宣传要发挥自身的优势，实施文化强校战略，将建构中华民族共有精神家园作为目标导向，通过弘扬中华优秀传统文化、培育社会主义核心价值观、推进“四史”教育建构多维认同体系等，促进大学生德智体美劳全面发展，教育引导其成长为有理想、有本领、有担当的能担当民族复兴大任的时代新人。

一、坚守政治属性 继承“中国基因”立德树人

进入新时代，“我们的宣传文化工作也进入到守正创新的重要阶段”。①做好高校宣传的守正创新，首要的就是在构建其运作框架时，坚持“变”与“不变”相结合的原则，既可以确保高校宣传不变色、不变质，又能使高校宣传常做常新、历久弥新。只有科学地理顺高校宣传的“变”与“不变”，才能对高校宣传的使命任务进行精准定位，为高校的意识形态建设作出贡献。马克思主义是我们“立党立国的根本指导思想”②，是从思想观念层面上凝聚起中华民族和中国人民思想力量的思想法宝，是当代中国处于百年未有之大局时期应对国际国内意识形态领域复杂斗争的思想武器。为此，高校宣传部门要在思想和行动上以马克思主义为指导，进一步增强“四个意识”、坚定“四个自信”、做到“两个维护”，在大是大非面前始终保持头脑清醒，切实加强高校宣传思想阵地管理，做到守土有责、守土尽责，提高大学生的马克思主义理论素养。高校宣传对其马克思主义政治属性的恪守，不但奠定了高校稳定的思想文化基石，而且能够防范高校宣传育人功能的变形走样。政治属性框定了高校宣传的文化边界。对政治属性的强调昭示了高校宣传的育人原则。尽管高校教育面临的内外环境和形势任务发生了很大变化，但是政治属性作为高校宣传的本质属性不能变。在高校宣传中，即使技术边界的突破引发宣传方式方法的革新，也并不意

---

① 韩云鹏，杨润花．坚定文化自信守好鄂尔多斯各民族共有精神家园［J］．前沿，2020（3）：92－97.

② 唐晓燕．党的十八大以来意识形态话语权研究回顾与展望［J］．思想理论教育导刊，2021（1）：137－143.

味着政治文化的边界可以被突破。这不是在固守狭隘的阶级斗争意识，更谈不上政治绑架高校宣传。高校宣传如果不强调意识形态属性，就意味着高校宣传阵地的失守，如同战场对垒时放弃战争指挥权一样，引发高校舆论环境的严重混乱，势必会损害在育人上的价值引导功能。高校宣传一旦失效，就意味着将高校话语权拱手让人，危及高校稳定，侵蚀和瓦解国家治理的基础。如果说在“不变”的方面，高校宣传的确缺失自主性，但是在“变”的方面，高校宣传却能够施展自主性。高校宣传在确保政治属性恒定的前提下，可以进行弹性化的变革和量性的积累。甚至当社会外部环境发生变化时，弹性化变革的范围和力度还可以适时增大，但这些应以不改变高校宣传质的规定性为前提。总而言之，因高校宣传在“不变”的方面的自主性缺失，就妄言其没有价值，是一种以偏概全的狭隘之见。

坚持党对教育事业的全面领导，意味着高校要坚持社会主义办学方向、贯彻落实立德树人根本任务，为国家的社会主义现代化建设保驾护航。“我国高等教育现代化的发展需要尝试去总结和梳理‘高等教育现代化的中国文化基因’，在此基础上激活中华传统文化的优秀思想基因。”①高校宣传是高校教育工作的重要组成部分，理应自觉成为探寻高等教育现代化的“中国基因”的重要层面。从办学方向决定的体制机制层面上讲，确保党对高校宣传的领导，并将其纳入国家的意识形态建设工程，理所当然，无需过多置喙。高校宣传的叙事范式、话语体系、书写语境等，被深深地烙上了马克思主义意识形态的属性。高校宣传本身就在诠释着一定的价值观和政治立场。为此，我们国家确立了马克思主义在意识形态领域的主导地位，这是一种政治文化传统。高校宣传要毫不动摇地坚持以马克思主义新闻观为指导，既要做到新闻传播与政治宣教的并行不悖，又要做到旗帜鲜明，立场坚定。

有人主张，高校宣传应与意识形态脱钩，指责党管宣传的制度设计造就出体制困境，使得高校宣传只崇尚一种声音，缺乏包容异见的思想基础

① 卢晓中，等．高等教育现代化：理论发展与实践探索［M］．北京：科学出版社，2020：208.

和政治风气。这种观点不仅是没有任何学术含金量的伪命题，而且更是高校舆论场埋下的精确制导炸弹，具有强大的爆炸力。鼓吹高校宣传与意识形态脱钩，剥离高校宣传的政治属性，就等同于主张教育去政治化，不但不切合实际，而且极其危险。“教育也是一种客观存在的社会实践类型，是一种关系性存在或社会场域。”① 教育场域同样充斥着“资本争斗”与“权利冲突”，要遵循特定的“游戏规则”和“场域习性”，构成特定的实践逻辑。就拿以自然科学见长的科学家而言，虽然科学无国界，但是科学家有国界。姑且不谈 TikTok 为何被转让，中国商务部为了保护字节跳动公司（TikTok 的母公司）的核心生产力和竞争力，在禁止出口限制出口技术目录中紧急追增了“基于数据分析的个性化信息推送服务技术”，升级源代码保护。商业无国界，但是商人是有国籍的。撇开政治谈商业在当前的民族国家政治气候下是不现实的。高校宣传与政治高度关联，致力于政治思想、政治理念、政治新闻等的传播，具有极强的政治导向性和价值倾向性。政治属性是高校宣传的本质属性，这一点拥有毋庸置疑的正当性和合法性。有无将政治属性视为高校宣传的本质属性，事关高校宣传的旗帜和方向等。这是由当代中国社会形态、时代精神和民族气质所决定的。高校宣传作为一种知识性的系统建构，具有“点多线长面广”的特点，在意识形态的表现上肯定会有浓淡状态的量性差别，但绝对不会出现有无状态的二元界分。高校宣传是社会主义意识形态在高校的强化版。就此而言，把高校宣传者界定为社会主义意识形态的载体毫不为过。

高校宣传要以中国特色社会主义现代化建设实践为底板，致力于精确概括和提炼反映中国实践和中国理论的标识性概念，打造马克思主义的话语体系，诠释马克思主义话语体系的关键术语；坚持以文化人，启智润心，做好意识形态的内嵌与外显，采用显性控制与隐性渗透的方式，在宣传内容中进行意识形态的植入和渗透。高校宣传不但致力于传播带有政治立场的知识，而且还进行带有政治立场的知识再生产，不断固化和强化已有的政治观点和政治立场。高校宣传者要以意识形态的传播为主要抓手，

---

① 刘远杰．场域概念的教育学建构［J］．教育学报，2018，14（6）：21－32.

促进大学生的政治社会化，强化大学生在新时代的使命担当；要与时俱进，增强自身的马克思主义理论素养，并帮助大学生坚定马克思主义的政治信仰，坚定大学生的政治信念，增强大学生的政治认同；要教育大学生提高对政治事件的敏锐性，保持在重大政治是非面前的政治立场。

二、繁荣校园文化 构筑共有精神家园 以文化人

党的十一届三中全会“成为新时期中华民族复兴之路的坚实起点”①，令中国复归到现代化建设的进程中。到21世纪中叶中华人民共和国成立一百年时，基本实现现代化，建成富强民主文明的社会主义国家，实现中华民族伟大复兴。这条复兴之路充满了种种不确定性，需要凝聚起强大的精神共识作为思想支撑，需要凝聚宏大的人才力量作为智力支持。而这两者有赖于中华民族共有精神家园的建设成效。建设中华民族共有精神家园是培育社会主义合格建设者和接班人、实现中华民族伟大复兴的重要举措。改革开放以来，中国发生了翻天覆地的变化。随着经济建设的持久繁荣、新旧全球化时代的迭代式更新，以及教育、科学和文化的协同式发展，整个中国的样态样貌都已经发生了巨大变化，呈现出一派欣欣向荣的盛世景象。亿万中华儿女从中华民族共有精神家园中汲取不懈奋斗的精神力量，推动中国走上了持续繁荣的发展之路。我们处于“两个一百年”奋斗目标的历史交汇期，处于开启全面建设社会主义现代化国家的新历史征程中。与物质家园面貌上的革故鼎新相映照，精神家园也接受了改革开放大潮的荡涤。全球化背景下，世界范围内的文化融合成为文化交流的常态。在这样一个巨变时代，更加有必要建构中华民族共有精神家园，夯实全国各族人民的共有思想基础，为深化改革和扩大开放培植相应的文化土壤，为国家治理体系和治理能力现代化提供精神支撑。中华民族共有精神家园不但具有辉煌的历史性功绩，而且必将在中华民族伟大复兴的历史征程中大放

① 卢晓中，等．高等教育现代化：理论发展与实践探索［M］．北京：科学出版社，2020：210.

异彩。

精神家园是社会成员获得心理归属感的情感来源，是凝心聚力、共同奋进的心理基础，也是共渡难关的精神支柱。“中华民族共有精神家园是整个中华民族共同依托、共同传承、共同发扬的文化精神、价值观念和情感态度的总和。”① 建构中华民族共有精神家园有利于凝心聚力，激发中华民族的自信心和自豪感，提高中华民族的凝聚力和向心力，丰富国家治理体系和治理能力现代化建设的经验，促进新时代中国特色社会主义建设的平稳前进。被时光锻造而逐步积淀起的中华民族共有精神家园，是全体中华儿女的共有历史记忆，具有强烈的共享性色彩。中华民族历代精英都一直致力于探求社会和谐之道，并将建构中华民族共有精神家园发展成为一种由来已久的文化脉络。中华民族共有精神家园潜隐着中国人的性格特征和精神气质，映射着中国人的精神追求。中华民族共有精神家园是推动社会前进的驱动力，缺乏其支撑的社会将变成一盘散沙。同时，个体精神只有上升到中华民族共有精神家园层面，才具有普遍性意义。建构中华民族共有精神家园就是在为实现中国梦奠定精神层面的共同点，将基于中华民族共有精神家园基础上生发出的“个人梦”汇聚成中国梦。建构中华民族共有精神家园意义重大，不仅是党和国家的号召，也是全体中华儿女自觉自愿的实践。建构中华民族共有精神家园是一项巨大工程，需要齐心协力，久久为功。“坚持以什么思想理论为指导，是文化建设的首要问题。”② 只有先进的马克思主义才能指导出先进的社会主义文化。日益复杂多变的社会文化生态更加需要以先进的马克思主义为“定海神针”，牢牢坚持马克思主义在意识形态领域的指导地位不动摇。习近平新时代中国特色社会主义思想是当代中国马克思主义建设的最大理论成果，因而要以习近平新时代中国特色社会主义思想为指引，建构中华民族共有精神家园。

发挥高校宣传的育人功能，有必要强调高校宣传的政治属性，通过繁荣校园文化，建构中华民族共有精神家园，并把中华民族共有精神家园发

---

① 韩振峰．中华民族共有精神家园［N］．光明日报，2011－11－29（2）．

② 韩云鹏，杨润花．坚定文化自信守好鄂尔多斯各民族共有精神家园［J］．前沿，2020（3）：92－97.

展成中华民族伟大复兴的精神标配。高校宣传育人不但要确立建构中华民族共有精神家园这一目标导向，而且要确立一系列的问题导向，才能绘制出完整的内容谱系。这些问题导向包括：弘扬中华优秀传统文化，守望精神文化源头；培育社会主义核心价值观，净化校园文化空间，把社会主义核心价值观发展成为高校培养时代新人的价值指引，把文明校园建设成为高校培养时代新人的活动阵地；推进“四史”教育，建构多维认同体系，通过强化国家认同、民族认同、政治认同、文化认同等，稳定改革开放的大局，塑造安定团结的政治局面，“共筑中国梦”。这是当前宣传育人的文化密钥。

（一）弘扬中华优秀传统文化，守望精神文化源头

早在2011年10月，党的十七届六中全会通过的《关于深化文化体制改革、推动社会主义文化大发展大繁荣若干重大问题的决定》就明确指出：“优秀传统文化凝聚着中华民族自强不息的精神追求和历久弥新的精神财富，是发展社会主义先进文化的深厚基础，是建设中华民族共有精神家园的重要支撑。”2017年1月，《关于实施中华优秀传统文化传承发展工程的意见》发布。该文件指出，“实施中华优秀传统文化传承发展工程，是建设社会主义文化强国的重大战略任务，对于传承中华文脉、全面提升人民群众文化素养、维护国家文化安全、增强国家文化软实力、推进国家治理体系和治理能力现代化，具有重要意义”。这是从新的高度来看待中华优秀传统文化，对于深化国人中华优秀传统文化传承发展的共识非常有帮助。

中国传统文化“大体上经历了先秦诸子百家争鸣、两汉经学兴盛、魏晋南北朝玄学流行、隋唐儒释道并立、宋明理学发展等几个历史时期”。[1] 中华优秀传统文化是各民族文化相互交流浸润的结果，内容庞杂，博大精深，生机活力，不仅展示出一个古老民族悠久的文化底蕴，而且象征着一个民族顽强的生命力。中华优秀传统文化是中华民族的文化根脉，内含着

---

① 习近平：在纪念孔子诞辰2565周年国际学术讨论会上的讲话［EB/OL］.（2014－09－24）［2021－02－24］. http://www.xinhuanet.com/politics/2014－09/24/c_1112612018.htm.

中华民族的活力之源和精神纽带，并为中华儿女提供中国智慧、中国精神、中国价值、中华传统美德等方面的文化滋养的精神动力。中华优秀传统文化作为中华民族的根脉和灵魂，源远流长，生生不息，喻示着中华民族顽强的生命力。传统文化上的失守会引发中华民族失根式的生存状态。中华优秀传统文化是建构中华民族共有精神家园的资源依赖。对中华文化历史之源的追溯，对中华文化进行系统性的概况和总结，本身就是对中华民族共有精神家园的再次建构。厚培中华优秀传统文化这一文化沃土，是发展中国特色社会主义文化、建构中华民族共有精神家园的需要。换句话说，建构中华民族共有精神家园，必须以中华优秀传统文化作为生发点。中华民族的伟大复兴内在蕴含着中华优秀传统文化的全面复兴。

中华优秀传统文化为时代新人的培育“奠定了历史的原动力……提供了丰厚的思想资源……提供了有益的路径借鉴”。① 鉴于中华优秀传统文化在培养时代新人方面的重要性，高校要自觉地履行主体责任，发挥基层载体的作用，把中华优秀传统文化融入教育中，为时代新人的培养提供丰润的文化滋养。“各级党委宣传部门要发挥综合协调作用……推动形成……中华优秀传统文化传承发展工作新格局。”② 高校宣传部门在中华优秀传统文化传承发展中，应该身先士卒，从坚定文化自信、培育能够担当民族复兴大任的时代新人的高度，扎实做好传承发展中华优秀传统文化的工作，让中华优秀传统文化在时代新人的身上绽放出新时代的光彩。历代中央领导集体都非常重视中华优秀传统文化，他们的精辟论断为新时代弘扬中华优秀传统文化提供了理论支撑和方向指引。高校宣传要引导大学生自觉学习和思考如何促进中华优秀传统文化的创造性转化和创新性发展。“我们‘自身’生存的历史性通过‘客观化’而形成‘传统’，而这种客观的‘传统’总是在当前处境中发挥其作用，对‘实际生命’构成一种‘压

① 周建超．论时代新人生成的逻辑理路［J］．学术界，2019（11）：132－139.

② 中共中央办公厅国务院办公厅．关于实施中华优秀传统文化传承发展工程的意见［EB/OL］．（2017－01－25）［2021－02－24］．http：//www.gov.cn/zhengce/2017－01/25/content_5163472.htm.

抑’，因此就需要对‘传统’进行‘解构’。”[①] 高校宣传要通过对传统文化的扬弃，使其转化为有利于大学生健康成长的文化资源。高校宣传部门要立足于新时代的时空境遇，着力把中华优秀传统文化深度融入高校宣传中，科学规划和精心设计中华优秀传统文化的宣传工作，做到以文化人，使得大学生作为时代新人的重要群体具备中华优秀传统文化的文化基因。高校宣传要帮助大学生梳理中华文化的历史发展轨迹，挖掘中华优秀传统文化的精髓和价值，充分汲取古人的生存智慧。“优秀传统文化是中华民族五千年文明智慧的基本元素和珍贵结晶……与社会主义核心价值观一脉相承。”[②] 中华优秀传统文化内含仁爱、修身、正义、自强不息等文化元素。传承好中华优秀传统文化，就要弘扬好“讲仁爱、重民本、守诚信、崇正义、尚和合、求大同等核心思想理念”。[③] 高校宣传工作要深挖五千多年来源源不断的中华民族优秀文化中的精神追求、精神基因，讲好“以德治政、以德育人、以德选人、天下大德的道德价值追求”[④] 的故事，厘清这些价值追求与社会主义核心价值观的密切关系，用中华民族传统文化精髓教育引导学生成长为有德有能有为青年。高校宣传部门要致力于传承弘扬君子文化。“君子文化代表着中华民族深层精神追求和独特的精神标志，是传统文化在当代社会现实语境下的文化精髓，蕴含着丰富的思想政治教育资源。”[⑤] 以此激发学生内心深层次的君子品格，并辐射至为人处世之中，兴君子之风，倡君子之德，为君子之道。当然，弘扬中华优秀传统文化，并不意味着要在高校推行文化复古主义。当文化传承沦为滑稽的表

---

① 孙周兴．在现象学与解释学之间——早期弗莱堡时期海德格尔哲学［J］．江苏社会科学，1999（6）：87－93.

② 张圣．以社会主义核心价值观引领高校文明校园创建实践［J］．智库时代，2019（9）：24－25.

③ 中共中央办公厅国务院办公厅．关于实施中华优秀传统文化传承发展工程的意见［EB/OL］．（2017－01－25）［2021－02－24］．http：//www.gov.cn/zhengce/2017－01/25/content_5163472.htm.

④ 刘铁军．坚定文化自信推动高校宣传思想工作强起来［J］．北京教育（高教），2019（12）：21－23.

⑤ 沈哲琼，罗旻敏．媒体融合背景下高校中华优秀传统文化宣传教育路径探究——以集美大学为例［J］．湖南工业职业技术学院学报，2020，20（2）：45－48.

演、低俗的复刻、错位的“复活”、粗糙的偷梁换柱，就是以一种“滑稽的方式将传统再次埋葬”。①

高校宣传部门要重视发挥中华优秀传统文化的熏陶作用，让大学生在潜移默化中受到教育和感染。高校宣传要多途径、多方位地进行中华优秀传统文化的播撒，推广“中华优秀传统文化精品视频公开课”，在校园网开辟中华优秀传统文化宣传专栏，融通“全媒体校园”中的媒介资源，“统筹宣传、文化、文物等各方力量，创新表达方式，大力彰显中华文化魅力”。② 大学优良的精神传统凝聚在校训、校歌、校徽等校本文化中。高校宣传部门要通过宣传校史、解读校训、传唱校歌、佩戴校徽等，诠释和传承大学精神。高校宣传要建设高校文化长廊，在高校范围内提炼出体现中华民族特色的精神标识并广为传播，实现传统文化网络传播话语范式的转换，展示中华优秀传统文化的时代魅力；要组织开展中华古典书籍的品读与赏析活动，帮助大学生开发心智，并强化大学生对中国传统优秀文化的情感，锤炼意志力；协调相关部门积极申报中华优秀传统文化传承基地，鼓励学生进行以中华优秀传统文化为内容的社会实践，参观历史文化古迹、革命文化圣地、历史博物馆、改革开放成就展等，提高人文素养，塑造道德品质，健全理想人格。

高校宣传进行传统文化传承的过程，也是中华优秀传统文化向外积极传播的过程。这种文化传播既来源于中国政府有意识的推动，也来源于国外民众因中国奇迹而产生的好奇心理。如果说前者更多的是一种官方行为，那么，后者则更多的是一种民间行为。这种外在与内在、官方与民间的联袂式推动造就出世界范围内的“中国热”及遍布世界各地的孔子学院。在中国的重大节庆日，世界著名景点纷纷用灯光秀展示出具有浓郁中国特色的中国红。

---

① 赵汀阳．教育问题：遗产、经典和榜样［M］．陕西师范大学学报（哲学社会科学版），2020（2）：10－14.

② 中共中央办公厅国务院办公厅．关于实施中华优秀传统文化传承发展工程的意见［EB/OL］．（2017－01－25）［2021－02－24］．http：//www.gov.cn/zhengce/2017－01/25/content_5163472.htm.

（二）培育社会主义核心价值观，净化校园文化空间

1. 把社会主义核心价值观发展成为高校培养时代新人的价值指引。“当今社会中利益变动而又多元的现实，必然会导出变动多元的道德需要和价值观念。”① 在全球化的历史背景下，各种价值体系都处于不断的解构与建构中，陷入“诸王混战”的乱局。建构主义认为，“人们是以自己的经验为基础来建构现实的”。② 每个人因物质和精神经验不同，自然导致对外部世界的认知和理解上的差异。大学生的知识建构是以个人的经验、心理结构和信念为基础的。如此一来，每种价值观都能找到合适的受众。大学生遭受多元价值观的搅拌，选择焦虑症油然而生。“人心相聚，根本在于价值相通。”③ 改革开放为我们打开了看世界的窗户，也引进来文化思想意识价值的多元冲击，人们的价值观念遭受到了轮番洗礼，对意识形态领域来说意味着风险升级、挑战升维。在此背景之下，坚定马克思主义指导地位的社会主义核心价值观就能起到统一思想、凝聚共识的作用，“为当前多样易变的价值观念提供方向性指引，以鲜明的旗帜引领、整合多元的社会思潮”。④ 这就有必要发挥高校宣传在思想引领方面的作用，用正确的价值观引领高校思潮，激浊扬清，为大学生铸造起思想领域的铜墙铁壁。

党的十八大提出积极培育和践行“24 字”社会主义核心价值观。2013 年 12 月 23 日，中共中央办公厅印发了《关于培育和践行社会主义核心价值观的意见》。⑤ 社会主义核心价值观是一种宏大的价值观念体系，是中国价值观体系的一次世纪重构，不但具有逻辑上的自洽性，而且更加平衡和稳固。社会主义核心价值观成为当代中国马克思主义的意识形态堡垒。

---

① 葛新斌，传统伦理的特征与当今道德教育问题 [J]. 华东师范大学学报（教育科学版），1997（1）：82－89.

② 扈中平．现代教育学 [M]. 北京：高等教育出版社，2010：184.

③ 罗利玉．民族院校打牢中华民族共同体意识的逻辑遵循和路径探析 [J]. 广西民族大学学报（哲学社会科学版），2020，42（3）：192－197.

④ 杨忠宝．核心价值观视野下的高校校园文化建设 [J]. 济南职业学院学报，2015（2）：39－42.

⑤ 中共中央办公厅．关于培育和践行社会主义核心价值观的意见 [EB/OL]. （2013－12－23） [2021－02－24]. http: //www. gov. cn/jrzg/2013－12/23/content_2553019. htm.

“社会主义核心价值观把国家、社会、公民三个不同层面的价值目标和实践愿景融为一体，集中体现了全体中国人民共同追求的政治原则和基本道德价值规范，也蕴含了每个中国人在为建设什么样的国家、什么样的社会和成为什么样的公民所应承担的责任、使命和要求。”① 中华民族共有精神家园以社会主义核心价值观为价值基础。习近平总书记指出，“要通过教育引导、舆论宣传、文化熏陶、实践养成、制度保障等，使社会主义核心价值观内化为人们的精神追求，外化为人们的自觉行动”。②

社会心态的复杂多样会投射到校园，使得校园文化舆论空间可能充斥着一些负面心理、有毒有害的信息，交织着多元价值取向。“模糊而零散的社会心理是社会意识的低级反映形式，也是系统化的意识形态观念生成的基础。”③ 高校是捍卫社会主义核心价值观的重要阵地。高校宣传的育人功能主要体现在价值引导上，即以社会主义核心价值观为价值引领，形成“一体多元”的价值观格局，凝聚全体师生员工的价值共识。故而，在校园文化建设中，高校宣传要确保社会主义核心价值观的高位阶，发挥社会主义核心价值观对多元价值观的引领作用，管控价值观领域的分歧；对大学生的错误价值观进行纠偏式引导，通过拔高大学生在价值观取向上的位格来规范大学生内心的价值秩序。“一方面，社会主义核心价值观确保培育时代新人的正确政治方向和价值导向；另一方面时代新人的价值取向、道德规范和行为方式体现着培育和践行社会主义核心价值观的现实成效。”④ 培育时代新人与培育和践行社会主义核心价值观相辅相成、同向而行，培育时代新人就成为培育和践行社会主义核心价值观的现实着力点和内在要求。

习近平总书记在 2019 年 3 月 18 日举行的学校思想政治理论课教师座谈会上提出，思政课改革创新要始终贯彻“八个相统一”，其中提到“坚

---

① 周建超．论时代新人生成的逻辑理路［J］．学术界，2019（11）：132－139.
② 孙来斌．列宁灌输理论的当代价值澄明［J］．思想理论研究，2020（3）：27－33.
③ 杨军．当前多元社会心态与价值引导［EB/OL］．（2020－04－27）［2021－03－05］．http：//www. rmlt. com. cn/2020/0427/578352. shtml.
④ 周建超．论时代新人生成的逻辑理路［J］．学术界，2019（11）：132－139.

持灌输性和启发性相统一”。高校宣传部门在宣传社会主义核心价值观时，不但要使用灌输这一传统的方法，而且要对其进行正名。在对灌输的理解上，把符合认知规律的灌输与非理性、不人道的灌输混为一谈是极其错误的。合理的灌输是以尊重大学生的主体性为基础的。“通过理论灌输接受马克思主义，是当代中国青年实现政治社会化的必然要求。”① 而高校宣传兼具有理论灌输的特点，在实现宣传内容从外在到内在的转变中具有无可替代的作用。通过灌输养成的主体性尽管在起源上是外在的，但这种主体性同样一旦形成，就具有自主性。从传播学的角度看，单向传播难以达到内化于心、外化于行的深层效应。“如果想唤起受众态度和行为层面的变化，可能还需要更多的卷入式对话和开放式讨论。”② 所以，高校宣传在塑造基于社会主义核心价值观的价值共识的同时，应该允许讨论、争论和辩论，通过对话和说服来促进大学生主体性的完善。“这意味着大学应该用严肃的、认真的、理性的、审视的、反思的方式对待民主思想，以及自由、平等、正义思想，把它们放在理性的解剖台上向人们展示。”③ 高校宣传要把社会主义核心价值观的嵌入视为连续性的过程，久久为功，持续发力。高校宣传在把社会主义核心价值观融入校园日常生活时，要注重对大学生情感需求的契合，使得社会主义核心价值观不仅具有不可动摇的真理性，而且具有关怀备至的人文性。高校宣传要融会贯通因材分类精准宣教的理念，对于不同的人群采取不同的宣教形式，将宣教做到精细化、精准化而不是标准化，既增强接受度和参与度，又体现针对性和务实性，“既体现理性认知，也达到情感认同，使社会主义核心价值观真正成为大学生的心灵罗盘和情感寄托”。④

2. 把文明校园建设成为高校培养时代新人的活动阵地。党的十九大报

---

① 孙来斌．列宁灌输理论的当代价值澄明［J］．思想理论研究，2020（3）：27－33.

② 李凌凌．从工具理性到价值理性：全民传播时代舆论管理的转型［J］．当代传播，2017（2）：42－44，83.

③ 马凤岐．变革时代大学的核心价值：高等教育哲学的几个基本问题［M］．北京：北京师范大学出版社，2013：50.

④ 陈松青，罗福．树立“大宣传”观有效引导校园舆论［J］．中国高等教育，2016（7）：52－54.

告提出，要建设富强民主文明和谐美丽的社会主义现代化强国，再一次确认了建设文明中国的目标。近些年来，为了建设文明中国，国家相继启动了文明城市、文明村镇、文明单位等的创建活动。而创建文明校园则是建设文明中国的重要部分。教育部、中央文明办审时度势，在2015年9月发布了《关于深入开展文明校园创建活动的实施意见》。该文件明确要求，“围绕立德树人根本任务，充分发挥广大师生参与文明校园创建的积极性，把学校建成培养中国特色社会主义建设者和接班人的坚强阵地”。该文件的颁布吹响了文明校园创建的号角。以该文件的颁布为标志，全国掀起了创建文明校园的热潮。

创建文明校园，既是贯彻和落实习近平新时代中国特色社会主义思想的需要，也是高校践行新时代人才培养战略的需要。提升社会主义核心价值观在高校多元价值观领域的思想引领地位，是捍卫高校意识形态领导权的需要，不是可有可无的空洞说教。创建文明校园、构筑精神文化高地，是当前高校精神文明建设的重中之重，其核心要义就在于确立社会主义核心价值观的重要地位。文明校园建设如同一面旗帜，指引着高校宣传的前行道路；如同一面棱镜，折射出高校的精神文化风貌；如同一座灯塔，照亮大学生的人生航向。创建文明校园有利于改善大学生的学习和生活环境，促进大学生的成长成人成才。“文明校园创建活动是在‘三全育人’理念下高校对育人内涵的延伸、育人实践的丰富……应当成为高校自觉自发探索立德树人实践的有益之举。”① 文明校园创建办公室按照惯例通常设在高校宣传部，宣传部部长同时还兼任文明校园创建办公室主任。例如，清华大学成立了精神文明建设委员会，负责领导文明校园创建工作，其日常办事机构设在了党委宣传部；党委宣传部在其主要职责中明确规定要“统筹指导全校社会主义核心价值观建设，组织指导思想道德建设，协调推进精神文明建设和文明校园创建工作”。② 中国科学技术大学在学校层面

---

① 乔婷．“三全育人”理念下高校文明校园建设路径分析［J］．新西部，2019（15）：105，50.

② 清华大学党委宣传部、新闻中心［EB/OL］．［2021－02－23］．https://www.tsinghua.edu.cn/xcb/index.htm.

成立了精神文明建设领导小组，其办公室挂靠党委宣传部，承担文明校园创建活动的综合协调工作，检查、督促相关精神文明建设活动的开展与落实。① 西安交通大学党委宣传部内设有文明校园创建工作办公室，负责积极推进文明校园创建工作，在校党委的统一领导下，成立西安交通大学创建全国高校文明校园工作领导小组，组织全校各院部处及职能部门，师生员工全员参与，共创全国文明校园。② 华南理工大学党委宣传部在其部门职责中明确“负责统筹推进文明校园建设工作”。③ 就此而言，在文明校园创建中，高校宣传部要统领全局，牵头抓总，系统规划，制定责任订单，把控创建进程，部署创建任务。高校宣传部门要在文明校园创建实践中摸索出一套切实可行的机制。“高校文明校园的创建机制就是指在文明校园的创建过程中形成的，能够对其建设要素起作用的结构、功能以及他们之间的关系和这些关系之前互相影响的运作方式。”④ 高校宣传部门要牵头参评省级、国家级文明校园，组织协调项目参选全国高校“礼敬中华优秀传统文化”示范项目。

大学生的文明素养迥异。一些大学生自我约束意识弱，作风散漫，纪律性差，行为无序，精神风貌有待提升。为了坚定大学生的理想信念，高校宣传要致力于形成见贤思齐、择善而从的育人环境，营造风正气清、积极向上的校园文化氛围，将高校校园建设成为“新时代文明实践中心”，为培养时代新人提供精神动力和文化支撑。高校宣传要通过校园文化建设，筑牢大学生信仰之基，把“四个自信”的种子播撒进大学生的心田。校园文化的表层是以物质形态、媒介载体、文化活动形式呈现的物质文化，中层是以校园管理、行政服务、制度规范表现的制度文化，深层是以

① 中国科学技术大学党委宣传部（新闻中心）[EB/OL].［2021-02-23］. http://xcb.ustc.edu.cn/index.htm.

② 西安交通大学党委宣传部［EB/OL］.［2021-02-23］. https://xcb.bnu.edu.cn/.

③ 华南理工大学党委宣传部（新闻中心）［EB/OL］.［2021-02-23］. http://www2.scut.edu.cn/publicizing/.

④ 杜建勤．浅析高校文明校园创建的内容及机制研究［J］．长江丛刊，2019（3）：139，157.

办学理念、教育思想、大学精神、校史校风和师生员工的精神风貌表现的精神文化。高校宣传要从物质文化、精神文化和制度文化等入手，探索校园文化建设的一般性规律；“着力构建环境体系，建好用好管好‘软环境’‘硬环境’和‘网环境’”。① 校园文化建设不但要做好，而且要做得有特色和亮点，以防出现“千校一面”的同质化倾向；不仅要有内容的广博性，而且要有时代的传承性；不但要有思想性，而且要有趣味性；不仅要符合“六个好标准”②，而且要具有标杆效应。高校宣传要以全场景化的校园文化建设为抓手，以丰富校园文化生活、净化高校舆论氛围、融洽校园人际关系、美化校容校貌为关键点，把校园文化打造成社会主义先进文化。“将立德树人、文化传承、学术探究、科普教育、公益实践等融入环境建设中，探索环境育人‘大课堂’模式，打造学以致用的‘情境实验室’，使校园环境成为师生立身做人的‘无言之师’。”③ 大学生的健康成长离不开第一课堂和第二课堂。高校宣传则视大学校园为大学生的“第三课堂”，把校园建设成弘扬文明风尚的中心和孵化时代新人的沃土，催生出灿烂多姿的文明之花，在潜移默化中塑造大学生的精神内核。高校宣传要发挥自身在文明校园创建中的舆论引导和思想引领的作用，以此推动美丽校园、和谐校园的建设，提高学校的知名度和美誉度。高校宣传要坚持以社会主义核心价值观为引领，全面提升校园文化建设的品位和层次，“逐步建立起覆盖课堂教学、课外科技和社会实践的校园文化育人体系”④，打造出适合时代新人成长成人成才的文明校园环境。

---

① 江苏省文明办．苏州大学：紧扣“六好”标准扎实推进文明创建［EB/OL］.（2020－12－16）［2020－2－28］. http://www.wenming.cn/wmxy/xyfc/cjdt_51641/202012/t20201216_5886745.shtml.

② 2017 年 7 月，教育部、中央文明办联合制定出台了《全国高校文明校园测评细则》，设置了思想道德建设、领导班子建设、师德师风建设、校园文化建设、校园环境建设、阵地建设管理等“六个好”的一级指标。

③ 中国文明网．上海交通大学：以大学文化构建培育时代新人大格局［EB/OL］.（2018－12－14）［2020－02－28］. http://gx.wenming.cn/tszs/201812/t20181214_4937549.htm.

④ 董丙剑，张正宏，邹红育．社会主义核心价值观与高校校园文化建设［J］．高校辅导员学刊，2014，6（2）：1－3.

高校宣传要做好供给侧和需求侧的有机衔接，满足大学生多样化的文化需求。“大力推进大学文化建设，推动中华优秀传统文化创造性转化、创新性发展，继承革命文化，发展社会主义先进文化，加大高质量文化供给，为满足师生美好生活新期待提供更丰富的精神文化食粮。”① 高校宣传要以大学生的实际需求为导向，博采古今中外优秀文化，理顺中华优秀传统文化、革命文化与社会主义先进文化之间的逻辑关系，深化校园文化的内涵，提高校园文化的品位，打造校园文化的精品。“在挖掘历史文化和借鉴外国文化的同时，高校要注重对自身文化资源的开发。”② 可以结合办学育人过程中沉淀下来的办学理念和思想、办学目标和定位、区域文化和大学精神等，建设富有自身特色、区域特色、时代特色的校园文化资源。素有“精神灯塔”之称的大学精神，是大学文化的核心和精髓，用以引导大学的健康发展。“大学精神是大学文化的杰出理念与中心内容，是大学生在自身进步成长历程中历经恒久沉淀、锤炼而固化成师生所认可的，对师生的行径起教导、教化、勉励和约束作用的一种评价原则和尺度。”③ 每个高校的校史校训校歌则是对大学精神的个案化诠释和精神标识提炼。高校宣传对校史校训校歌等精神载体的详尽解读，不但弘扬了大学精神，而且有利于加强校风师风学风的建设，促使大学生坚定地做大学精神的守护者和践行者。

高校宣传要善于发挥媒体的作用。高校媒体要主动构建和积极融入高雅校园文化建设，“多渠道、多视角展示校园物质文化、精神文化和制度文化，以涵养学生爱校荣校的意识和情怀”。④ 爱国主义是大学生的青春底色，高校宣传要建设爱国主义教育示范基地，弘扬爱国主义，强化家国认

---

① 刘铁军．坚定文化自信推动高校宣传思想工作强起来［J］．北京教育（高教），2019（12）：21－23.

② 杨忠宝．核心价值观视野下的高校校园文化建设［J］．济南职业学院学报，2015（2）：39－42.

③ 张乐涵，何彦云．高校文明校园创建的内容及机制研究［J］．佳木斯职业学院学报，2017（9）：213－214.

④ 周绍萍．全媒体时代＋“三全育人”视域下高校媒体的育人功能探微［J］．文化综合，2021（2）：123－124.

同意识；要注重挖掘校史馆和图书馆等文化场馆、校园雕塑和校友林等标志性文化地标的文化底蕴；在教学楼、宿舍楼、体育馆等处悬挂牌匾，宣传社会主义核心价值观，弘扬中华优秀传统文化，传诵名人的至理名言；给校道和建筑物命名，赋予其教育意义，给校园景观注入人文内涵；进行校园文化布展，把校园文明标语做成散布在校园空间的标识牌，做好校园主题橱窗的陈列展示并及时更新宣传内容；提炼出具有代表性的校园文化符号，并综合利用各种媒介进行传播；推动制定行为文明规范，拟定文明公约，从语言文明、课堂文明、食堂文明、寝室文明等方面入手，开展文明用语、遵守课堂纪律、光盘行动等，督促大学生做新时代的文明人，并向不文明行为说不；在新生入学教育、考试周、毕业论文答辩月等时段集中开展诚信宣教；在大学生中开展“我最喜爱的教师”评选活动，营造出尊师重教的校园文化氛围。高校宣传要创新校园文化传播途径，利用通过校园 LED 电子显示屏滚动播放文明宣传片；在校园网络平台设立校园文明网站，开拓立德树人的网络新阵地；督促大学生高频次使用影响力广的学习强国学习平台 APP 等，利用该网络平台上丰富的资源开展自我教育和学习。

高校宣传部门要带领大学生参与文明校园创建活动，做到寓教于行、知行合一。大学生不但是文明校园创建的共享者，更是贡献者。高校宣传部门要引导大学生以更加积极的姿态参与文明校园的创建中。参与文明校园创建为大学生提供了展示良好形象和精神面貌的大舞台。高校宣传部门要牵头组织规划校园文化艺术节、社团文化艺术节、读书节和心理健康教育月等，丰富大学生的精神世界；通过开学典礼、学位授予仪式、毕业典礼、教师节、劳动节、医师节、教师节等，加强文明礼仪教育；举办校园廉洁文化作品比赛，加强大学生的廉洁修身教育；让高雅艺术走进校园，提高大学生的艺术修养；开展“大学生自强之星”“大学生德育之星”“大学生学习标兵”等的评选，发挥先进典型的榜样示范作用；挖掘校友故事，邀请杰出校友、荣誉校友现身说法，通过“传帮带”的方式传承优良的校风师风学风。聚焦建党 100 周年、抗战胜利 70 周年、中华人民共和国成立 70 周年、香港和澳门回归 20 周年、改革开放 40 周年、南京大屠杀死难者国家公祭日、西藏和平解放70周年等重要时间节点和标志性纪念活动，组织学生观看《建国大业》《建党伟业》《建军大业》《重生》《我和我的祖国》等影片，加强大学生的理想信念教育和爱国主义教育；高校宣传要发挥精神文化的激励作用，弘扬新时代伟大长征精神、伟大抗美援朝精神、伟大抗战精神等。

三、加强爱国教育“四史”宣传教育 增进认同

认同是处理“自我”与“他者”的关系链条，是一种伦理建构目标。认同是一种“普遍共识”，能够整合分歧，减少冲突，提高凝聚力。从认同的主体来看，认同可以分为自我认同与社会认同；从认同的层次来看，认同可以分为低层次认同与高层次认同；从认同的内容来看，认同可以分为血缘认同、国家认同、民族认同、政治认同、文化认同。只有建构出共同认同意识的群体才具有无限的生命力和战斗力。任何认同都具有一定程度的强制性和排他性。

在高校校园里混杂着多种多样的因素，纷繁复杂，杂乱无序，加深了大学生自我身份认同上的困境，不利于建构中华民族共有精神家园。要强化大学生的认同心理，就要发挥高校宣传的育人功能，对大学生进行党史、新中国史、改革开放史、社会主义发展史等“四史”教育，发展和完善“四史”教育的规范话语体系，增强大学生的中华民族共同体意识。中华民族在历史上同舟共济、患难与共，既有着无比辉煌的过去，也有着惨痛的历史遭遇。高校宣传在内容的选择上，要通过爱国主义教育、“四史”教育等，形成势大力沉、摧枯拉朽、覆盖一切的宣传态势，着力强化大学生的血缘认同、国家认同、民族认同、政治认同、文化认同等，并串起精神链条。通过“四史”进行教育引导，有利于通过共境来达到共情，提高大学生在精神层面上的多维认同，把大学生从“倾听者”转变成“倾心者”，心甘情愿、心悦诚服地参与铸造中华民族精神共同体意识、建构中华民族共有精神家园的精神实践中，为中华民族伟大复兴奠定更为广泛的社会心理基础。大学生有了强烈的爱国心和正确的历史观等，才能为参与

国家治理大体系建言献策，添砖加瓦。

（一）加强爱国主义教育，增进国家认同和政治认同

“‘国家’是政治强权的体现者和实施者，它整合这些散居的不同族群的方式主要有军事的和行政的两种。”① 加强爱国主义教育，培养和深化国家认同感，是建立与发展政治共同体的必然选项。自民族国家诞生以来，世界历史的书写依然停留在民族—国家政治实践的基础上。全球化发展还没有成熟到告别民族—国家的国际秩序的程度。在可以预见的将来，民族国家依然是我们进行历史书写的空间场域。故而，在现有的民族—国家政治中，国家认同相对于民族认同、文化认同具有优先地位。在规模化历史变迁中，只有国家认同观念是一如既往的。“我们在国家认同的一级指标方面，区分出‘对民族国家的认同’‘对国家政治的认同’和‘对国民身份的认同’等三个维度。”② 笔者不认同这样的区分。由于当今世界主要是由民族国家构成的，所以我们这里讲的国家认同主要是指民族国家认同。民族国家是一种“超大规模的‘想象的共同体’”，要建构出有利于民族国家繁荣稳定的统一的身份认同意识。这是民族国家一贯的教育战略。“与国家紧密相连的诸多政治概念，如主权、国籍、民族性和意识形态等，才是国民群体的主要标识。”③ 由此可见，国家认同不同于一般的社会认同。不同人群对国家的认同没有中心和边缘之分。

世界各国都在致力于健全和完善国民教育体系，以此加强国家认同教育。我们国家也非常重视国家认同教育。这意味着国家认同教育是一种国家行为。早在1994年8月，中共中央就印发了中央宣传部拟定的《爱国主义教育实施纲要》。到2019年11月，中共中央、国务院印发了《新时代爱国主义教育实施纲要》。《爱国主义教育实施纲要》指出，开展爱国主义

① 邹春生．文化传播与族群整合：宋明时期赣闽粤边区的儒学实践与客家族群的形成［M］．北京：中国社会科学出版社，2015：305.

② 王海洲，潘雯菲．国歌认知与国家认同构建的实验政治心理学研究［J］．政治学研究，2020（3）：67－79，127.

③ 王海洲，潘雯菲．国歌认知与国家认同构建的实验政治心理学研究［J］．政治学研究，2020（3）：67－79，127.

教育的目的，是要“把人民群众的爱国热情引导和凝聚到建设有中国特色的社会主义伟大事业上来，做有理想、有道德、有文化、有纪律的社会主义公民，为实现四化、振兴中华的共同理想团结奋斗”。“爱国主义教育是全民教育，重点是广大青少年。”《新时代爱国主义教育实施纲要》指出，新时代爱国主义教育“着眼培养担当民族复兴大任的时代新人，始终高扬爱国主义旗帜，着力培养爱国之情、砥砺强国之志、实践报国之行，使爱国主义成为全体中国人民的坚定信念、精神力量和自觉行动”。“新时代爱国主义教育要面向全体人民、聚焦青少年。”对比这两份不同年代的文件，可以看出，爱国主义教育的对象及重点人群虽然没有变化，但是爱国主义教育的目的却发生了从“四有”公民到时代新人的转变。在对爱国主义教育的领导上，《爱国主义教育实施纲要》指出，“各级党委宣传部门要切实担负起协调、指导的责任”。《新时代爱国主义教育实施纲要》指出，进一步健全“宣传部门统筹协调、有关部门各负其责的工作格局”。由这两份文件可见，高校宣传部门在加强大学生的爱国主义教育上都身负重任，责无旁贷。2020 年 1 月，教育部印发了《教育系统关于学习宣传贯彻落实〈新时代爱国主义教育实施纲要〉的工作方案》。该文件在提高队伍能力方面提出明确要求，“要建设一支由思政课教师、宣传骨干、辅导员骨干等组成的爱国主义教育队伍，加强素质能力培训”。在新时代爱国主义教育中，高校宣传要致力于提高大学生的家国情怀。

爱国主义“是中华民族最重要的精神财富，是中国人民和中华民族维护民族独立和民族尊严的强大精神动力”。① 在长久的历史长河中，中华民族孕育出家国一体的意识，拥有其他民族难以理解的家国情怀，并涌现出无数个爱国爱家的光辉典范。家国情怀既是中国人的情感归属，也是维系情感的重要纽带。家国情怀代表着朴素的爱国主义情感。在认同文化的初始阶段，人们以原初自然属性的认同为基础，血缘认同就此应运而生。血缘意识是积淀在中华文明深处的文化基因，闪烁着中华文化瑰宝的耀眼光

---

① 中共中央国务院．新时代爱国主义教育实施纲要［EB/OL］．（2019 - 11 - 12）［2020 - 02 - 28］．http：//www.moe.gov.cn/jyb_xxgk/moe_1777/moe_1778/201911/t20191113_407983.html.

芒。重视血缘意识，体现了中华民族历代先祖圣贤精英的智慧，是中华文明得以繁衍生息、生生不息的内在动因。血缘理性是中华民族凝聚力的生长点，是促进中华民族永续发展的精神动力。建构中华民族共有精神家园也应该着眼于传统的血缘认同。“中华民族共同体与人类命运共同体依然存续着传统共同体概念中血缘、地域等因素，但今天二者更加强调对共同的奋斗目标和共同认同归属的价值追求，以及共同发展和谐共享的发展理念。”① 弘扬爱国主义，增强国家认同，离不开对血缘关系的历史性扬弃。“只要血缘关系尚存，基于血缘关系的血缘理性就会自觉不自觉地影响人的行为。这是不以人的意志为转移的。”② 另外，“作为致力于治理现代化的社会主义的中国，追求更具有说服力和在价值、情感方面更具有自发认同特征的政治文化”。③ 处在民族复兴道路上的中国，其国家认同的建构基础也必将非常牢固。“我国各族人民对于现代国家建设获得历史性成就的认同，无论是从情感自觉还是理性认知上，已经远远超越了王权国家中臣民的国家认同。”④

中国是多民族国家，中华民族共同体意识是在多民族国家的形成过程中逐步积淀而成。国家认同就意味着对中华民族共同体的认同，有利于提高中华民族的凝聚力。2019 年 9 月，习近平总书记在全国民族团结进步表彰大会上的讲话中再次阐明，“一部中国史，就是一部各民族交融汇聚成多元一体中华民族的历史，就是各民族共同缔造、发展、巩固统一的伟大祖国的历史”。各民族和谐相处于一个共生秩序中，相互交往，不断融合，形成了中华民族多元一体的格局。中华民族多元一体，不但承认一体性，而且承认多元特质。只强调一体，就会遮蔽各民族之间事实上的差异性；

---

① 乌小花，艾易斯．“一带一路”在中华民族共同体与人类命运共同体之间：理念、价值与实现路径［J］．西北民族研究，2018（4）：21－29.

② 徐勇．祖赋人权：源于血缘理性的本体建构原则［J］．中国社会科学，2018（1）：114－135.

③ 马俊毅．中华民族共同体意识的现代性内涵［J］．中南民族大学学报（人文社会科学版，2020，40（5）：15－21.

④ 马俊毅．中华民族共同体意识的现代性内涵［J］．中南民族大学学报（人文社会科学版，2020，40（5）：15－21.

只强调多元，就会忽视各民族之间的休戚相关性和中华民族的整体利益。在多民族国家，国家认同意味着国度层次上的认同超过区域层次上的地缘认同和单一族群上的血缘认同，否则就会犯本末倒置的错误，引发国家动乱和分疆裂土。而这正中民族分裂主义者的下怀。“民族主义成为工业社会以后最有号召力的意识形态，它可以组建一个国家同时也可以毁灭一个国家。”① 中华民族的每一分子不但是作为某一个具象民族而存在的，而且更是作为国民而存在的。所以，小格局的认同应该服从和服务于大格局的认同。

在激烈甚至残酷的国际竞争中，高校宣传承担着增强大学生家国情怀的职责和使命，把家庭中的血缘认同与国家中的政治认同结合起来。高校宣传要加强爱国主义教育，不断地生产出有利于国家认同的知识，丰富爱国主义教育资源，培养大学生的政治感情、态度和信仰，改变大学生的心理认知状态，促使大学生理性爱国，增强大学生的家国情怀，建构中华民族共有精神家园，促进大学生爱国心和报国志的耦合。大学生要自觉地捍卫中华民族的根本利益，坚持国家利益高于一切，对民族分裂主义势力始终保持“零容忍”的态势。中国已经通过《反分裂国家法》《中华人民共和国国旗法》《中华人民共和国国歌法》等的立法，确认了国家主权、国旗、国歌的神圣地位。这为高校宣传爱国主义提供了法律依据。“民族—国家（nation－state）构想只是相对于殖民主义、帝国主义统治制度具有先进性和积极意义，并不能解决人类社会全部的民族问题……民族—国家实际上是由一些强势民族裹带一些弱小民族形成的多民族国家。”② 无论是民族至上主义、还是滥用“民族自决权”等，都属于极端的民族主义观念和行为，其滋长蔓延会引发冲突、流血和牺牲。中国一直在致力于建立公正合理的国际政治经济新秩序。新时代的中国更是提出要构建人类命运共同体，从而将中国的国家认同教育置于整体性的全球图景之中。在从国际政治经济旧秩序向国际政治经济新秩序转变的过程中，虽然同为建构国家认

---

① 龙立．全球化与地区民族分裂主义的发生［J］．西南民族大学学报（人文社会科学版），2016（9）：32－38.

② 刘泓．全球化与民族分裂主义［J］．人民论坛，2020（5）：125－127.

同，但必然体现出境界和格局上的差异，而表现得更为包容和开放。同时，围绕着国家认同的话语体系也将会发生微妙的变化。言下之意，人类命运共同体视域下的中国国家认同必然有利于促进世界的和平与发展。高校宣传在强化大学生的国家认同方面，要把国际视野与中国实践结合起来，促使大学生把中华民族共同体与人类命运共同体结合起来，建构中国的负责任大国的形象。就如同随着中国综合国力的增强，中国的对外援助也从零碎式援外发展到大援外体系的构建。“新时代的中华民族共同体不是孤立存在的个体，而是世界民族的重要组成，中华民族共同体是人类命运共同体的组成部分，人类命运共同体是中华民族共同体的最终理想。”①

（二）推进“四史”宣传教育，增进历史认同和文化认同

当今世界，话语权之争愈演愈烈。“但正如本雅明指出的，现代性使绵延不断的传统发生了断裂，甚至人与人之间正在失去分享经验的能力。事实如此，现代性的一个破坏性结果正是破坏了所有标准，这个失去标准的状态被称作后现代。”② 评价标准的失范加剧了思想文化领域的混乱。就历史文化领域而言，不但历史认知呈现出多元视野下历史观念的复杂化，而且历史虚无主义者也在竭力地争夺历史书写权和解释权，使得散见于各种媒体的历史虚无主义不时沉渣泛起，死灰复燃，刮起了阵阵逆流。特别是在“后真相时代”，历史虚无主义有了用武之地。“历史虚无主义是一种以虚化历史真相、淡化民族情感、冲击历史共识为手段，造成否定马克思主义指导地位、颠覆中国共产党领导以及改变中国特色社会主义道路等危害性政治后果的社会思潮。”③ 历史虚无主义者披着学术研究的外衣，打着所谓学术争鸣的旗号，羞羞答答地进行西方意识形态的渗透，以攻击马克思主义的历史观。他们最为擅长的是，通过杂糅的手法对历史真相进行篡

① 乌小花，艾易斯．“一带一路”在中华民族共同体与人类命运共同体之间：理念、价值与实现路径［J］．西北民族研究，2018（4）：21－29.

② 赵汀阳．教育问题：遗产、经典和榜样［J］．陕西师范大学学报（哲学社会科学版），2020（2）：10－14.

③ 李腾凯．后真相时代历史虚无主义传播的新变化及其应对［J］．理论导刊，2020（12）：57－63.

改，歪曲历史事实，颠倒黑白，混淆是非。他们或站在超越历史的立场上以今度古，妄图给历史人物烙上钢印般的污点，以否定历史人物的杰出贡献，瓦解历史人物的正统形象；或打着还原或揭秘历史真相的旗号，从历史的故纸堆里搜刮史料，并采取蒙太奇的奇幻拼接手法，对历史人物进行多角度的形象剖析，冲击乃至抹除历史人物的真实记忆；或鼓吹所谓的“价值中立”，采取戏说历史和解构史实的方式想当然地杜撰历史，在嬉笑辱骂中消解神圣和伟大，嘲笑和玩弄英雄。历史虚无主义者通过这些惯用伎俩建构出有害的虚幻观念，为大学生认清历史真相蒙上了窗户纸，严重毒害了大学生的思想和灵魂。历史虚无主义的搅局使得元叙事的说服力大打折扣，加速了“后真相时代”大学生历史认同文化的裂变甚至崩塌。

历史是进行意识形态教育的重要载体，因而历史很容易成为权力操纵和建构的对象。这使得历史貌似成为权力和话语结合的产物，成为特定语境下的历史。主流历史叙述不具有完全的独立性，而总是渗透着统治阶级的政治价值取向。但这种建构显然不是虚假的建构，不能无视历史书写的学理性。任何篡改历史的行为都是不能容忍的。历史的延续性，只能以真实性为前提和根基；历史的可信性和权威性，也只能在历史的真实性基础上生发出来。这就有必要秉持马克思主义历史观，尊重历史事实，展现历史原貌，客观评价历史事件，净化历史记忆。习近平总书记在2021年党史学习教育动员大会上讲道，“要旗帜鲜明反对历史虚无主义，加强思想引导和理论辨析，更好正本清源、固本培元”。围绕“四史”的历史虚无主义冲击了高校的意识形态安全。“一个国家如果出现对自身历史的认同危机，就会动摇整个社会主流意识形态，国家自身安全就无法保障，党的执政地位就无法巩固。”① 高校宣传要牢牢把控历史书写权，正本清源，揭露历史虚无主义者篡改历史、污蔑历史人物的真实图谋；引导大学生学习中共党史、新中国史、改革开放史和社会主义发展史，把“四史”教育作为历史认同教育的切入点，自觉地捍卫党的领导地位。“‘四史’教学目的在

---

① 新诺．围绕立德树人加强“四史”教育［EB/OL］．（2020－05－09）［2020－02－28］．http：//www.wenming.cn/zyh/szk/202005/t20200509_5565468.shtml.

于通过历史的教育，引导学生深刻认识现代中国的发展脉络，深刻认识中国为什么选择马克思主义、为什么选择中国共产党、为什么选择中国特色社会主义道路，引导学生建立对我们国家政治制度和社会制度的历史认同和政治认同。”① “历史观是世界观、人生观、价值观的重要基础。”② 高校宣传要引导大学生树立整体性的大历史观，厚植家国情怀，自觉维护对中华民族多元一体格局的体认这一重要历史文化传统，为中华民族共同体意识、中华民族共有精神家园等元叙事进行辩护，提高中华民族的凝聚力和向心力；要促使大学生坚定地站在马克思主义历史观的立场上，通过正确的宣传叙事，如实反映中国的历史事实；要通过“四史”教育，建立相应的意义链和问题链，对中华民族的历史连续性进行解读和诠释，催生历史记忆，促进相关意义符号的建构与传播，促使“四史”教育发生从一般的观念教育到形成共同的历史叙事之跃迁。“只有能够建立起一种思想或一种艺术的意义链和问题链，才能够占有历史甚至占有未来。”③

曾几何时，在中西方文化交往交流交融中，一些国人对本民族的历史文化、知识传统和社会习俗不感兴趣，缺乏必要的文化自信。他们信奉“外国的月亮比中国圆”“外来的和尚好念经”等，崇洋媚外。伴随着综合国力的不断提升，国人开始摆脱西方中心主义狭隘的理论视野，在“道路自信、理论自信、制度自信、文化自信”四个自信的感召下，以一种舍我其谁的责任感和使命感，积极参与到社会主义物质文明、政治文明、精神文明、社会文明、生态文明的建设中。2016 年 5 月 17 日，习近平总书记在哲学社会科学工作座谈会上发表讲话，“我们说要坚定中国特色社会主义道路自信、理论自信、制度自信，说到底是要坚定文化自信。文化自信是更基本、更深沉、更持久的力量。历史和现实都表明，一个抛弃了或者

① 靳诺．围绕立德树人加强“四史”教育 [EB/OL]．(2020 - 05 - 09) [2020 - 02 - 28]．http：//www.wenming.cn/zyh/szk/202005/t20200509_5565468.shtml.

② 靳诺．围绕立德树人加强“四史”教育 [EB/OL]．(2020 - 05 - 09) [2020 - 02 - 28]．http：//www.wenming.cn/zyh/szk/202005/t20200509_5565468.shtml.

③ 赵汀阳．教育问题：遗产、经典和榜样 [J]．陕西师范大学学报（哲学社会科学版），2020 (2)：10 - 14.

背叛了自己历史文化的民族，不仅不可能发展起来，而且很可能上演一场历史悲剧”。2017 年 1 月发布的《关于实施中华优秀传统文化传承发展工程的意见》指出，“文化是民族的血脉，是人民的精神家园。文化自信是更基本、更深层、更持久的力量。中华文化独一无二的理念、智慧、气度、神韵，增添了中国人民和中华民族内心深处的自信和自豪”。“高校‘四史’教育虽是讲历史，却又不是简单的历史教育，而是和当代中国政治紧密联系。”① 高校“四史”教育以服务现实为根本，引导学生以史鉴今、鉴往知来，坚定“四个自信”。

党的十八大以来，习近平总书记高屋建瓴地为我们明晰了新时代的国民应以什么样的态度、思路和举措来传承弘扬和创新发展文化，解答了如何树立文化自信以及树立怎样的文化自信等重大问题。“习近平总书记关于文化自信的系列重要论述和重大部署，是我们做好宣传思想文化工作的根本遵循。”② 大学生就要认同中华民族的文化，并以中华文化为主导，促进多元文明间的交流互鉴。高校宣传要通过“四史”教育，强化大学生的文化认同，提高大学生的精神品质和文化自信。中国特色社会主义文化具有无可比拟的优越性，我们要以中国特色社会主义文化为基础，增强文化自信，建设文化强国。高校宣传要帮助大学生树立正确的文化心态，做新时代文化传统的守护人；理性认识中国文化，处理好文化“自我”与文化“他者”的关系，彰显出中国的大国心态和风采。高校宣传要推动宣传话语体系的国际化转型，促进中国价值、中国精神等的国际化传播。一方面，大学生要树立文化自信，谨防西方国家的文化殖民侵蚀中华文化的根基；另一方面，大学生也要改变偏狭化的文化观念，防止走上西方中心主义的老路。盲目的文化自大只会引发文化矛盾，激化文化冲突。强化文化自信，并不意味着推崇文化分离主义和排他主义。“在正在来临的时代，文明的冲突是对世界和平的最大威胁，而建立在多文明基础上的国际秩序

① 靳诺．围绕立德树人加强“四史”教育［EB/OL］．（2020－05－09）［2020－02－28］．http：//www. wenming. cn/zyh/szk/202005/t20200509_5565468. shtml.

② 韩云鹏，杨润花．坚定文化自信守好鄂尔多斯各民族共有精神家园［J］．前沿，2020（3）：92－97.

是防止世界大战的最可靠保障。”① 大学生在确立文化自信的过程中，也要进行文化平等基础上的文化交往，促进不同文化之间的相互理解和尊重以及不同文明之间的交流互鉴。“我们在对文明特性与价值取向的反思中，关注与思考现实的文明特性与文明的未来发展，从而将‘历史’转化为构建未来发展的重要资源，也就是说，在以往的文明价值和历史经验中，创造出未来的‘历史’。”②

第二节　高校宣传功能的拓展创新

传统的高校宣传奠基于意识哲学之上，深受理性化、科学化的影响，依然停留在身体规训的惯性层面和价值窠臼之内。以意识哲学为基础的高校宣传对身体规训的凸显，放大了身体的服从机能，不可避免地带来了高校宣传育人功能的错位。意识哲学视域下的高校宣传遵循的是理性构建之路，遮蔽了大学生对自身自由的认知，或者陷入伪装没有自由的自欺状态。近些年来，随着身体哲学的兴起，学术界对身体哲学的研究旨趣与日俱增。从意识哲学的客观身体到身体哲学的现象身体之嬗变，使得被贬低、遭唾弃的身体获得了合法性地位，“能动的身体”、现象身体、身体意向性、涉身体验等关键性概念得以纷纷涌出，满足了高校宣传身体转向的实践需求。从意识哲学向身体哲学的转变是促使高校宣传变化的深沉动力，视野深远，观点新颖。身体哲学下的高校宣传尽管与意识哲学下的高校宣传具有内在的联系性，但在思维方式、运作模式及话语特质等方面都有着显著的差异。要以意识哲学到身体哲学的转变为契机，对高校宣传的身体规训功能进行批判性反思，促进高校宣传的系统性重构。身体转向下

---

① ［美］塞谬尔·亨廷顿．文明的冲突与世界秩序的重建［M］．朱思明，贾晓伟，译．北京：新华出版社，2017：297.

② 李宏图．历史教育需要立足全球化时代的“文明标准”［J］．探索与争鸣，2020（9）：47－49.

的高校宣传工作创新，既要发挥对大学生的身体规训功能，也要发挥成长促进功能，帮助大学生进行知识建构、能力培养和素质提高。

一、意识哲学视域下高校宣传对大学生的身体规训

“‘教育目标分类学’……把各类教育目标分为认知、情感和动作技能三个领域……在动作技能领域，又分为整个身体的运动、协同细致的动作、非语言交流的动作、言语行为四个方面。”① 由此可见，高校宣传要紧紧围绕着大学生的身体开展育人工作，要通过思想渗透把外在的社会规范内化于大学生，实现从外在他律到内在自律的转变。然而，当前的高校宣传实践深受意识哲学的影响，认为身体有别于心灵，“具有广延性的可分的物质实体，对身体做了物质化、机械化和生理化的理解，认为身体是‘由骨骼、神经、筋肉、血管、血液和皮肤组成的一架机器’（笛卡尔，1986）”。② 意识哲学采取对象化的思维方式，把身体界定为意识追逐和支配下的被动性的客观存在。以意识哲学为基础的高校宣传对身体的认识和把握仅仅停留在“受动的身体”的层面之上，内在蕴含着抑制“能动的身体”的冲动，大学生的身体成为高校宣传场域中的一个个抽象化的原点。高校宣传通过身体规训功能的发挥，把大学生对身体的认同统一化、标准化，培养出不但有用而且听话的身体。由此可见，意识哲学支配下的高校宣传成为一种抽象的表达，而不是对大学生的身体直观，使得大学生的精神状况、情感世界、人生体验等处于被遮蔽的状态；对大学生的未来发展进行了内容填充式的预设性规定，即带有先验性的身体预备，而没有把大学生的身体诠释为“意义整体”。高校宣传为了把大学生的身体纳入到可预测和可控制的范围，垒起了高高的“围墙”。这不但加重了身体的物化趋势，而且强化了身体的单一性与多样性的矛盾。“‘现象’是由‘内容意义’、‘关联意义’和‘实行意义’三个意义方向构成的整体，而现象学

① 扈中平．现代教育学［M］．北京：高等教育出版社，2010：112.

② 郭祥超．教师专业发展：身体哲学的视角［M］．北京：教育科学出版社，2012：29.

就是对这个‘意义整体’的阐明。”① 出于维护高校安全稳定的考虑，高校宣传往往强调社会本位而不是个人本位，将严格按照“指令—服从”机制进行运作的系统作为参照系，误以为脱离了规训的身体就如同离开地球引力的身体一样处于失重失控状态。大学生的身体成了潜隐于高校宣传背后的权力指向物，成了福柯在《规训与惩罚》中所揭橥的规训社会的身体。高校宣传就是要通过宣传内容中的规则植入，采取统一的宣传口径，建构出训诫与教化的话语体系；与高校内部层层叠叠的话语和行为规则系统相配合，通过持续不断的重复性操演，直接作用于以大学生生物性身体为基础的自我感知系统；把大学生纳入一定的高校运行程式中进行细心管制，用校纪校规等管理规则框定身体的行为边界，促使大学生的身体朝高校宣传所规定的方向发展；通过身体规训和矫正体系改写身体的自然状态，对大学生逾越边界的身体行为进行惩罚，切割掉自由散漫的身体特质，打磨掉凹凸不平的棱角，以培养适应高校管理的有用的标准化身体，大学生成了高校宣传眼中的边缘人甚至局外人。社会对于高校宣传的片面化认知和评价，也源于高校宣传对大学生进行身体规训的片面化倚重。

“教育具有两个最基本的客观制约性，即教育的社会制约性和教育的人的制约性，它们构成了教育的两个客观依据，也构成了教育规律、教育原则和一切教育行为的客观基础。”② 身体规训既要考虑到社会需求，也要尊重大学生的心理需求。对任何一方考虑的偏废都会制约高校宣传的效果。但当前的高校宣传往往重视社会需求这一面，以共性来束缚个性，以“一”的普遍性来压制“多”的特殊性，厚此薄彼。高校宣传对大学生的身体进行规训和惩罚，就是要对大学生的身体进行编码等系列性操作，以便镌刻下被严规戒律规训过的标准化印记。高校宣传如同模具一般对大学生进行铸造，制造出符号化身体和脸谱式存在，把他们变为千人一面。高校宣传旨在追求的这种统一性和标准化构成了对多样化的霸权压制。大学

① 孙周兴．在现象学与解释学之间——早期弗莱堡时期海德格尔哲学［J］．江苏社会科学，1999（6）：87－93．

② 扈中平．现代教育学［M］．北京：高等教育出版社，2010：58－59．

生的身体差异性被遮蔽得严严实实，相应地也抑制了宣教者与大学生之间、大学生相互之间的多元良性互动。前者制造出等级距离感，宣教者与被宣教者各说各话，各行其道，甚至引发“虚情”对“假意”的互相式伤害；后者因“孤岛效应”带来同伴教育的缺失，不能发挥思想先进者对后进者的“传、帮、带”的作用。高校宣传进行身体规训式的外在控制是为了追求大学生的内在自制，但过于严格的外在控制必然会压制大学生的主体性，造就出“单向度的人”。“单向度模式是丧失了对现存社会的批判向度的思想和行为模式。”① 换句话说，个体的思想和行为受工具理性的规约和支配。高校宣传在发挥身体规训的同时，有维持现状、抑制新质、趋于保守的弊病，其结果就是高校宣传的秩序有余，而活力不足。当高校场域出现异常舆论时，大学生似乎拥有悬置和游离于高校场域的特异功能，往往抱着事不关己、高高挂起的态度，主动退避三舍，作壁上观。进行身体规训，在以单一性压制多样性的同时，也造就出另一种独特的抗争形式。由于符合身体规训要求就能够率先得到发展的机会，一些大学生就利用既有教育规则进行利益盘算，成为现存身体规训机制的维护者。这样的大学生就会被外在的功名利禄所绑架而变得利欲熏心，久而久之就形成畸形的注意力生态，参与到身体规训的合谋事业中。但是这种合谋貌似是对高校宣传的身体规训功能的支持与认同，实则反衬出高校宣传的功能偏倚，背离了高校宣传育人的初衷。在崇尚对象性思维的高校宣传的作用下，大学生的反应方式无论何种都远离宣教者的初衷。由此可见，高校宣传对大学生的身体认知远离了大学生身体的本真状态，使得大学生的身体发展缺乏应有的真实观照。这种偏狭化界定并不能有效平衡社会秩序与身体活力的关系。基于意识哲学的高校宣传是一种脱离大学生实际的理想叙事，其结果只能有两种，或者达不到完全的身体规训的目的，或者适得其反，培养出善于钻空子的“精致的利己主义者”，唯利是图，唯马首是瞻。尤其是大批的“精致的利己主义者”的涌现是当前教育界难以医治的顽疾。

---

① 张一兵，夏凡．人的解放［M］．郑州：河南人民出版社，2011：229.

“在教育领域里，在某种程度上却似乎存在着‘对现象学的遗忘’，长时期里‘现象学生活世界理念被教育理论所忽略’。”① 现象学家舒茨曾提倡实践实在和理论实在这一对哲学范畴。但意识哲学下的高校宣传把大学生预设为一种理论实在，热衷于对大学生的“客观性表达”，忽视了大学生的差异化需求，无视了大学生所拥有的自塑能力；把大学生的成长想象为对高校宣传内容的遵从，抹杀了大学生发展的无限可能性。事实上，每个大学生都根据自身的生活经验形成独特的解释图式。大学生的成长既有个性也有共性，是共性基础上的个性成长。在对大学生培养目标的界定上，对时代新人的强调是对身体共在性的确认。而“身体的唯一性和独特性”则要求每个大学生都要结合自身的实际确立合理的发展目标，进行个人发展期望、人生规划、职业生涯规划等。这是现象学所提倡的肉身化的发展，彰显的是个性。而身体规训凸显的则是共性。现代教育学“强调要尊重、激发和促成每一个人的主体性和创造价值，以及个体理性与批判能力的养成”。② 事实上，我们无法用整齐划一的身体标准来要求大学生，对大学生的“客观性表达”不能取代“表征性表达”。而且，如果高校宣传脱离大学生的个性化需求，那么其身体规训的结果也是要大打折扣的，甚至适得其反，激发大学生的逆反心理和悖逆行为。高校宣传本来是大学生健康成长的需要，但由于缺乏身体哲学的指导，把身体片面理解成“物质性的生理实体”，强调身体的工具性特点，把高校宣传界定为对大学生的身体规训，把大学生物化为螺丝钉般的社会存在，忽视了高校宣传在身体成长中的作用，使得高校宣传有成为大学生异己性存在的危险。高校宣传没有从身体的实践态上来进行把握，剥夺了大学生发展的无限可能性。脱离大学生成长需求的高校宣传就是一种微侵犯，是对大学生主体性的非正常扰动和冒犯，会造成宣教者与大学生之间、宣传样态与大学生之间的双重分离。传统的高校宣传采取控制式的围追堵截的做法并不是上策。对高校宣传在育人方面存在的缺陷和不足进行根本性反思，沿波讨源，刨根究

---

① 宁虹，钟亚妮．现象学教育学探析［J］．教育研究，2002（8）：32－37.

② 刘远杰．场域概念的教育学建构［J］．教育学报，2018，14（6）：21－32.

底，就必然涉及最基本的哲学认识论问题。

当前的高校宣传受实证主义的理性观的影响，在理论层面表现为生物性身体和现象身体的分裂和对立，以及“扬心抑身”，即意识取得了相对于身体的支配性地位；在实践层面，表现为在宣教样态上采用刻板、僵化的灌输手段，在宣教目的上规训身体高于成长促进。高校宣传尽管没有完全把大学生的身体置于科学主义和实证主义的主导之下，并对身体进行身心分离式的探究，但是也结合时代特征强化了带有价值倾向性的规范认同。高校宣传在规训和压制身体的同时，自身也日益蜕变为理性化的逻辑运作系统，稍有不慎就有异化发展的危险倾向；停留在从概念到理论的空洞表达，满足于形式层面的考核要求，对大学生的生命特质和身体体验关注不够，未能彰显出其身体关怀的功能。对意识哲学支配下的高校宣传进行超越和扬弃就成了理论逻辑和实践逻辑的双重召唤。

二、身体哲学视域下高校宣传对大学生的成长促进

（一）从意识哲学到身体哲学的视域转换

古希腊时代，对“身体”的认知处在漫无边际的理性链条之中。肇始于柏拉图的意识哲学，无情地驱逐了身体。“如果作为整体的心灵遵循其爱智部分的引导，内部没有纷争，那么，每个部分就会是正义的。”① 柏拉图将身体的欲望等同于邪恶，在使身体蜕变为“沉重的肉身”的同时，也确立了主宰和禁锢身体的压制性知识结构。身体处于意识所构建起的等级秩序的最底层，甚至陷入休眠和虚无状态。西方中世纪宗教神学盛行，而身体却成为教徒朝圣之旅的精神障碍。于是宗教神学把身体内置于宗教的时间链条中，极力贬低身体。身体被笼罩于污名化的阴影下，同样变得奄奄一息。在中世纪，灵魂与肉体的对立关系具

---

① ［古希腊］柏拉图．理想国［M］．郭斌和，张竹明，译．北京：商务印书馆，1986：380.

有一系列的“历史转喻形式：世俗人和僧侣、地上和天国、国家和教会等等”。① 西方的文艺复兴和启蒙运动不但开启了从神的宗教性世界向人的世俗化世界的转变进程，而且开启了身体世俗化的认知进程。我们可以从霍桑于1850年发表的闻名世界的长篇小说《红字》中捕捉到这一时期人与社会的思想转变的气息。由此，在西方的世界观中，人的合理欲望和自然人性得到充分肯定。然而，人在把对身体的定义权从神那里夺回来时，却没有促进身体的涅槃重生。理性主义哲学在对身体的理解上更多地局限在客观身体的维度上，真实的身体不但被遮蔽，而且遭受理性的压制，深陷科学主义的理性牢笼。“意识是能思维的东西，只有思维才是意识的本质，并且认为：任何东西只有当意识作为思维的存在去对待它时，它对于意识才是重要的或者才是真的和善的。”② 理性统治下的身体迷思成为现代性备受诟病的原因之一。身体不但被界定为“物质性的生理实体”，而且被纳入理性主义的有序安排中，成为理性算计的对象，遭受理性的肆意盘剥。理性发展到极端，则与野蛮同貌，这一点在身体的遭遇上体现得淋漓尽致。无论是古希腊哲学的身体观、西方中世纪宗教神学的身体观，还是现代性理性主义的身体观，都从属于意识哲学的运作范围，意识或理性通过对身体的或隐或显的压制来彰显优越感。意识哲学的身心二元论形成了意识对身体的宰制性结构，把身体对象化、客体化、抽象化，并不可避免地导致了身体的机械化和观念化。意识哲学视角下的身体不但是被动的，而且由于缺乏身体的时间透视视角，在剥离身体的丰富属性的同时，也为理解身体的多维意义埋下了鸿沟。生理学或物理学意义上的身体遮蔽了身体真实的存在样态，不能如实反映身体的实践性。福柯认为，作为镌刻着社会规训的身体“是对历史事件的铭写，是权力的产物，是既有用又驯服的生产工具”。③ 意识哲学有滑向先验唯我论的危险倾向。这不但引发

① 汪民安，陈永国，编．后身体：文化、权力和生命政治学［M］．长春：吉林人民出版社，2011：6.

② ［德］黑格尔．精神现象学：上卷［M］．贺麟，王玖兴，译．商务印书馆，1979：151.

③ 郭祥超．教师专业发展：身体哲学的视角［M］．北京：教育科学出版社，2012：29 – 30.

了“自我”与“他者”的对立，也引发了“自我”内部的分裂，造成主我与客我的分离。主客二分的二元对立思维引发“自我”与“他者”关系的紧张，具体表现为人与自然、人与社会、人与自己的关系紧张，并引发出人类中心主义、地区歧视、种族歧视、自我中心主义、身心分裂等诸多的社会病态现象。意识哲学造就出“扬身抑心”的非对称性结构，把身体遮蔽得严严实实，密不透风。重新发现身体，就具有了历史和逻辑的双重必然性。直到19世纪，身体的命运才迎来了历史转折点，标志性人物就是对意识哲学产生颠覆效应的尼采。在西方哲学史上，尼采对身体的理解具有转折点和里程碑的意义。他不但喊出了“一切从身体出发”这一掷地有声的标志性口号，而且尝试性地破除了施加在身体之上的命定式魔咒，瓦解了意识对身体的压制性结构，开启了身体的无遮蔽状态。

来自德国洪堡大学的埃德蒙德·古斯塔夫·阿尔布雷希特·胡塞尔（Edmund Gustav Albrecht Husserl，1859—1938年）是高举现象学大旗的旗手。现象学是哲学的一个重要流派。在现象学运动持续的百年时间内，其影响早已经遍及扩散至多个学科领域。本体论的认识论是抽象化的，而现象学的认识论则对这种客观化的思维进行了批判，要求达到“对本质的直觉”。胡塞尔主张采用先验悬置与还原的方法，“将对象仅当作意识对象来看待，呈现出其意识的直接性”。“回到事物本身既是现象学的主旨，也是现象学的基本方法，它的目的在于拯救科学面临的危机。”① 胡塞尔的现象学针对的是科学世界对生活世界的殖民化，然而他并没有能够完成“从科学世界中的解魅”。马丁·海德格尔（Martin Heidegger，1889—1976年）对现象学进行了解释学的改造，把最初现象学向前推进了一大步。海德格尔认为，如果说“对理论经验和认识的现象的原始的重新居有”是“未变形的看”，那么，结合历史性的“生存”现象才能“彻底领悟和真正居有现象学的哲学意义”。② 海德格尔显然不满足于原初现象学的“未变形的看”，而要达至“变形的看”，“必须把‘历史性’维度引

---

① 王洪才．现象学教育学：颠覆、回复与整合［J］．比较教育研究，2007：8.

② 孙周兴．在现象学与解释学之间——早期弗莱堡时期海德格尔哲学［J］．江苏社会科学，1999（6）：87－93.

入现象学之中”。[①] 随着现象学影响的扩大，学术界开始用现象学来扩充教育学的哲学基础。一般认为，马克斯·范梅南（Max van Manen，1942—）北美现象学教育学的开拓者之一，所谓现象学教育学就是使用现象学理论和研究方法来探讨教与学的问题。范梅南认为，现象学教育学就是要培养对教育情境的灵敏性。现象学教育学呼吁回到身体体验、教育情境以及生活世界的本身去看待教与学的问题。“现象学教育学于20世纪40年代起源于荷兰的乌特勒支大学。该大学曾存在一个有着共同现象学倾向的‘非正式’学术团体。”[②] 此后，现象学教育学逐步被教育界所接受。在向21世纪过渡期间，现象学教育学开始从异域他乡进入中国，并逐步深度融入高校教育领域。在中国，现象学教育学主要针对的是教育与学生生活世界的脱离，以及教师与学生关系的疏远、情感的弱化。现象学对身体的关注催生出现象身体、意向性等关键概念，为身体哲学的发展和壮大提供了学理支撑。

身体哲学肇始于莫里斯·梅洛－庞蒂（Maurice Merleau－Ponty，1908—1961年），得益于理性主义的瓦解。“灵魂和身体的结合不是由两种外在的东西——一个是客体，另一个是主体——之间的一种随意性决定来保证的。灵魂和身体的结合每时每刻在存在的运动中实现。”[③] 由此可见，梅洛－庞蒂笔下的身体不是生理学或物理学意义上的客观身体，而是现象身体。“在20世纪，人们修正和深化了肉体即有生命的身体的概念。身体和精神的界限变得模糊，人们把人的生命看成既是精神的，也是身体的，人的生命始终以身体为基础。”[④] 梅洛－庞蒂在知觉现象学理论中对知觉场和身体图式理论的研究，充分展示出身体的现象学意蕴。梅洛－庞蒂认

---

① 孙周兴．在现象学与解释学之间——早期弗莱堡时期海德格尔哲学［J］．江苏社会科学，1999（6）：87－93.

② 刘洁．乌特勒支学派的现象学教育学及其后续的国际影响［J］．全球教育展望，2020，49（9）：42－54.

③ ［法］梅洛－庞蒂．知觉现象学［M］．杨大春，译．北京：商务印书馆，2001：125.

④ ［法］梅洛－庞蒂．知觉现象学［M］．杨大春，译．北京：商务印书馆，2001：284.

为，现象身体“是具体个人体验到的作为意义生发始源境域和精神意识产生场所的，具有意义统一性的，表征着人的活动和能力的活的身体”。① 身体哲学在对身体的认知上采取了现象学悬置与还原的方法，呈现出有别于意识哲学视域下的客观身体的图景。现象身体显然不是处于贬低和压制状态的机械僵化的身体。“梅洛—庞蒂通过日常生活经验和现代科学实验令人信服地证明了方位、大小、深度和运动这四种通常被人们看作是客观事物或客观事物的性质或状况的东西实际上是非客观、非现实的主观要素，它们源自作为现象的身体。”②“梅洛－庞蒂将现象学的‘看’描述为与我们的前反思的体验相连。”③ 现象身体也就是“潜在的身体”，不仅意指身体体验，而且意指身体活动，是融合了时间性的身体。“方位、大小、深度、运动等……是现象身体的成就，它们来自‘存在的基本结构’。”④ 然后，身体哲学获得追捧，拿到了登堂入室的入场券，成为研究的“宠儿”。“在人类意识中内在固有的、对笛卡尔的作为思想的人与作为广延的周围世界的对立来说无可救药的——主体与客体的分裂，完全消失不见了。”⑤ 学术界对身体哲学表现出了异乎寻常的关切，并很快溢出了哲学的学科领域。现象身体这一身体哲学的核心概念也被迁移到美学、文学、教育学、新闻传播学等领域，从学术语言蔓延到日常语汇，融入对现代性进行批判和反思的话语系统中。典型的如在文学创作中，“‘身体写作’的兴起，标志着身体化的主体对理性化主体的解构，‘我思故我在’开始向‘我觉故我在’转换”。⑥ 身体哲学提供的一种崭新的认识视角，必然对包括教育学

---

① 郭祥超．教师专业发展：身体哲学的视角［M］．北京：教育科学出版社，2012：32.

② 方向红．主观空间与建筑风格——来自梅洛·庞蒂现象学的启示［J］．现代哲学，2016（1）：66－70.

③［加］马克斯·范梅南．实践现象学——现象学研究与写作中意义给予的方法［M］．尹垠，蒋开君，译．北京：教育科学出版社，2018：148－149.

④ 郭祥超．教师专业发展：身体哲学的视角［M］．北京：教育科学出版社，2012：32.

⑤［德］汉娜·阿伦特．人的境况［M］．王寅丽，译．上海：上海人民出版社，2009：247.

⑥ 耿传明．时空意识的嬗变与中国小说的现代性转型［J］．山西师大学报（社会科学版），2020（5）：66－70.

在内的诸多学科产生深远的影响。

在从现代性到后现代性的转变中，意识哲学也开始过渡到身体哲学。这是身体认知上的一个根本性变革。从意识哲学到身体哲学，不是简单的视觉位移，而是要打捞被遮蔽的身体。身体哲学认为，人类的一切实践皆是身体实践。身体具有历史性，身体存放着时间；身体具有广延性，身体存放着空间。前者通过身体习惯使身体与过去连接起来，后者通过集体使“自我”与“他者”共在。身体哲学包含“能动的身体”、身体思维、现象身体、身体意向性等核心理念，主张把对心灵的培养与对身体的规训协调起来，身心统一，齐头并进。“身体是在社会历史文化中从事感性活动的具体个人的正在生成中的基于并包含肉体的生命机体及其活动过程。”① 身体是处于敞开状态的“能动的身体”，而不是处于封闭状态的“受动的身体”。就此而言，现象学上的身体显然是在世存在的“在体”而不仅是“载体”。肉体是生命存在的物质基座。在肉体是生命寄寓的“载体”这一点上，人与动物无异。为了延续生命，无论是人还是动物都要在本能地驱动下学会呵护肉体。但在对待本能上，人与动物迥然有异。人不但能够约束和控制本能，而且还要利用身体这一“载体”进行更为复杂的社会实践活动；不但警惕本能意义上的“本我”，而且追求“超我”。个体的生命是以肉体为“载体”、以身体为“在体”的身心合一的统一体。动物的肉体充其量仅是“载体”，而人的肉体却兼具“载体”与“在体”的双重属性。身体对人而言更是情境化的“在体”，有着引以为傲的身体意向性特征。身体不但是人类社会实践赖以存续的原因，而且也要借助于社会实践进行自我完善。现象身体对“能动的身体”的确认更加符合身体的“在体”意义。意识哲学与身体哲学对身体的理解差异，引发了身体命运的悬殊。意识哲学视域下的客观身体是受到贬低的、有待规训的和接受秩序安排的，而现象身体则变得具象而又抽象。现象学上的身体具有多重维度。身体“是情感、情绪、体知、体悟的体验式实践过程和状态”。② 现象身体

① 郭祥超．教师专业发展：身体哲学的视角［M］．北京：教育科学出版社，2012：30.

② 郭祥超．教师专业发展：身体哲学的视角［M］．北京：教育科学出版社，2012：63.

是融合了特定情境和经历的具身化身体，也是具有反思功能的身体。当然，具身化的身体反思具有“直接性”“当下性”。意识哲学的主体是意识，凸显的是意识意向性；身体哲学的主体是身体，凸显的是身体意向性。身体意向性的发挥，建构出身体的认知图式。身体哲学注重个体化的身体情境，相比较于意识哲学而言更加具有思想穿透力和感染力。身体哲学并没有否定身体的自然属性，只是将身体置于一定的语境下，进行具身化的身体实践和反思；对身体进行“自明性”把握，并沉思与身体相关的意向性。身体哲学由冷门到热门、由隐晦话题到时髦话题的转变，也是身体由压制到张扬、由遮蔽到凸显的命运之变，有利于唤醒沉睡已久的身体，恢复身体在本源领域的原始性意义。

（二）身体哲学视域下高校宣传育人的反思性实践

现象学教育学、身体哲学的兴起，确认了身体“此在”的“存在意义”，促进了身体理解上的飞跃，为重构新时代高校宣传提供了新的致思路径。在反省和审视高校宣传育人的理论与实践时，在高校宣传中融入身体哲学这一崭新的视野，以身体哲学为理论基础优化高校宣传工作创新，开启出高校宣传的身体之维，成为当下高校宣传出场的基本样态。这不但能够拓展应用现象学的研究领域，而且也为高校宣传摒弃身体规训的单向型思维提供了时代机遇。在意识哲学的影响下，高校宣传原初探究具有普遍适用性的宣传规律。而在身体哲学所提供的崭新框架下，高校宣传工作创新开始探究如何以身体逻辑来促进高校宣传情境和大学生的结合。高校宣传工作创新在身体逻辑的作用下，不但促进了身体的复归，而且改变了高校宣传者与大学生之间的关系；促使高校宣传直面大学生的“生活世界”，促进大学生在“生活世界”中实现德智体美劳全面发展，助推“抽象的时代新人”与“具体的时代新人”在大学校园的“生活世界”中交互成长、合为一体；把高校宣传转变为有助于大学生成长、成人、成才的阶梯，增强高校宣传育人的实效性。这在彰显高校宣传的育人功能时，也在深化高校宣传育人的意蕴，重构高校宣传育人的场景，续写高校宣传育人的叙事。

在现象场中运作的高校宣传，直面的是现象身体。意识哲学视身体为生理学意义上的物质实体和物理学意义上的行为载体，凸显的是身体的受动性；而身体哲学则视身体为现象身体，凸显的则是身体的主动性。以现象身体来看待高校宣传，就意味着不能把高校宣传的育人实践理解成大学生的意识意向性活动，而要理解成大学生的身体意向性活动。“所谓‘意识的普遍本质属性’即‘意识总是关于某物的意识’，意识的根本特征是意向性，意向性是一种在先拥有的、当下的、并不断延伸着的、积极能动的意识建构和发生的过程。”① 意识意向性理论显然立足于纯粹意识的领域。高校宣传工作创新对大学生身体意向性的强调，不但没有违背马克思主义实践观的现实要求，而且还具有方法论上的贯通性和价值上的共同指向性。意识总是身体的意识，因而身体具有意向性功能，也即身体意向性。身体意向性是身体实践得以发生的重要缘起。个体在身体意向性发挥作用的实践中，能够觉察到“能动的身体”，并对“能动的身体”进行反思；能够带来有别于胡塞尔意义上的先验经验的身体体验，并以此为基础进行持续不断的赋值。身体哲学的身体意向性所包含的身体思维是非对象性的，这有别于意识哲学的意识意向性所包含的对象化意识或思维。意识哲学理解下的身体仅是“受动的身体”，而身体哲学理解下的身体则更加具有辩证性，既是“受动的身体”，又是“能动的身体”。身体“具有具体的感性确定性”。② 就拿表征内向感受的情感来说，虽说可从社会维度和个体维度来考察，但无论哪种情感都被烙上了社会性的印记。法国哲学家吉尔·路易·勒内·德勒兹（Gilles Louis Rene Deleuze，1925—1995 年）认为，情感“是在社会关系、社会活动及其变迁中被定义的，情感的心灵维度则指向历史文化的记忆建构”。③ 同样，在 20 世纪 70 年代兴起的情感人类学出于对理性主义的反感，也扯起了情感的大旗，认为情感

① 胡萨，宁虹．教师反思何以可能——教师反思的现象学研究及其现实意义［J］．首都师范大学学报（社会科学版），2010（1）：67－71.

② 郭祥超．教师专业发展：身体哲学的视角［M］．北京：教育科学出版社，2012：68.

③ 李腾凯．后真相时代历史虚无主义传播的新变化及其应对［J］．理论导刊，2020（12）：57－63.

“不是纯粹的心理学和生物学意义上的，它是镶嵌在社会关系中的一种文化习俗”。① 大学生的身体既是自然的，也是社会的，是以身体的自然基质为基础的、处于一定历史文化境遇下的社会性存在，是“以实践劳动为中介，通过人类文化得以阐释的历史现实和历史过程”。② “世界就是过程，过程就是世界”。③ 所以，身体哲学视域下的高校宣传，不但要从生物性样貌上来把握身体，而且要从身体的历史文化境遇来认识身体。置身于世界的大学生身体不是一种既定的存在，而是处于不断的发展生成中，处于持续不断的身体活动和身体体验中。“身体化（体验化）活动和概念化活动构成个人认知活动的统一体。”④ 这些身体活动和身体体验或者是主动的，或者是被动的；或者是自我建构的产物，或者是社会建构的产物。大学生的身体既是被动的，也是主动的，所以高校宣传要满足大学生作为涉身主体的生存需求，有助于大学生身体自塑能力的提高。这将会生发出有别于以往高校宣传实践的意义。“这一意义上的实践不是改造客体的实践，而是主体交往的实践；不是操作性实践，而是反思性实践；不是刻写实践，而是体化实践。”⑤ 这使得高校宣传不仅是大学生“对知识从接受到理解再到内化的过程”，而且是大学生“在反思性实践活动中主动建构意义的过程”。⑥

现象学的身体不仅是反思当前高校宣传的重要理论维度，而且也是增强高校宣传育人功能的现实途径。“教育不仅维护着现存社会，而且也力求按照自己的意愿改变、教化和导引社会。”⑦ 高校宣传部作为高校的重要

① 彭卫华．情感、文化与身体：中医药文化现代研究的情感人类学考察［J］．广西民族大学学报（哲学社会科学版），2021，43（1）：52－57.
② 郭祥超．教师专业发展：身体哲学的视角［M］．北京：教育科学出版社，2012：31.
③ 郭祥超．教师专业发展：身体哲学的视角［M］．北京：教育科学出版社，2012：95.
④ 郭祥超．教师专业发展：身体哲学的视角［M］．北京：教育科学出版社，2012：112.
⑤ 郭祥超．教师专业发展：身体哲学的视角［M］．北京：教育科学出版社，2012：62－63.
⑥ 郭祥超．教师专业发展：身体哲学的视角［M］．北京：教育科学出版社，2012：109.
⑦ 扈中平．现代教育学［M］．北京：高等教育出版社，2010：70.

职能部门，在发挥育人功能时，既受到党管宣传的制约，同时又要遵循教育学的要求。故而，高校宣传要发挥高校宣传者和大学生的两种能动性，以便让高校宣传育人具有一定的现实超越性。“高校是‘育人’殿堂，而非‘制器’工厂。”① “教育是一种价值力量：指向人的成长、发展和社会进步，它通过塑造并完善人而实现社会改造，推动社会进步。”② 高校宣传育人是以身体规训为基础的成长促进。不管是主动地选择还是被动地应对，高校宣传不但要对大学生的身体进行权力规训，而且更要促进大学生的成长、成人、成才。这样做也回应了建构主义教育思想的基本要求。高校宣传在育人功能上既有规训身体的否定性一面，也有成长促进的肯定性一面。就此而言，高校宣传不是对大学生的身体压制，不是大学生理性探究的精神桎梏和思想牢笼，不应该损害大学生的理性反思精神。高校宣传既要为大学生的话语争辩提供有力的理论支撑，也要帮助大学生拥有驾驭未来的能力。大学生从高校宣传中不但获得具有脱敏效应的防护“盾牌”，而且获得增强免疫功能的护卫“利剑”；不但增长知识，而且显现意义和提升价值。置身于高校宣传场域中的大学生身体是“能动的身体”，这意味着大学生再也不能把自己当作高校宣传的边缘人甚至局外人，以旁观者的姿态置身事外，对高校舆情无动于衷，而必须对改善高校宣传做出建设性贡献。每个大学生不是被动地编织进高校宣传的意义之网，而是直接参与到“织网”行动中。高校宣传由大学生所处的环境要素转变成大学生用来进行审视和评判的成长促进世界，其属性也从“疏我”“远我”转变为“亲我”“近我”。意识哲学视域下的高校宣传视大学生的身体为被动的客观身体，仅仅强调身体规训，在造成高校宣传功能理解上的“窄化”时，也引发高校宣传者与大学生之间的心理疏离和情感对立。这不但无异于画地自限，自捆手脚，而且必然带来“人”的萎缩。

高校宣传理论基础的变换，意味着高校宣传在发挥育人功能、培养时代新人时，要与大学生建立更多实质性的关联，注重大学生的成长促进，

---

① 杨忠宝．核心价值观视野下的高校校园文化建设［J］．济南职业学院学报，2015（2）：39－42.

② 刘远杰．场域概念的教育学建构［J］．教育学报，2018，14（6）：21－32.

促使大学生成长、成人、成才。高校媒体要“主动对标新要求，瞄准功能定位，集聚资源、优势互补”。[①] 高校宣传要关注大学生的生存状况，不能仅把大学生当作身体规训的对象，而要把大学生纳入身体关怀的映照之下，消解大学生身体的物化、工具化和异化状态。高校宣传的身体转向要求高校宣传要自觉地关注新时代的任务和使命，提高大学生在新时代尽职履责的本领和能力，并将这种本领和能力融入中华民族伟大复兴的历史征程中；要充分发挥自身的特长和优势，立足于大学生的精神需求，抓住他们成长中的“痒处”并提供菜单式的选项和“索引性”的指导，引导他们不断地建构自身的经验世界；不但要致力于帮助大学生孕育出相应的认同心理，而且要给他们及时提供足量的精神食粮，满足他们成长成人成才的需要；摆脱宏大叙事的单一体例，转而关注身体的开放性、流动性和建构性，以体现身体体验的多样性和差异性。在身体哲学看来，大学生在校园的生活和学习实践就是一连串的身体体验流。当然，这里的身体体验更多指的是个体性体验，而非集体性体验。高校宣传工作创新必然要关注这些身体体验流，并引导大学生运用这些身体体验流进行现实理解和未来建构。高校宣传还要直面大学生的生存际遇，并对大学生的生存问题作出应答，彰显出高校宣传的身体关怀功能。就此而言，高校宣传育人面向大学生的不是意义封闭，而是意义敞开。时代新人虽说也是一种规定，但却是在开放视野下的身体锚定。显然，这更加有利于促进大学生的健康成长。

可以这么说，身体哲学的兴起契合了优化高校宣传工作创新的需要。高校宣传要强化育人功能，就要以身体哲学为底板，自觉与身体哲学进行联姻。这不但有利于把高校宣传实践活动转变成身体意向性活动，而且有利于把高校宣传的育人功能从身体规训转变到成长、成人、成才。就此而言，以现象学教育学为指导，对高校宣传场域进行建构，把现象身体作为转动的门轴，把成长成人成才作为锚定的目标，是完善高校宣传育人功能的未来发展走向。

---

① 周绍萍．全媒体时代+“三全育人”视域下高校媒体的育人功能探微［J］．文化综合，2021（2）：123－124.

三、高校宣传从主客体关系向身体间性关系的进发

高校宣传虽然具有强大的育人功能，但也要防止其为了风险管控而反应过度，从而产生吞噬效应。而身体哲学的兴起却能够改变高校宣传的思维方式、运作模式及话语特质，变革高校宣传场域中的人际关系，促进其朝身体间性关系的理想境界迈进。一旦高校宣传者遵循现象身体的逻辑，把高校宣传打造成发展交互主体性的平台，并以身体间性来促进与大学生的关系重构，就可以助推高校宣传克服不必要的功能异化，促成高校宣传从单向灌输走向双向交互，促使高校宣传者与大学生之间从二元对立走向和谐共生。高校宣传发挥其育人功能，其最终目的不是通过规训身体形成对大学生的宰制性关系。在高校教育的目的论体系中，身体规训并不处在顶端。如果说高校宣传对大学生的身体规训只具有阶段性的价值指向，那么成人成才方具有终极性的价值指向。高校宣传要通过健全和完善大学生的主体性，满足大学生成长、成人、成才的需求，促使大学生追求更加美好的未来。这使得高校宣传的话语特质不是支配性的，而是成长性的。

身体哲学主张用身体化的主体去解构理性化的主体，从二元对立的身体转变到身心统一的身体。这使得高校宣传者能够采用现象身体的思维来对待大学生，而不是视其为笛卡尔式剔除了身体属性的个体，或康德式崇尚个人主义的理性个体。身体哲学中的现象身体不但具有时间上的继起性，即时间维度，而且具有空间上的并存性，即空间维度。置身于高校宣传场域的每个个体，通过时间性的历史认同建立起当下“自我”与过往“自我”的连续性，通过空间性的身体认同反映出“自我”与“他者”的共在性。“自我”与“他者”的共在必然产生交往的实践样态。“交往作为意识，……是身体意向性层面的原初意识。”① 高校宣传者与大学生之间的平等交往，有利于促进彼此间的镜鉴参照。尤其是处于交互性网链中的

① 郭祥超．教师专业发展：身体哲学的视角［M］．北京：教育科学出版社，2012：127.

大学生，通过身体意向性来改变自身在高校宣传场域的弱势地位，并生发出交互主体性的意识。“胡塞尔在1925至1928年期间为《大不列颠大百科全书》所撰写的‘现象学’条目中曾把‘交互主体性’分为‘纯粹—心灵的交互主体性’和‘先验的交互主体性’。”① 交互主体性是对“自我”与“他者”之间关系的重构。无论是汉斯—格奥尔格·伽达默尔（Hans-Georg Gadamer，1900—2002年）的“对话”，还是尤尔根·哈贝马斯（Jürgen Habermas，1929—）的“交往”，都再次确认了这种交互主体性的关系，“使传统认识论中主体对客体的认识转向主体对主体的认识”。② 交互主体性准确地描摹出高校宣传者与大学生之间的身体交会状态。如果说高校宣传对大学生的身体规训表现出的是对身体的否定性把握，那么成长促进则表现出的是对身体的肯定性把握。身体把握方式从否定到肯定的转变，不仅强化了大学生对高校宣传的身体体验和体认，而且提高了高校宣传者的亲和力，拉近了高校宣传者与大学生之间的心理距离。高校宣传不再是外在于大学生的异己性力量，而是有利于提升大学生主体性的自成性力量。如果说意识哲学下的高校宣传是将宣传内容的意义直接呈献给大学生，那么，身体哲学下的高校宣传则需要大学生自己参与到意义建构中；如果说前者具有守成性，那么后者则具有生成性。大学生的成长、成人、成才不仅是权力规训的结果，而且更是其身体智慧增长的结果。大学生在高校宣传场域中，通过身体意向性直观自身，并建构出独特的主体性。大学生以主体性的姿态介入到高校宣传中，在“身体体验—期待—身体再体验”的过程中来促进成长，大学生反身成为高校宣传的价值给定者之一。大学生不但通过身体进行高校宣传的呈现，而且进行复杂的意义传承和生成活动，不是遵循意识哲学的知识论逻辑，而是遵循身体哲学的实践论逻辑。“在旁观式的‘看’与‘思’和参与式的‘做’与‘能’之间保持必要的张力，在追求规律性认识和体悟可能的意义之间保持必要的张力。”③

---

① 倪梁康．胡塞尔选集［M］．上海：上海三联书店，1997：18.

② 宁虹，钟亚妮．现象学教育学探析［J］．教育研究，2002（8）：32-37.

③ 郭祥超．专业发展：身体哲学的视角［M］．北京：教育科学出版社，2012：95.

意识哲学视域下的高校宣传，长期滞留在“中心—边缘”的惯性思维与文化心态上，既缺乏身体间性的关系性思维和整体性思维，也缺乏对话式交往的经验积累。而以身体间性为表征的交互主体性，通过强调高校宣传者与大学生之间的彼此敞开，契合了信息时代的特征，适应了教育目的从知识本位、能力本位、素质本位等的渐次转变。身体间性的理念确认了高校宣传者与大学生之间的交互性影响，有助于带动大学生主动参与高校宣传实践活动，并在高校宣传者与大学生之间形成宣传共同体，互济共生，共同发展。为此，一方面，高校宣传者要破除视大学生为客体的身份假象，改变施加于大学生身体之上的具有典型“霸权”意味的单向性思维；另一方面，高校宣传者要觉察到大学生是“能动的身体”，强调每个大学生的特殊性，形成“整体的多元性思维”，营造出交相呼应、同频共振的高校宣传场景，从独角戏式的自说自话转变到群演式的和谐对话。不但高校宣传者要与大学生一起，互补相长，彼此成就，而且大学生之间也要相互提携，杜绝彼此倾轧。以身体间性关系建构出的主体已经不是原初形式的主体，而是宣教者与大学生、大学生之间多元建构而成的新主体。相互浸染、交相建构、兼爱共生的新主体与原初形式的主体相比较，虽然谈不上是迭代式的质性飞跃发展，但至少也是“更上一层楼”的量性集聚发展。以身体间性关系为基础的高校宣传场域再也不是布迪厄意义上的被动性的场域，而是充满生机活力的，能够最大限度地释放其育人潜力。为了推进高校宣传者与大学生之间的身体间性关系，把身体间性从单纯的概念转变成鲜活的实践，全校师生员工都要携起手来，共担高校宣传育人的职责。这既是高校宣传区别于其他宣传的根本性差异之所在，也是当前提升高校宣传育人功能、优化高校宣传工作创新的关键节点。

第三节　高校宣传主体的素养创新

信息社会的来临把整个地球变成一个信息村，也把每个国家和地区都拉入新的赛道，使每个国家和地区都面临提高信息竞争力的战略任务，时代感与危机感并存。高校宣传处在媒介融合的背景下。“互联网+”对高校宣传的深度融合，推进了高校宣传的技术改造，昭示出数字宣传必将成为高校宣传的未来发展导向；搭建起高校宣传云平台，重塑高校宣传的样态，改变高校宣传的技术逻辑。新媒体技术的发展既为高校宣传育人功能提供了技术保障，也为构建高校宣传大格局提供了新的契机。大学生能够轻而易举地成为“麦克风”和“扬声器”。大学生虽然成了信息传播的主体，但显然不同主体间的信息传播能力是参差不齐的。受多种因素的影响，信息社会中的大学生并不足以天然成为“自旋体”。这就迫切要求发挥高校宣传的育人功能，加强对大学生的媒介素养教育，并通过提高信息素养来健全和完善主体性。

一、新媒体兴起催生出大学生数字化生存

信息技术革命推动了数字科技的发展，掀起了信息数字化的革命浪潮。信息能够以数字的形式存储和传输。信息传播技术的迅猛发展具有强大的魔性力量，使得信息传播经历了从最原始的手势语言到机器语言、从口传心授式人际传播到旧媒体传播再到新媒体传播、从纸媒到基于移动互联网的新媒体的跨越式发展过程。互联网成为人类进行跨时空信息交流的重要工具。尼古拉·尼葛洛庞帝（Nicholas Negroponte）认为，“从原子到比特的飞跃已是势不可挡、无法逆转”。[①] 时至今日，信息传播的主体、模式、范围、速度、顺畅度等，都有了巨大的变化。信息传播技术的革命性效应不但使信息传播的媒介有了质的飞跃，而且引发了有关未来社会场景的遐思。1990 年以来，“数字和通信技术的发展带来以互联网、移动互联网、大数据、人工智能、5G 为标志的一系列变革，颠覆了生产和商业的运行方式以及人们的生活和思维方式”。[②]

---

① ［美］尼古拉·尼葛洛庞帝．数字化生存：20 周年纪念版［M］．胡泳，范海燕，译．北京：电子工业出版社，2017：前言 59.

② 胡泳．数字位移：重新思考数字化［M］．北京：中国人民大学出版社，2020：扉页.

作为信息传播技术的伟大结晶，数字科技把人类从旧媒体时代带到新媒体时代，促进了新媒体的兴起，造就出新旧媒体交相并存、共同发展、加速融合的协作场景，促进了信息共同体社会的成长。“以国家通讯社、中央电视台和各级党报为代表的官方媒体；面向市场、自负盈亏的市场化媒体；在网络平台上自主发言、吸引受众注意力的网络自媒体，构成了当下中国舆论场的主要传播主体。”① 新媒体技术在信息传播上具有即时性、快速性、超时空性的特点，这种信息传递机制高效快捷。高校宣传也在致力于将校园空间打造成数字共享空间，共建智慧校园。高速转动的信息社会产生的“飞轮效应”把每个个体都纳入其中，铺陈在大学生面前的可供选择的选项清单越来越长，大学生与社会的联系更加频繁。从理论上来看，凡是网络所及之处，都有可能成为大学生的浏览对象。

大学生的人格处在不断地型塑和浇筑过程中。大学生需要借助于各种外在的东西进行“赋魅”，从单向度的存在状态中解脱出来，克服偏狭自私的状态，网络时代的大学生早已经没有了孤陋寡闻、见识浅薄的标签。信息传播技术层面的颠覆性革新把大学校园带入到了“屏间校园”，改变了大学生的学习和生活方式，拓宽了大学生的学科视野。智能化程度越来越高级的手机通信工具、囊括多种功能的 APP 在内的通信软件、具有强大搜索引擎功能的百度和 Google 等的迭代式发展，都在为大学生赋能，帮助他们解决知识信息匮乏的难题。大学生能够方便快捷地接触到大量新信息，从客观上来讲具有了博学多才的潜质。大学生对新信息表现出异乎寻常的敏锐性，在理论追求上如饥似渴，他们借助信息浏览来增长知识，丰富人生体验和阅历，拓展生活世界，对这种开创式的新型数字化生存方式他们始终抱有高度的热情。“科技加速与我们的‘世界关系’的转变。社会加速改革了我们与客体世界、社会世界和主体世界之间的关系。”② 生活在万事万物都可以量化为数字的数字化、网络化、智能化时代，数字化生

① 李凌凌．从工具理性到价值理性：全民传播时代舆论管理的转型［J］．当代传播，2017（2）：43－44，83.

② ［德］哈特穆特·罗萨，新异化的诞生：社会加速批判理论大纲［M］．郑作彧，译．上海：上海人民出版社，2018：56－57.

存成为当前大学生的日常生活状态。通过手指、鼠标、键盘、屏幕等，大学生足不出户，就可以了解外部世界，同时可拓宽阐述空间、表意空间。大学生的身心体验无论是广度抑或深度，都较以往有了长足的发展。“现代媒体的发展，为精神文化传播提供庞大、高效的运作系统……在无限丰富的文化序列面前，人可以进行多向度文化选择，文化本体性与人的主体性都因为现代媒体的发展而得到增长。”①

二、全媒体时代大学生数字化生存的困境②

（一）大学生受到“多时代”的压制

新媒体促进了传播主体的多元化、传播模式的多样化，使得各种各样的信息借助于新媒体铺天盖地，席卷而来。信息传播通道的链路式分布，使得信息的传播连环无尽，在无限放大信息传播效应的同时，也促进了信息的指数级增长。在信息产业蓬勃发展的背后，始终有一只“资本的大手”在背后推动着。随着大量资本进入到信息产业，资本就渗透到信息的生产和传播中。受资本自我增殖的驱动，信息的生产、加工和繁殖也变得无休无止，永不停歇。信息社会具有典型的超产特性，信息超载是“多时代”的表征之一。新媒体、自媒体的兴起加速了“后真相时代”和“多时代”的进程。“多时代”背后的“后真相时代”再次印证了福柯后现代陌生化思维的魅力以及黑格尔“熟知非真知”格言的深刻。“多时代”对“多”的崇拜发挥着亚宗教的功能，让民众陷入到对“多”的无止境的追求中。民众在各种各样的“多”上展开你追我赶式的竞逐比拼，各类人等都已经被卷入这一游戏规则中，筋疲力尽，心力交瘁。这貌似荒诞不经，

---

① 魏则胜．道德建设的文化机制研究［M］．广州：广东人民出版社，2005：174－175.

② 尼葛洛庞帝在《数字化生存》一书中提出“数字化生存”这一概念，他指出，“我们无法否定数字化时代的存在，也无法阻止数字化时代的前进，就像我们无法对抗大自然的力量一样。数字化生存有四个强有力的分散权力、全球化、追求和谐和赋予权力的特质，将会为其带来最后的胜利”。

实则真实。在以“多”为表征的新媒体时代，尽管大学生的价值观尚未定型，但是却一下子就暴露于爆炸式增长的信息风暴中，被汹涌而至的巨量信息洪流裹挟着艰难向前。信息超载社会带来了一种新型的主奴关系，每个人都遭受信息的支配和奴役。“社会联合关系的当下时代（亦即稳定时期）的萎缩，和社会联系的大量激增，让人们格外仰赖于沟通传播媒介，并带来了格尔根（Kenneth Gergen）所谓的‘饱和的自我’。”① 大学生的大学生活因信息超载变得异常“饱和”，时间管控上也变得越来越不自由、不稳定。个体要摆脱对信息的依附，追求精神上的自立自强、自给自足。超产社会预设好了程序，任何个体一旦被安插进某种生产体系，就会患上停不下来的集体“瘾症”。大学生一方面面临着信息超产的社会压力，另一方面则乐此不疲、不知疲倦地加入到编织信息牢笼的自动化大军中。大学生通过发信息来彰显其在信息社会中的存在感，通过自媒体进行发声。“借助海量的数据与云计算，计算机变得越来越像人，而数字化生存方式也使人变得越来越像依循技术理性运行的计算机。”② 人在数字信息时代逐步被异化为信息世界的一个网络终端或一个数字代码。信息超产社会里，大学生沦落为信息生产、加工和繁殖链条的某个节点。大学生遭受信息的狂轰滥炸，可能引发自我迷思和迷失。大学生的主体性景观被超产社会的信息超载所遮蔽，大学生的自我意识可能被层出不穷、不断加速的信息繁殖一点点磨灭和碾碎。

新媒体虽然实现了信息从少到多的转变，但是也使得持续增长的信息量与人脑相对稳定的信息处理能力之间的矛盾凸显。电脑能够在有限的时间内处理海量的大数据，但是受生物特性限制的人脑却难以浏览、消化和吸收海量信息，个体的学习能力和理解系统在面对新媒体时明显滞后。信息的爆炸式增长令大学生感受到信息取舍的困难，难以从浩如烟海的信息中脱身，苦不堪言。一般认为，信息量过少不利于大学生主体性的培养。

---

① ［德］哈特穆特·罗萨，新异化的诞生：社会加速批判理论大纲［M］．郑作彧，译．上海：上海人民出版社，2018：58－59.

② 张以哲．数据资本权力：数字现代性批判的重要维度［J］．西南大学学报（社会科学版，2021，47（1）：42－51.

信息提供得过多，会把大学生放入信息的洪水巨流中，同样不利于大学生主体性的培养，使得大学生的“物化”或“客体化”趋势比较明显，而信息并不等于知识。网络往往成为各种负面情绪的集散地，大量虚假的信息充斥其中。新闻事实的核心要素在传播过程中因被涂油抹彩和精心粉饰，发生变样走形，甚至被歪曲到“口水大于事实”的程度。大学生如果缺乏足够的能力对信息进行甄别和筛选，有效辨别出有害与无害、正确与错误、有用与没用等，那么新媒体的巨量信息就会压制和阻碍大学生的主体性成长。如何把信息转变成知识和学识，让巨量信息成为大学生从“自在”状态向“自由”状态发展的助推器，而不是绊脚石？如果大学生不能正确掌握挣脱信息牢笼的策略，不能有效甄别信息的真伪并去伪存真、去芜存菁，那么所谓的健全主体性就仅是一种自我欺骗的幻觉。大学生信息圈层的形成会催生出群主、版主、博主、意见领袖等，导致认识固化。“数字化使现代人的思维特征和行为模式呈现出机器化的倾向，人们认识事物和解决问题的路径日趋‘算法’化。”① 个体所面对的信息内容如果经过互联网算法的筛选，同样会变得越来越窄。“停留在表象直观的数据表象思维，构成了数据时代的最大悖论：在前所未有的信息开放的同时形成了前所未有的认知封闭，在大数据的汪洋大海中出现了彼此隔绝的数据孤岛。”② 如果大学生不能挣脱“信息茧房”，那么所谓的完善主体性就注定仅是黄粱一梦而已。

大学教育是不断增强和健全大学生主体性的过程。信息社会的利弊两重性，置大学生于悲喜交加的情绪切换状态，机遇与挑战并存。大学生主体性的培养悬置于半空中，既可能坠入大地，也可能升入太空。大学教育要充分发掘和利用媒介素养教育这一生命驱动力，为大学生健全主体性提供滋养，促进大学生的健康成长。主体性可以分为积极的主体性和消极的主体性。消极的主体性是指大学生能够防范来自外部的侵害，而积极的主

---

① 张以哲．数据资本权力：数字现代性批判的重要维度［J］．西南大学学报（社会科学版，2021，47（1）：42－51.

② 张梧．大数据时代的表象思维及其批判［J］．华中科技大学学报（社会科学版），2021，35（1）：44－50.

体性却在于大学生自身的不断成长。大学生的成长从消极意义上来说，就在于把大学生培养成“机动防御大师”，而不是“提线木偶”，信息获取的便利化不能冲击和瓦解、消解大学生的主体性。大学生具有的媒介素养能够从容应对信息传播风险，对不良信息能够进行对冲和中和、稀释，使得网络不良信息即使对大学生产生传播效应，其效果也只是自限式的。大学生的成长从积极意义上来说，就在于大学生要有自我革命的意识，不断告别旧状态，迎接新状态。所以，大学生亟待增强信息管理的能力，在有限的时间里把纷繁复杂的信息转化为有用的知识。

（二）大学生面临“屏幕时代”的霸权

新媒体以屏幕为载体，拓展出了新型的交互界面，发展出以屏幕为“电子脐带”、以人机互动为特点的屏幕化生存方式。如果以交往方式来界定时代，那么“屏对屏”的交往方式正把我们带进“屏幕时代”。屏幕无处不在，无时不有，成为人们在生产生活实践中的媒介。个体不停地流转于电视、电脑、手机等公共屏幕或私人屏幕中，产生了对传统的观看认知的彻底颠覆效应。移动信息时代的到来，智能通信设备的普及，大学生的捧读原著的阅读习惯被“代之以各类新兴媒体阅读、移动碎片化阅读”。①“屏幕时代”就是以人机互动逐步代替现实互动，强化人的镜像意识。新媒体促进了全息实体空间到二维屏幕空间的转化，强化了现实世界与虚拟世界的对立，图像感的强化与现实感的稀薄成为“屏幕时代”的共生景象。屏幕化生存归根结底是一种虚拟生存。个体越沉浸于虚拟世界，就越脱离于现实世界。就如同科幻冒险片《头号玩家》中因逃避现实而沉湎于虚拟现实世界的人们，终究要回到现实的“生活世界”。由此印证了人机互动绝不可能完全代替现实互动。新媒体在成为强势媒介的同时，会不会也形成强权？

个体游走于不同的屏幕，产生了信息对时间的偏向性挤压。各种各样的信息把个体的时间间隙填塞得满满的。新闻客户端上热点不断，即使没

---

① 沈哲琼，罗旻敏．媒体融合背景下高校中华优秀传统文化宣传教育路径探究——以集美大学为例［J］．湖南工业职业技术学院学报，2020，20（2）：45－48.

有热点，媒体也会刻意地创造出热点，以吸引个体眼球。社交媒体创造出拟真性的话语情境和交往空间。大学生沉浸在虚拟的社交媒体，乐此不疲，热衷于在不同的热点之间进行切换，在汹涌而至的海量信息中不停地搜索，时间和精力消耗在屏幕切换和流转中。腾讯QQ、微博、微信、抖音、知乎、B站等社交平台也参与到个体时间的瓜分中。信息分布的杂多性和零散性把个体的时间切割得支离破碎，催生出大学生的碎片化生存状态。处于链路节点的大学生，其认知陷入到持续不断的解构和重构的漩涡中，时间的瞬时性取代了连续性，认识的短暂性僭越了恒常性。基于碎片化时间的阅读是浅显的，而非深度的，既不能形成聚焦性的注意力，也难以进行系统化的学习。为了缩小现实世界与虚拟世界之间的距离，大学生要学会控制使用新媒体的时间，正视并消解“屏幕时代”出现的屏幕霸权。

（三）大学生遭遇信息传播自由的考量

新媒体的开放性和匿名性，使得大学生网民在发表观点、认识和看法时增加了自由度。但这种表达自我、张扬个性的自由不是无上限的。网络不是法外之地。大学生在虚拟空间不可以肆意妄为。无节制地进行非理性的情绪宣泄，本身就是主体性残缺的表现。大学生要合理把控信息传播的自由度，抑制自我的膨胀式发展，否则会触犯国家的法律法规，酿成悲剧性的事件。所谓的网络言论自由并不是完全缺乏外部规范的制约，随意散布信息只会作茧自缚，自绑手脚。《中华人民共和国网络安全法》对在中国境内使用网络的任何个人都具有法律效力。大学生在检索搜集和沟通分享等信息权扩大的同时，也放大了责任范围，他们应该追求理性化的表达，传播有价值的信息，摆脱信息生产和传播的消极自由，追求融合了责任在内的积极自由。大学生不但要提高信息分辨和筛选能力，而且要传播正能量信息，尽量不制造垃圾信息；应尊重公民的隐私保护权，杜绝“人肉搜索”，更应遵循信息保密的要求，为国家保守秘密。

数字化生存“具备遗传性，因为人类的每一代都会比上一代更加数字化……这种控制数字化未来的比特，比以往任何时候都更多地掌握在年轻一代的手中”。① 然而，“每一种技术或科学的馈赠都有其黑暗面。数字化生存也不例外”。② 大学生的数字化生存可能会遭遇困境，他们爬坡迈坎离不开媒介素养教育。“‘素质’在理论上也是一个中性概念，因为素质首先是一个事实，它包括人所具有的所有生理的和心理的品质，诸如知识、能力、个性、品德以及体质等。”③ 媒介素养教育是新媒体时代健全和完善大学生主体性的重要途径。媒介素养包含“是人的全面发展中的一种能力，是一种对海量信息正确选择、甄别和批判的能力，是促使媒介信息对个人、社会发展起推动作用的能力”④ 等要义。媒介素养虽有诸多表述，但都指向正确地、无害地、建设性应用媒介传播资源的综合能力。

三、高校宣传促进大学生媒介素养的提高

大学生之间的信息交换具有典型的交换范式的特点，相互之间地位平等。而高校宣传部门与大学生之间的信息交换则发生在一定的权力生态背景之下。新媒体的出现为重新锻造高校宣传生态提供了技术性力量，但传统高校宣传中的权力生态并不会因为新媒体的干涉、大学生主体性的增强，就遭受破坏，实际上传统的高校宣传部门与大学生处于不同的信息占有序列。高校宣传部门依靠行政隶属关系得以大量占有信息，在信息发布上拥有绝对的资源和技术优势，建立了相对于大学生的信息区隔系统。高校宣传通过不断灌输和反复强调，达到让大学生深信不疑的目的。高校宣传不但预设了高校宣传部门的多知与大学生的少知，而且形成了主客体的交往范式。这是传统高校宣传烙在大学生身体上的印记。高校宣传场域的权力再生产的策略和目的，就在于长期维持高校宣传部门相对于大学生的

---

① ［美］尼古拉·尼葛洛庞帝．数字化生存：20 周年纪念版［M］．胡泳，范海燕，译．北京：电子工业出版社，2017：232.

② ［美］尼古拉·尼葛洛庞帝．数字化生存：20 周年纪念版［M］．胡泳，范海燕，译．北京：电子工业出版社，2017：228.

③ 扈中平．现代教育学［M］．北京：高等教育出版社，2010：138.

④ 陈松青，罗福．树立大宣传观有效引导校园舆论［J］．中国高等教育，2016（7）：52－54.

信息优势。大学生处于信息超产的世界图景中，高校宣传要帮助大学生坚定立场，摆好姿态，站稳脚跟，提高大学生对海量信息的甄别和筛选能力。知识信息化、媒介化时代的到来，催生了“控制媒体塑造知识（科学研究）和传播知识（大众媒体）的权力”。① 高校宣传要致力于提高大学生的认知能力，把认知教育作为核心，使大学生具备形成主见的能力，把理论中的“应然”与实践中的“实然”结合起来。进入全媒体时代，“只有将信息观的‘科学’与‘人本’双重要求纳入到媒介素养教育与素质教育中，才能真正体现教育的与时俱进与社会文明发展的使命”。②

“治理是在诸多利益相关者之间寻求一种平衡，兼顾各方主体价值追求，形成共同决策和相互制衡的机制。”③ 只强调一元主导，会导致高校宣传权力的泛化；只强调多元共治，会诱发高校宣传权力的分化。而无论是泛化还是分化，都可能会引发高校宣传权力的异化。促进高校宣传工作创新，在高校宣传者与大学生之间形成博弈，形成由高校宣传部门统揽的一元主导下的多元共治格局，有利于促进高校宣传权力的优化。高校宣传部门要解放思想，简政放权，重构高校宣教者与被宣教者的关系，从主客体关系转变到主体间性关系，促进多方力量的协同和联合，达到并行不悖、各安其位、寓教于乐的运行效果。媒介素养是新时代大学生的核心品格。高校宣传要因势利导，充分发挥信息共享时代的优势，建立“全媒体校园”，善于利用高校的发声器，培养和提高大学生的媒介素养，把大学生培养成高校宣传的主体，健全与完善大学生的主体性。“知识教育的目的包括‘求知’和‘发问’，‘求知’激发追求客观真实的知识兴趣，‘发问’培养理性探索的精神和方法。”④ 大学生媒介素养的提高，有利于提高求知水平和发问能力。以往的高校宣传过于弱化了大学生的自我宣教、反

① ［德］乌尔里希·贝克，风险社会［M］. 何博闻，译. 南京：译林出版社，2004：52.

② 黎泽潮，杨龙飞. 自媒体传播时代公众媒介素养中信息观的观照与培养［J］. 新闻战线，2016（9）：56－60.

③ 刘硕. 我国军队院校内部治理结构研究［D］. 长春：吉林大学，2019：42.

④ 徐贲. 统治与教育：从国民到公民［M］. 牛津：牛津大学出版社，2012：610.

向宣教和同伴宣教。高校宣传要把单向度的训导方式改变为多向度的互渗方式，发挥大学生自我教育、自我管理的作用；让大学生掌握适当的发声技巧及发出时代的最强音，发挥大学生“传、帮、带”的示范作用，以先进带动后进，连点成线成面，从星星之火到燎原之势。大学生积极性的充分调动，有利于对高校宣传提出相应的规谏举措，将自身由高校宣传的弱势群体转而成为中坚力量。“在宣传领域，同样存在权力的强制性和不稳定性，因此宣传也特别需要有正当性的辩护和对其不对称关系的约束。”① 而大学生媒介素养的提高、高校宣传多主体的形成，则有助于约束高校宣传领域长久存在的不对称关系。宣教者与被宣教者之间的关系重置，“自我”与“他者”之间的“共同言说、真诚对话”，有利于形成交互主体性，使得高校宣传共同体成为情感互涉、利益共享的共同体。高校大学生已经从真实的地理空间交集向虚拟的网络空间交集发展。信息社会多元互动空间的拓展滋生出无数个生长点，促进了师生之间、生生之间的主体性的多向建构，并且通过力量整合机制促进大学生之间的联合，变散在的主体性为联合的主体性，在相互成就中实现互利共赢的合作格局。“成己”与“爱群”的并行不悖，“自我”与“他者”的交互成长，使得大学生的主体性得以被充分“陶镕”。高校宣传不仅为大学生树立榜样，而且也要求大学生成为榜样，以榜样的力量感染和熏陶别人，帮助那些主体性受损或不足的同学，不是去进行无意义的比对，甚至否定和攻击别人。哈贝马斯的“交往理性”理论强调，不同主体应该通过对话来促进问题的解决。杜威说：“社会生活不仅和沟通完全相同，而且一切沟通（因而也就是一切真正的社会生活）都具有教育性……传递的人也不是不受影响。”② 无数个大学生一旦成为高校宣传的主体，不但将迸发出冲天的能量，而且也能够调动大学生自我教育的积极性，实现从外在教育到内在教育的转变。

高校宣传要帮助大学生发展理性的质疑和解构能力，在对话和交流中

---

① 王怡红．宣传研究的概念考察——兼评刘海龙的宣传研究［J］．新闻界，2014 (20)：27－35.

② ［美］约翰·杜威．民主主义与教育［M］．王承绪，译．北京：人民教育出版社，1990：10.

建构校园文化空间。“数据表象思维越是陷入因主观性而碎片化的困境，人们越是呼唤具有公共性的思想对话，在网络空间的众声喧哗中寻求‘交叠共识’。”① 高校宣传要引导大学生利用新媒体有序参与政治。“媒介技术的发展为政治符号和仪式记忆的传承、传播提供了契机。”② 图文音视频、社交软件等媒介的产生，有助于政治文化记忆融入普罗大众的生活日常，激发其对历史文化的深沉情感。自媒体为大学生的主体性成长提供了理想的试验空间。新媒体的兴起不但为大学生接触和了解政治文化提供了便捷的手段，而且为大学生扩大了政治参与的空间，降低了大学生参与政治对话的成本。网络政治参与是大学生社会实践的重要方式，但这种政治参与有其上限。在和平发展的正常年代，大学生要把主要心思放在学习上。“大学参与政治活动的方式，不应超出学术活动的方式。”③

第四节　高校宣传格局的治理创新

新时代呼唤高校宣传工作的格局创新。一方面，我国的改革开放取得了巨大成就，表征着治理现代化的改革实践取得了历史性的成就；另一方面，还要继续推进国家治理体系和治理能力现代化。对高校宣传工作进行反思性改革，加强高校宣传工作体系的多维创新，培养新的宣传生产和传播样态，既是高校治理现代化的需要，也是高校宣传部门自身改革的需要。2015 年颁布实施的《高校宣传思想工作意见》，极大地推动了高校宣传工作创新模式的变革进程。高校舆论受内外因素的叠加影响，不可能自发形成秩序。作为高校治理基层场域的高校宣传部门，为了优化其育人功

① 张梧．大数据时代的表象思维及其批判［J］．华中科技大学学报（社会科学版），2021，35（1）：44－50.

② 李腾凯．后真相时代历史虚无主义传播的新变化及其应对［J］．理论导刊，2020（12）：57－63.

③ 马凤岐．变革时代大学的核心价值：高等教育哲学的几个基本问题［M］．北京：北京师范大学出版社，2013：55.

能，有必要以元治理理念为指导，进行高校宣传工作创新的理论探索和实践创新，防范高校宣传工作出现无政府状态；应把习近平总书记的大宣传理念作为当前高校宣传工作创新的核心理念，形成高校大宣传格局，提升高校宣传驾驭舆论的能力。换句话说，高校宣传育人格局的演进要朝结构化和整体化的方向演变。高校宣传新样态的系统架构就是新旧媒体相融合、线上与线下相融合，这既是高校有序管理的需要，也是大学生健康成长的需要。

高校要成立跨部门联合的大宣传机构，积极探索宣传工作体制机制创新，廓清大宣传理念下高校宣传工作的创新路径，探索出新型管道创新模式。目前来看，单凭高校宣传部门来应对高校舆情风险已经显得势单力薄，有时更是力不从心。在高校宣传主体上，融入宏观与微观的视野，应更加注重不同高校、不同部门、不同主体在宣传上的互相连通，精诚协作，形成“全员宣传”的合力。这不是抱团发展，而是强强联合。在机构职能和人员整合上，要遵循体系化的发展走向，引入协议管理和集体协商等社会化的治理模式，提升高校不同部门的协同程度，充分整合高校宣传部门与各单位之间的纵向和横向力量，统筹安排，集思广益，优化职能，资源共享。在高校宣传队伍的人员组成上，要打破传统的部门狭隘视野，将党政和共青团干部，思政课、哲学社会科学课和心理健康教育课教师，辅导员和班主任等纳入到该队伍中，形成整体合力，发挥整体性效应。

高校大宣传格局作为一种全新的宣传场景，遵循着“新的宣传规律和传播理念”，“在宣传思想工作的方式上，实现多载体、多方式、立体化和全方位的交叉渗透运用，既在课堂内也要在课外进行宣讲；既使用文字载体，也使用视听、音像载体；既使用传统的理论学习方式，也高效利用丰富多彩的校园文化活动；既注重典型榜样的价值观熏陶，也应注重身边感人事迹的宣传”。[①] 高校大宣传格局的创新主要有以下几个特点：在宣传体裁上，别具一格，独具匠心，采用多种话语系统和叙事文体；在宣传方法

---

① 陈松青，罗福．树立“大宣传”观有效引导校园舆论［J］．中国高等教育，2016（7）：52－5.

和手段上，线上宣传与线下宣传并进，内涵创新与传播创新并重，拓展传播渠道和载体，开辟立体化的传播空间；在宣传体制和机制上，建构与高校宣传工作创新相适应的考核评价机制和人才培养机制；探索构建高校宣传思想工作的风险评估机制，制定宣传内容的风险量表，进行分类定性定级的精准化管理，明确宣传的边界和底线；针对不同大学生群体的认知差异，有步骤、分阶段地实施宣传策略，促使大学生的认同心理发生由底线认同到顶端认同的“金字塔”式的跃迁；尝试建立高校宣传早期预警和跟踪监管系统，引入高校宣传内容的评估准入机制，对其所蕴藏的风险进行传播前的研判和预警、传播中的舆情监测和传播后的效果反馈。

高校大宣传格局构建不同于其他领域的大宣传格局构建，有其独特的场域逻辑。高校宣传身处高校教育场域，具有权力和教育的双重逻辑。高校宣传格局的治理创新属于高校治理体系的一个环节。高校的治理体系由外部治理体系和内部治理体系构成。中国大学内部权力架构中主要存在政治、行政、学术和民主权力四种关系类型。“各权力主体经由相应的机构行使职能，包括以党委为代表的政治权力机构，以校长为代表的行政权力机构等。”① 在我国高校，党委宣传部普遍与新闻中心合署办公。党委宣传部是党委系统的政治权力机构，新闻中心是行政权力机构，两者合署办公，决定了该部门接受党政两条线的共同领导，共担党政两方面的职能和职责。为此，高校大宣传格局的创新构建要充分考虑这一特性。高校宣传部门的治理创新是大学治理的一个特定范畴和重要环节，需从大学治理研究成果中获取镜鉴与反思。“大学治理不同于大学管理，它侧重于立法层面，强调多主体的共同参与，体现了合理性、合法性和正当性三者的有机统一。……其正当性源于当前我国大学从无序到有序的追求，表现为大学的分权与共治以及最终的‘良法善治’。”② “大学治理现代化的目的，是推进人的现代化，其实质是以教育形成现代性人格为基础，逐步实现整个

① 顾建民，等．大学治理模式及其形成机理［M］．杭州：浙江大学出版社，2017：269.

② 左崇良，胡劲松．大学治理的法理证成［J］．高等教育研究，2013，34（12）：21－28.

民族传统观念及素质的现代转型……在大学治理现代化的发展历程中，离不开‘人’的需求（动力系统）、‘人’的素质（质量系统）和‘人’的发展过程（功能系统）。”① 高校宣传格局创新正是一种追求“人的需求、人的素质和人的发展过程”以“善治”的过程，其最终目的是实现青年大学生的成长、成人、成才。

高校大宣传格局构建是一项复杂的系统工程，有赖于高校党委的统筹领导、宣传部门的牵头协调、校内各单位的多方联动、师生员工的全员参与、校外力量的大力支持，合力推进上下互通、横向联合、齐抓共管、共建共治，建立起一元主导下的多元主体共治的新格局。这里的“大”特指大机制、大平台、大队伍三个核心要素（见图6－1）。

其一，大机制，旨在建成以宣传部为主导的全员化大宣传机制。高校宣传要助力大学生成长、成人、成才，实现跨部门的纵横力量联合；从学校层面跨部门成立宣传思想工作领导小组对全校宣传思想工作统一领导，由宣传部门负责牵头协调，担当主导的“元治理者角色”，协同学校各级各类所有单位，包括各级各类职能部门、教学单位、基层组织（党委、党总支、党支部等）、群团组织（校团委、校工会、校友会等）等校内单位，不断健全宣传思想工作机构，持续完善宣传思想工作制度体系，围绕“育新人”这一目标任务，服务好学校改革发展大局，助力中华民族伟大复兴。

其二，大平台，旨在搭建以新闻网为轴心的立体化全媒体矩阵，推进校园各级各类新旧媒体平台的互联，实现媒体平台的多维融合。高校宣传要融合传统媒体与新兴媒体的平台优势，实现校园媒体宣传育人的全程性；连通新媒体与自媒体的信息共享路径，以中央厨房采编模式来推进校园媒体宣传育人的全息性；疏通自媒体与全媒体的信息沟通管道，达成校园媒体宣传育人的全员性；打通传统媒体至全媒体的功能升级通路，实现校园媒体宣传育人的全效性。在全媒体融合互联的环路中，最终实现校园全媒体矩阵宣传育人的全程、全息、全员、全效的“四全”特性。

---

① 胡中锋，肖美艳，许国动．把握大学治理现代化的价值取向［N］．中国社会科学报，2020－09－14（006）．

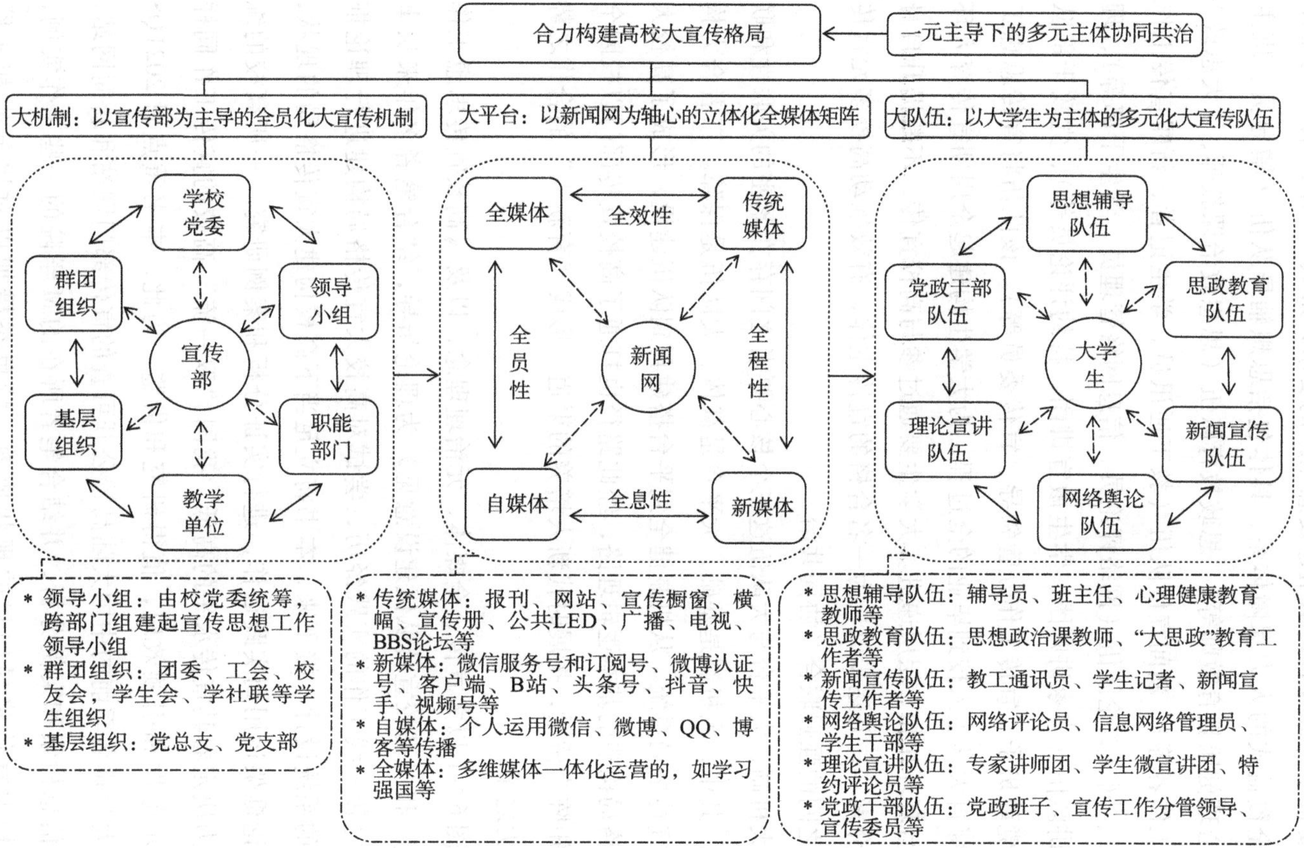

图6－1　合力构建高校大宣传格局

其三，大队伍，旨在建设以大学生为主体的多元化大宣传队伍。高校宣传要根据《高校宣传队伍建设意见》的要求，形成“六位一体”的立体化、全覆盖式的人力保障体系，具体包括思想辅导队伍（辅导员、班主任、心理健康教育教师等）、思政教育队伍（思想政治课教师、“大思政”教育工作者等）、新闻宣传队伍（教工通讯员、学生记者、新闻宣传工作者等）、网络舆论队伍（网络评论员、信息网络管理员、学生干部等）、理论宣讲队伍（专家讲师团、学生微宣讲团、特约评论员等）、党政干部队伍（党政班子、宣传工作分管领导、宣传委员等）。该队伍将宣传思想工作贯穿自大学生入校到毕业的全过程，为大学生构建起全周期宣传育人环路，且环环相扣、层层递进。大学生要通过参与高校宣传，不断提升自身的媒介素养，并逐步成长为一名合格的宣传主体，有效推动高校多元宣传主体之间的强强联合及协同共治。

大机制、大平台与大队伍这三个核心要素之间存在紧密的关联性和联动性。其中，大机制是基础、大平台是载体、大队伍是保障。三者合力构成大宣传格局系统。从机制健全到平台搭建再到队伍建设，形成了高校大宣传格局构建的基本逻辑理路，经此路径也打通了高校宣传部门以校园全媒体矩阵为桥梁，拓展时代新人培养的渠道，形成“育新人”的合作之势和协力之举。

图 6－1 以大宣传、全媒体、元治理理念，以及《高校宣传思想工作意见》和《高校宣传队伍建设意见》为理论指导，结合笔者多年来从事高校宣传一线工作的实践经历，尝试对高校大宣传格局构建进行理论框架上的系统设计。接下来，本书将立足当下高校构建大宣传格局的现状，从理论框架运用到实践运作，进行实证分析和案例研究。一所高校的综合实力决定着其宣传水平的高低。我国“双一流”高校的宣传工作同样具有示范性和引领效应，值得研究和借鉴。为此，本书重点对 2021QS 世界大学排名靠前的中国大陆高校公开可查的宣传部门网站和新闻网站，展开信息检索和案例分析，并结合笔者所在的 M 学院的一些工作实例，对高校大宣传格局构建的现状成效、特色举措加以对比分析和实践论证。

一、以宣传部门为主导的全员化大宣传机制

全媒体时代的高校宣传机遇与挑战并存，红利与风险共生。新媒体与自媒体联合赋权下的公众信息传播自由达到了前所未有的高度，舆论场的喧哗导演了一场场缺乏理性的网络暴力事件，以及一则则假新闻、谣言等失序场景。这类场景同样波及高校舆论场，一定程度上已构成危害大学生健康成长的事实，需要高校宣传部门来牵头加以治理。传统意义上的“金字塔”式的科层制“小宣传”已陷入内部僵化沟通不畅和外部引导缺位失效的困局，亟须高校党委统筹、高校宣传部门牵头协调，构建起一个高效运作的扁平化大宣传机制，形成校内各单位跨部门联动、师生员工全员参与的宣传合力，视校内各单位和师生员工为多元宣传主体，来协同共治新形势下的舆论场失序、优先话语权旁落、信息权威性削弱等现实问题。在这一机制中，单位与单位之间均是围绕培养时代新人即“育新人”这一目标任务来开展宣传思想工作的。大宣传机制中的每个部门、组织之间都是一种平等合作共治的关系。与此同时，我们也应看到，新兴媒体技术势不可挡的发展态势，为扁平化大宣传机制建设提供了媒介保障。扁平化大宣传机制的建设需以新媒体技术为支撑，将传统媒体与新兴媒体围绕大学生群体进行互联和编织，以构成校园全媒体矩阵，精简中间组织结构层，全面提升各级各类多元宣传主体的参与度、责任心、共同体意识和主人翁意识。

（一）新时代高校宣传的元治理者角色定位

事实告诉我们，一方面，所有高校宣传部门均面临着源自校内外、线上线下、国内外的风险挑战；另一方面，部分高校宣传部门在应对突发应急状况时已经历过或正在陷入治理失灵的现实困境。前文明确了将元治理理念援引进高校宣传部门治理现代化改革的必要性和可行性，明晰了高校宣传部门在大宣传构建中要承担起牵头协调的职责。明晰问题是为了更好地解决问题，而逃避问题只会被时代淘汰。以下有必要将高校宣传工作创新的体系优化和大宣传格局构建的系统设想落肩于高校宣传部门的元治理

者角色担当上，也就是进一步明确我们大宣传格局构建中一以贯之的“一元主导下的多元主体协同共治”模式中的这“一元”究竟如何履职尽责的问题。

明晰高校宣传部门的元治理者角色定位之后，需要深入了解新时代的高校宣传部门的履职担当、主动作为、治理创新的工作实际。为此，本书对2021QS世界大学排名前31位的中国大陆高校的宣传部门职责进行了调研，总结梳理出高校宣传部门的主要职责。

1. 高校宣传部门在大宣传格局构建中的主要职责。本书对19所“双一流”高校宣传部门明文规定的主要职责进行对比分析（见表6－1），可以看出，高校宣传部门在学校党委和行政领导下，贯彻落实新时期高校宣传思想工作方针和政策，牵头协调全校宣传思想文化工作，主要负责维护意识形态安全、加强政治理论学习教育、做好宣传新闻正面引导、培育弘扬校园文化和精神文明、强化网络监管和舆论引导等工作，围绕中心、服务大局、外塑形象、内聚力量，为学校事业改革发展提供思想保证、精神动力、舆论支持和文化基础。

表6－1　　　　　高校宣传部门主要职责一览

高校宣传部门	部门主要职责
清华大学党委宣传部、新闻中心	归口管理全校意识形态工作、新闻舆论工作、网络文化工作，牵头协调全校思想政治工作和精神文明建设工作
北京大学党委宣传部（融媒体中心）	贯彻和落实新时代的宣传路线、方针和政策，围绕学校中心工作开展全校宣传工作。主要负责宣传发展规划、年度宣传计划、政治理论学习与时事政策教育、深化师生员工思想政治教育、意识形态工作、新闻舆论工作、校园文化宏观管理等
上海交通大学党委宣传部	主要负责学校政治理论学习与研究，形势政策宣传教育，舆情信息安全管理，对内对外新闻宣传，校园网内容建设与管理，精神文明建设，大学文化建设、宣传阵地管理
中国科学技术大学党委宣传部、新闻中心（合署办公）	负责全校宣传思想工作和新闻宣传工作的组织、管理。其主要职责是理论宣传与意识形态管理工作、新闻宣传工作、文化建设及精神文明建设工作、联系基层工作等

续表

高校宣传部门	部门主要职责
中山大学党委宣传部	贯彻落实新时期高校宣传思想工作方针和政策，围绕立德树人根本任务，服务改革发展大局，维护意识形态安全、加强宣传新闻正面引导、培育弘扬校园文化、强化网络监管和舆论引导
北京师范大学党委宣传部（新闻中心）	贯彻党的路线、方针、政策，执行上级领导部门的方针政策。主要职责是“六个统筹”：统筹学校意识形态工作，统筹推进培育和践行社会主义核心价值观，统筹学校校园文化建设，统筹学校新闻宣传舆论引导，统筹学校网络文化建设和管理，统筹学校教师思想政治工作
西安交通大学党委宣传部	紧密围绕习近平新时代中国特色社会主义思想和党的路线方针政策以及学校大政方针，统筹全校意识形态、理论宣传、新闻宣传、文化建设和文明校园创建等工作
南方科技大学宣传与公共关系部	理论武装与思想引领工作，精神文明和大学文化建设工作，新闻宣传与舆论引导工作，对外宣传和影响力建设工作
天津大学党委宣传部	主要工作职责是组织好全校的中英文新闻宣传、思想教育、文化建设与传播工作
北京理工大学党委宣传部（新闻中心）	学校党委开展宣传思想文化工作的综合协调部门，是全校“大思政”“大育人”“大宣传”和“大文化”工作牵头单位，负责拟定学校思想引领、新闻宣传、文化建设等方面工作的重要部署、重要安排、重要举措和总体规划
华中科技大学党委宣传部	统筹意识形态、政治理论学习、精神文明建设、校园文化、新闻宣传舆论引导等工作
北京航空航天大学党委宣传部、新闻中心	学校党委主管宣传思想文化工作的职能部门。主要负责学校思想理论建设、对内对外新闻宣传、大学文化传承创新以及各类宣传阵地的管理等
华南理工大学党委宣传部（新闻中心）	学校宣传思想文化工作、意识形态工作的主责部门
山东大学党委宣传部	主要负责统筹学校思想政治理论教育工作，校园文化建设管理工作，校内宣传媒体建设，校内出版物管理，策划、组织学校对外宣传报道工作，引导管理学校舆情，培育弘扬文明风尚
东南大学党委宣传部	负责全校宣传思想工作和新闻宣传工作的组织、管理工作。主要负责思想政治教育，校内外宣传、公共关系维护及学校形象塑造，校园文化建设，校园网络信息管理

续表

高校宣传部门	部门主要职责
华东师范大学党委宣传部	统领全校的宣传思想工作，发挥教育引导作用、舆论宣传作用和决策参谋作用。同时承担校精神文明办公室和新闻办公室的工作职能
四川大学党委宣传部（新闻中心）	主要承担学校思想政治教育、意识形态管理、对内对外宣传和大学文化建设等工作
中国地质大学党委宣传部（新闻中心）	全面贯彻和落实党的宣传路线、方针和政策，围绕学校中心工作组织协调全校宣传工作，负责开展思想政治、新闻舆论、文化建设等相关工作
中国人民大学党委宣传部	主要负责意识形态工作、思想政治理论学习和教育、校内外新闻宣传工作的组织实施、校园文化建设、校园网络信息管理等工作

注：以上信息均来源于2021QS世界大学排名靠前的中国大陆高校宣传部门官网。

2. 高校宣传部门在大宣传格局构建中的角色担当。在所调研的高校宣传部门中，有些已明确将形成大宣传格局作为其重要职责。这一方面凸显了高校宣传部门在构建大宣传格局中的主动性，另一方面充分宣示了自身在全校宣传思想工作中要进行牵头协调的角色定位。上海交通大学党委宣传部在主要职责中明确要“在工作机制上积极调动各级各类力量，形成大宣传格局”。① 北京理工大学党委宣传部写道：“是全校‘大思政’‘大育人’‘大宣传’和‘大文化’工作牵头单位，负责拟定学校思想引领、新闻宣传、文化建设等方面工作的重要部署、重要安排、重要举措和总体规划。”② 中国地质大学党委宣传部明确要“统筹指导学校宣传思想工作队伍建设，加强思想政治和新闻舆论能力建设，不断完善‘大宣传’‘大思政’工作格局”。③ 由此可见，构建大宣传格局并由高校宣传部门进行牵头协调，发挥高校宣传的宣传育人等，不但已经被高校宣传部门逐渐认同，而且已经被视为主要职责。

---

① 上海交通大学党委宣传部［EB/OL］.［2021－02－19］. https://www.sjtu.edu.cn/xcb/.

② 北京理工大学党委宣传部（新闻中心）［EB/OL］.［2021－02－19］. https://www.sjtu.edu.cn/xcb/.

③ 中国地质大学党委宣传部（新闻中心）［EB/OL］.［2021－02－19］. https://xcb.cug.edu.cn/index.htm.

笔者基于以上高校宣传部门在大宣传格局构建中承担的元治理者角色定位，结合高校宣传的新政策解读和新理念要求，以及高校宣传工作一线的实践经历，梳理出高校宣传部门在构建大宣传格局中的角色担当，包括统筹与规制、组织与倡导、沟通与协调、激励与监督等四方面（见图6－2）。

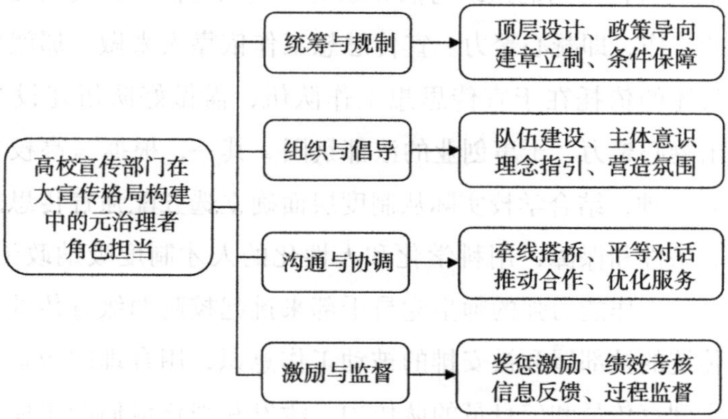

图6－2　高校宣传部门在大宣传格局构建中的角色担当

（1）高校宣传部门的统筹与规制职责。高校宣传部门要对标党的宣传思想工作五大使命任务，在学校党委和行政领导下，履行好学校宣传思想工作的顶层设计、政策导向、建章立制职责。其一，树立大宣传工作理念，抓好全校宣传思想工作的顶层设计，制定学校宣传思想工作五年规划，以及每年工作要点和计划，为全校宣传思想工作的中长期开展明确方向，开好一年一度的全校宣传思想工作会议，对当年的工作要点进行布置和解读，对上一年的工作成效进行总结表彰和反思整改。其二，做好政策导向工作，围绕最新的党和国家的路线方针政策，建立校院两级理论宣讲团、校院两级政治理论学习长效机制，以政策宣讲教育、政治理论学习方式紧抓学习宣传贯彻落实，营造氛围明确政策导向。其三，加强宣传工作改革创新须制度先行，要学习参考借鉴国内“双一流”高校的宣传思想工作制度体系，结合学校实际，科学制定和不断完善校院二级宣传思想工作制度体系，具体包括：意识形态阵地建设与管控、理论教育与政治学习管理、新闻宣传管理、媒体阵地建设与监管、队伍建设与管理、绩效考核与评估、应急处置与舆情管理、校园文化建设与管理、文明校园建设与管理、社会媒体联络与管理等十大系列制度，让宣传工作改革创新有章可循、有法可依。其四，从学校层面科学合理地统筹制定人、财、物等资源的分配机制，为校院两级宣传思想工作开展和职责履行提供物质基础和条件保障。

（2）高校宣传部门的组织与倡导职责。组织与倡导职责的履行，关键是做好人的工作，即凝心聚力。宣传思想工作依靠人来做，那就要充分尊重人性，具体的依托在于宣传思想工作队伍，需做好队伍建设与激励工作，营造出凝心聚力、干事创业的浓郁氛围。其一，根据《高校宣传队伍建设意见》精神，结合学校实际从制度层面确立选齐配强宣传思想工作队伍的指标、条件和保障，用科学化和人性化的人才制度吸纳政治意识强、党性修养高、工作能力强的师生党员干部来挑起校院两级宣传的大梁。其二，革新传统的被部署和被安排的被动工作意识，用合理的激励机制把师生员工充实到宣传员和信息员的队伍中，激发和强化他们的主体意识和责任意识，为繁荣校园文化和建设文明校园出谋划策、尽心尽力。其三，定期培训工作队伍。思想是行为的先导。要强化校院两级宣传队伍的政治学习，不断地以党的宣传思想和马克思主义中国化的理论成果来武装他们的头脑，引导他们为“育新人”而奋斗。其四，以社会主义核心价值观为引领建设文明校园，在校园文化中植入“四个意识”“四个自信”“两个维护”的内涵，促使更多师生员工主动加入到文明校园建设的行列中来，并以此涵育时代新人。

（3）高校宣传部门的沟通与协调职责。宣传部门要在多元宣传主体中履行牵头协调职责，发挥沟通和协调各方的效用。其一，发挥好牵线搭桥的功能。校内校外的多元主体和利益相关者，不但群体庞大，而且因时空差异而彼此陌生，难以实现有效的沟通。这就需要宣传部门充当中介和枢纽，通过形式多样的平台搭建、渠道联通、内容共享、信息传达等方式，从横向和纵向两个维度畅通信息、推进互动、形成合力。其二，引导多元主体平等对话，在交流与对话中推进形成宣传共同体。高校宣传部门在纵向上，可以促进各种信息的上传下达；在横向上，可以促进校内各单位与校外的社会媒体、学生家长、校友等之间的联通。其三，改革传统意义上的宣传部门独演模式，在作品采编和撰写等方面充分发挥多元主体的创造力，促进信息资源在宣传部门这个“中央厨房”发生聚合反应，以便创生出更多具有影响力的、充满校本特色和时代气息的、高品质的宣传作品，并通过放大传播面来提升高校的社会美誉度。例如，将校园媒体矩阵的好作品推介到社会媒体进行展播，挖掘和征集师生员工校友的好作品推送至校外参加各类大赛，给作品以更广阔的舞台、给声音更畅达的传播路径。其四，宣传部门需秉持服务的初心，来协助多元主体协调解决宣传中的问题和矛盾等，并以此来优化自身的职能。

（4）高校宣传部门的激励与监督职责。好的工作团队、好的工作氛围需要激励和监督，宣传部门应履行奖惩激励、绩效考核、信息反馈、过程监督职责，具体包括：其一，做好一年一度的全校宣传思想工作的奖惩激励工作，根据正激励与负激励相结合、物质激励与精神激励相结合、公平公正公开的原则，用激励政策来奖勤罚懒、评优惩劣，为主动作为愿意干事的人提供平台与机会，打通绩效考核与奖惩激励无缝对接的畅通路径。其二，结合学校工作实际，制定出相对完善科学的宣传思想工作评估机制，量化评价为主，质性评价为辅，细化指标体系，包括强制性指标（规定动作，不达标则减分）和倡导性指标（自愿履行，积极完成则加分），让考核评估作为奖惩激励工作的切实依据，有据可依，有源可溯。其三，建立并畅通信息反馈的线上线下常规渠道和应急渠道，设置信息爆料热线、微信后台回复、线上意见邮箱、线下意见箱、线下专题工作联席会，为多元宣传主体提供便捷的信息反馈常规渠道，并结合突发事件、重大事件等应急情况，不定期召开紧急信息反馈会，集体研讨和处理应急或特殊事项，防范信息舆论的“蝴蝶效应”和“破窗效应”，合力抢占危机处理、舆情引导、信息反应的“黄金时段”，共同维护高校和谐稳定的大局。其四，借助现代信息技术、信息反馈渠道，全覆盖的宣传员、通讯员和信息员队伍，层层履责的党政干部队伍，做好日常工作的过程监督，以及应急突发情况的风险预警防范和舆情监控，在发现潜在问题和潜隐苗头时进行针对性干预处置。

（二）新时代高校宣传工作的机制建设镜鉴

高校要实现以宣传部为主导的全员化大宣传机制建构，首先要准确理解“机制”的内涵。《辞海》（第七版）对“机制”的解释为：“用机器制造的。如：机制纸。指有机体的构造、功能和相互关系。如：生理机制。指一个工作系统的组织或部分之间相互作用的过程和方式。如：竞争机制；市场机制。”《汉语词典》对“机制”的解释为：“本指机器的构造与运作原理。后泛指社会或自然现象的内在组织和运行的变化规律。”把机制的本义引申到不同的领域，就产生了不同的机制。本书将机制引申到高校宣传领域，就产生了高校宣传机制，特指高校宣传思想工作系统的组织或部分之间相互作用的过程和方式，从“系统的组织或部分，即宣传思想工作机构”和“系统的组织或部分之间相互作用方式，即宣传思想工作制度”两个维度来进行机制构建。

除了高校宣传工作创新中格局创新的现实需要，党和国家也对大宣传工作机制作出了明确部署。其中，《高校宣传思想工作意见》就明确提出要建立校党委统一领导、党政工团齐抓共管、宣传部牵头协调、校内各单位共同参与的工作机制。围绕这一政策部署，高校党委结合学校实际，从学校和党委宣传部内部两个层面进行了或多或少、或大或小的机构设置调整，从中涌现出了一批值得学习借鉴的大宣传机制建设典范。本书检索整理了2021QS世界大学排名靠前的中国大陆高校（21所）的宣传部门官网公开的宣传工作机构设置情况（见表6-2），可为高校大宣传机制建设提供现实依据和实践逻辑。

表6-2　　高校宣传工作机构设置一览

学校宣传部门	宣传部内设机构	学校层面共治机构
清华大学党委宣传部、新闻中心（合署办公）	综合办公室、理论教育办公室、媒体关系办公室、新闻总编室、采编中心、视频中心、新媒体中心、网络文化办公室、全球传播办公室（挂牌）	宣传工作领导小组、精神文明建设委员会、全球传播工作领导小组、法制宣传工作领导小组

续表

学校宣传部门	宣传部内设机构	学校层面共治机构
北京大学党委宣传部（融媒体中心）	综合办公室、理论办公室、宣传办公室、校风与文化建设办公室、思想政治办公室；融媒体中心内设总编办公室、采编办公室、音视频办公室、海外传播办公室、舆情工作办公室	
上海交通大学党委宣传部、新闻中心（合署办公）	综合办公室、理论宣传教育办公室、文明办、网宣办、校报编辑部、影视文化中心，挂靠了网络宣传与管理领导小组办公室	网络宣传与管理领导小组
中国科学技术大学党委宣传部、新闻中心（合署办公）	理论科、新闻科、综宣科、全媒体中心、校报编辑部，挂靠了党建与思想政治工作研究会秘书处、精神文明建设领导小组办公室	党建与思想政治工作研究会、精神文明建设领导小组
武汉大学党委宣传部、新闻中心（合署办公）	部办公室、理论工作办公室、思想政治工作办公室（精神文明建设指导委员会办公室）、新闻办公室、网络信息管理与新媒体建设办公室、校报社、广播电视台，挂靠了学校思想政治理论课建设领导小组办公室、学校思想政治理论课建设领导小组办公室	精神文明建设指导委员会、学校思想政治理论课建设领导小组
中山大学党委宣传部	综合管理科、意识形态工作办公室、理论政策宣教工作室、宣传策划与新闻工作室、校园文化建设办公室、互联网信息办公室	
西安交通大学党委宣传部	综合事务办公室、校园文化建设办公室、文明校园创建工作办公室、新闻中心、新媒体中心、电视广播中心，挂靠了宣传思想暨意识形态工作领导小组办公室、文明校园创建工作领导小组办公室、思想政治教育研究会秘书处	宣传思想暨意识形态工作领导小组、文明校园创建工作领导小组、思想政治教育研究会
南方科技大学宣传与公共关系部	国际宣传中心、新闻中心、公共关系与新媒体中心、理论文化与标识中心、网站建设办公室、视觉中心	
天津大学党委宣传部	思想理论科、对外宣传科、校报编辑部、广电制播中心、网络文化建设与管理科、国际宣传科	
北京理工大学党委宣传部（新闻中心）	思想理论室、新闻宣传室、文化建设办公室、电视台	

续表

学校宣传部门	宣传部内设机构	学校层面共治机构
华中科技大学党委宣传部（新闻中心）	部办公室、理论办公室、校园文化建设办公室、网络管理办公室、音像新闻部（含校电视台、广播台）、校报编辑部、对外宣传办公室，挂靠了校园文化建设委员会、精神文明建设委员、新闻宣传工作领导小组、马克思主义研究中心的办公室	校园文化建设委员会、精神文明建设委员会、新闻宣传工作领导小组、马克思主义研究中心
华中科技大学党委宣传部	办公室、理论中心、外宣、校报编辑部、新闻中心、电台、网络、关工委	
北京航空航天大学党委宣传部、新闻中心	思想理论建设办公室、新媒体事业部、视频中心、文化建设办公室	
华南理工大学党委宣传部（新闻中心）	思想政治教育科、网络与信息管理科、校报编辑部、新闻科、文明校园建设科	
山东大学党委宣传部、校园文化建设工作办公室（合署办公）	理论文化科、宣传科、网络管理科、新闻中心总编室、山东大学报社，挂靠党委教师工作部	
吉林大学党委宣传部	新闻中心、大学文化建设办公室、电视台、互联网信息办公室、校报编辑部	
东南大学党委宣传部	部办公室、网络信息管理办公室、校报编辑部、电视台、广播台	
华东师范大学党委宣传部、精神文明办公室、新闻办公室（合署办公）	部办公室、校报编辑部、有线电视台、广播台、影视文化中心、影视制作中心	
四川大学党委宣传部（新闻中心）	综合科、思想理论教育科、宣传科、网络与校园文化建设科、教育电视台	
中国地质大学党委宣传部（新闻中心）	综合办公室、思想理论教育办公室、文化建设办公室、对外宣传办公室、采编办公室、新媒体办公室、音视频办公室、舆情工作办公室	

续表

学校宣传部门	宣传部内设机构	学校层面共治机构
中国人民大学党委宣传部	部办公室、新闻宣传科、理论教育科、校报编辑部、网络宣传与管理科	

注：以上信息均来源于2021QS世界大学排名靠前的中国大陆高校宣传部门官网。

1. 高校宣传工作的机构设置镜鉴。从以上高校宣传思想工作机构设置情况分析可知：

其一，这21所“双一流”高校普遍设立了党委宣传部和新闻中心（或称融媒体中心、全媒体中心、新闻办公室），在学校党委领导下牵头协调全校宣传工作的全面开展。仅有南方科技大学的宣传部门名称比较特别，称“宣传与公共关系部”，一定程度上借鉴了欧美国家高校普遍将其新闻宣传部门命名为公共事务部或公共事务办公室、对外事务交流办公室等。

其二，少数从学校层面跨部门成立了宣传工作领导小组，来领导全校宣传工作，如清华大学、华中科技大学成立了由校党委统一领导的宣传工作领导小组，上海交通大学成立了网络宣传与管理领导小组，西安交通大学成立了宣传思想暨意识形态工作领导小组。

其三，新闻中心（或称融媒体中心、全媒体中心、新闻办公室）普遍作为校级行政部门与党委宣传部合署办公，如北京大学设立了融媒体中心、哈尔滨工业大学设立了全媒体中心。少数高校将新闻中心作为党委宣传部下设的科室，专门负责新闻宣传工作，如，西安交通大学党委宣传部、南方科技大学宣传与公共关系部、华中科技大学党委宣传部，吉林大学党委宣传部下设了新闻中心，中山大学党委宣传部下设了宣传策划与新闻工作室，山东大学党委宣传部下设了新闻中心总编室，中国人民大学党委宣传部下设了新闻宣传科。

其四，宣传部门的内设机构基本按照功能划分科室，普遍涵盖了综合、理论教育、意识形态、新闻宣传、校报编辑、有线电视台、广播台、新媒体/全媒体、文明建设、校园文化建设、音视频/视觉标识制作等功能。这一方面体现了宣传部门的综合职能；另一方面体现了新闻宣传与时俱进，由传统媒体走向全媒体、融媒体、新媒体的特性。

其五，21 所高校中有 16 所占比 76% 的高校宣传部门下设了网络宣传与信息管理、舆情方面的科室，专门负责网站建设与管理、网络文化建设、网络舆情监控，有效解决了宣传工作中的网络技术支撑难题，如清华大学、北京大学、上海交通大学、武汉大学、中山大学、南方科技大学、天津大学、华中科技大学、华中科技大学、华南理工大学、山东大学、吉林大学、东南大学、中国地质大学、四川大学、中国人民大学等。其中，北京大学和中国地质大学的宣传部门专门设立了舆情工作办公室。其他陷入网络舆情监测和网络文化建设与管理技术困境的高校宣传部门，可以借鉴这一做法。

其六，21 所高校中有 5 所占比 24% 的高校为扩大国际影响力，专门成立海外宣传机构，通过原创本学校的对外传播内容，向全球传播中国高校的声音、树立中国高校的形象，不仅提升了自身学校的全球影响力，还有效提升了中国高校的群体形象和国家文化软实力。例如，清华大学成立了全球传播办公室，挂靠党委宣传部，承担全球传播工作领导小组办事机构具体职责，负责调查和指导，协调全校面向海外的信息传播、形象展示等宣传工作。① 北京大学于 2019 年 4 月成立了海外传播办公室（隶属于党委宣传部），作为学校对外传播窗口，主要负责北大英文信息生产与传播、北大品牌形象建设与管理、国际新媒体运营与维护、对外关系渠道联络与拓展，运营管理着英文新闻网、品牌视频网站，以及 Facebook、Twitter、Instagram、LinkedIn、YouTube、英文微信六大官方国际新媒体矩阵。② 南方科技大学宣传与公共关系部下设了国际宣传中心；天津大学党委宣传部下设了国际宣传科；中国地质大学党委宣传部下设了对外宣传办公室等。这值得想对外拓展国际影响力、外塑形象的高校加以学习和借鉴。

综上可知，高校宣传思想工作机制建设各具校本特色，基本上处于守

---

① 清华大学党委宣传部、新闻中心［EB/OL］.［2021－02－23］. https://www.tsinghua.edu.cn/xcb/index.htm.

② 北京大学党委宣传部（新闻中心）［EB/OL］.［2021－02－23］. https://xcb.pku.edu.cn/.

正创新的稳态。机构设置方面普遍融入了大宣传、大格局、全媒体、媒体融合的工作理念。综合来讲，“双一流”高校的宣传工作机构设置相对来说更为健全、与时俱进，体现了宣传服务的综合性和格局意识。其中，示范性强的首属清华大学和北京大学。清华大学在校级层面上，一方面建立了精神文明建设委员会、宣传工作领导小组、全球传播工作领导小组、法制宣传工作领导小组，由宣传部承担其办事机构相关职责，充分体现了跨部门形成合力、同推进全校宣传思想工作的大宣传工作理念和大格局意识。另一方面设立了党委宣传部为学校党委职能部门，新闻中心为学校行政职能部门，实行合署办公，同时对外加挂清华大学全球传播办公室牌子。党委宣传部、新闻中心归口管理全校意识形态工作、新闻舆论工作、网络文化工作，牵头协调全校思想政治工作和精神文明建设工作。在宣传部门内部，则设置了综合办公室、理论教育办公室、媒体关系办公室、新闻总编室、采编中心、视频中心、新媒体中心、网络文化办公室共八个内设机构。每个机构均有明晰的职责规定，互为犄角、相辅相成。此外，还创新性地设有网络文化办公室，专门负责网络意识形态工作、网络传播平台和网络文化阵地建设与管理、新媒体认证审批备案检查监督和问题事件处置、网络文化人才队伍建设与管理、网络安全宣传教育等工作。① 这一创新举措，从机制建设上弥补了宣传部门因缺乏网络技术人才而难以推进网络文化建设和舆情监测的短板。北京大学党委宣传部与融媒体中心合署办公。党委宣传部作为党委系统职能部门，内设综合办公室、理论办公室、宣传办公室、校风与文化建设办公室、思想政治办公室共五个机构；融媒体中心作为行政职能部门，内设总编办公室、采编办公室、音视频办公室、海外传播办公室、舆情工作办公室等五个机构。② 其宣传部门的内部机构设置，相对来说非常健全，体现了与时俱进的要求。其中，融媒体中心的建制创新了“中央厨房式”采编模式，较好地将媒体融合理念投射

---

① 清华大学党委宣传部、新闻中心［EB/OL］．［2021－02－23］．https：//www.tsinghua.edu.cn/xcb/index.htm.

② 北京大学党委宣传部（新闻中心）［EB/OL］．［2021－23］．https：//xcb.pku.edu.cn/.

其中。

故而，高校宣传思想工作机构的设置可以参考借鉴以上“双一流”高校的成熟建制。一方面，从学校层面建立党委统一领导的、宣传部门牵头协调的、负责全面推进全校宣传思想工作的机构，由党委书记任组长亲自领导，由分管宣传工作的校领导（一般为副书记）来任副组长，由校内各单位的党政负责人任小组成员，将具体办事机构的办公室或秘书处设在党委宣传部，由党委宣传部部长任办公室主任，办公室负责组织联席会议、宣传规划的制定、重大决策的实施、突发事件的应急处置等工作。该机构的名称建议可称宣传工作领导小组或宣传工作委员会等，体现高校宣传工作的大宣传理念。另一方面，从党委宣传部门的内设机构建制着手，与时俱进地打造多功能、全媒体型的宣传服务机构，作为党委职能部门的宣传部可内设综合办、理论教育办、文明建设办、信息网络办、对外宣传与媒体关系办等机构；作为行政职能部门的新闻中心或称融媒体中心、全媒体中心，可内设采编中心、视觉文化中心、新媒体中心等机构。如此一来，从学校层面到部门层面，形成扁平化的大宣传建制，推动宣传工作改革创新的共建共治共责，进一步落实守土有责、守土负责、守土尽责。

2. 高校宣传工作的制度建设镜鉴。“法治是治国理政的基本方式，是国家治理体系和治理能力的重要依托。”① “现代法治的核心要义是良法善治，‘良法’是国家治理体系现代化的重要依托。国家治理体系的现代化必然要求制度之间具有系统性、规范性和协调性，而‘良法’恰恰就是具备这些特性的良好制度。”② 这里强调的是宏观层面上的治国理政中“法治”的基础性和“良法”的重要性。放到高校宣传这一微观层面上来看，“法治”的意义就是制度规范，“良法”的深意即为臻于完善的制度体系。追求高校宣传工作创新上的“善治”，就必须依托宣传思想工作制度建设上的“良制”。本书从 15 所“双一流”高校公开的宣传思想工作制度着

---

① 人民日报评论员：在法治轨道上推进国家治理体系和治理能力现代化 [N]. 人民日报，2020－11－22（1）.

② 张冬梅. 推进国家治理体系和治理能力现代化 [N]. 广州日报，2020－11－24（2）.

手，分析并梳理当前高校宣传思想工作制度建设的现状（见表6-3）。在此基础上，结合前文所述的政策要求、先进理念和科学思想，尝试构建出切合新时代高校宣传工作的制度体系。

表6-3　　高校宣传工作制度建设情况一览

制度类型	宣传思想工作制度	公开高校
部门管理	新闻中心编辑室管理规定、电视台工作制度、校报编辑部工作制度、党委宣传部办公指南、党委宣传部“首问负责制”“限时办结制”“服务承诺制度”规范细则、党委宣传部工作作风建设实施细则、影像设备管理规定、新闻中心照片与音像资料管理规定、新闻中心影音资料查阅和复制规定	西安交通大学、华南理工大学、四川大学、中国人民大学、浙江大学、南方科技大学、华中科技大学、北京师范大学、厦门大学等
理论教育	加强和改进校院两级党委中心组学习的意见，干部及教职工理论学习实施办法	东南大学、中国地质大学等
新闻宣传	新闻宣传工作管理办法、对外宣传工作管理办法、对外信息发布规定、校园信息发布管理规定、新闻报道规范管理、校内新闻报道流程规定、邀请校外媒体来校采访流程规定、新闻投稿及管理规定、新闻网投稿指南、新闻网稿件上传办法与规范、境内媒体采访审批、校外媒体记者采访流程、媒体进校采访拍摄审批、新闻发言人制度实施办法、新闻宣传稿酬制度	浙江大学、中山大学、南方科技大学、北京理工大学、华中科技大学、厦门大学、北京航空航天大学、山东大学、华东师范大学、西北工业大学、中国科学技术大学、华南理工大学、东南大学等
阵地管理	校内报刊管理规定、自办内部资料性出版物审批、校园电子屏幕使用管理规定、宣传栏橱窗（报栏）管理规定、校园宣传载体管理办法及申请审批流程、文化场所使用管理办法及申请审批流程、固定设施设置审批服务流程、媒体资产校内单位调用管理流程、校园公共区域宣传品管理办法、校园影视拍摄规定、楼宇命名条例、有线电视管理办法、大学生社团管理规定	华中科技大学、厦门大学、华南理工大学、武汉大学、山东大学、四川大学、中国人民大学、上海交通大学、中山大学、浙江大学、东南大学、华东师范大学、中国地质大学、北京理工大学、东南大学等

续表

制度类型	宣传思想工作制度	公开高校
新媒体管理	校园新媒体建设与管理办法、各级单位新媒体公共账号备案登记年审规定、官方新媒体信息发布审批表、新媒体负面清单、新媒体平台自查、新媒体平台运营管理承诺书、直播活动报题单、直播服务管理办法	复旦大学、中国科学技术大学、上海交通大学、武汉大学、中山大学、西安交通大学、北京理工大学、华中科技大学、厦门大学、北京航空航天大学、山东大学、东南大学、华东师范大学、西北工业大学、北京师范大学等
网站管理	校园网信息安全管理条例，网站建设与管理规定，网站新建、变更（改版）、撤销登记，校园网交互式栏目审批，网站后台管理系统用户审批登记，网站后台管理系统账号使用者承诺书	上海交通大学、中山大学、华南理工大学、山东大学、东南大学、西北工业大学等
视觉标识系统管理	视觉形象识别系统（校徽、校名、PPT 模板等），视觉形象规范化标准	上海交通大学、南京大学、北京师范大学、山东大学、华东师范大学、西北工业大学等
保密审查	新闻宣传报道保密审查规定，校、院两级官方宣传资料保密审查备案制度	中国科学技术大学、北京理工大学、北京航空航天大学、西北工业大学等
团队管理	新闻宣传团队成员工作守则、二级单位宣传工作联系人登记、通讯员管理办法	浙江大学、上海交通大学、北京航空航天大学、华南理工大学等
会议审批	举办国际学术会议申报，形势报告会和哲学社会科学报告会、研讨会、讲座、论坛活动审批备案流程，加强形势报告会和哲学社会科学报告会、研讨会、讲座、论坛管理的办法	中国科学技术大学、武汉大学、中山大学、南方科技大学、北京理工大学、华中科技大学、厦门大学、山东大学、东南大学、华东师范大学、西北工业大学等

注：以上信息均来源于 2021QS 世界大学排名靠前的中国大陆高校宣传部门官网。

从以上 15 所“双一流”高校的宣传思想工作制度建设情况分析可知：

其一，目前的“双一流”高校基本上都建立了一套具有自身工作特色的宣传思想工作制度体系。制度的起草和实施主要由宣传部门牵头协调，相关制度公开在宣传部门网站上。这表明各高校对完善制度体系已达成共识。从15所高校公开可查询的宣传思想工作制度来看，上海交通大学、浙江大学、中国科学技术大学、厦门大学、山东大学、华东师范大学、中山大学的制度体系建设较为完善，非常值得学习借鉴。例如，上海交通大学宣传思想工作制度体系涵盖了校园宣传品管理办法，视觉形象识别系统（校徽、校名、PPT、名片模板等）管理办法，校园活动及悬挂横幅申请规定，微博微信审批表、负面清单、承诺书等，公共显示屏幕申请、宣传场地租用申请、中英文主页信息修改申请、二级单位宣传工作联系人登记备案、宣传品领用申请规定等，为各项宣传工作的具体流程都做了清晰的制度规定。① 浙江大学新闻宣传工作网公开了包括校园电子屏幕使用管理、照片音像资料管理、电视制作设备管理规定，以及新闻团队成员工作守则、新闻工作流程等制度，为学校宣传工作有序开展提供了坚实的制度保障。②

其二，从目前15所“双一流”高校公布的宣传思想工作制度看，主要以两种逻辑线路进行制度建设：一类是按照全校宣传思想工作职责进行分类建设，基本包括意识形态、理论教育、新闻宣传、网络监管、文明建设、国际传播、队伍建设七个方面；另一类是按照宣传阵地的建设与管理进行分类建设，基本涵盖校园全媒体阵地（传统媒体与新媒体平台建设、信息发布审查）管理、形势报告会和哲学社会科学类活动审批、校园文化与精神文明建设、视觉标识建设与管理、宣传部门内部管理、宣传队伍建设与管理六个方面。由于制度体系建设的牵头协调部门是宣传部门，为此，大部分高校宣传部门在进行制度建设规划时选择“修身、齐家、治国、平天下”的逻辑路径，先从抓好部门内部建设、宣传阵地建设和宣传队伍建设入手，再逐步完善搭建起全校宣传制度体系的逻辑思路，建设成效显著，为全校宣传工作的有序推进、学校教育教学改革发展大局的稳定提供了思想保证和舆论支持。

其三，各高校将意识形态阵地管理放到了极为重要的位置，主要体现

---

① 上海交通大学党委宣传部［EB/OL］.［2021-02-23］. https://www.sjtu.edu.cn/xcb/.

② 浙江大学新闻宣传工作网［EB/OL］.［2021-02-23］. http://www.news.zju.edu.cn/office/.

在对形势报告会和哲学社会科学报告会、研讨会、讲座等活动的审批备案，以及新闻宣传报道和官方宣传资料的保密审查等制度建设方面。如，中国科学技术大学党委宣传部对于形势报告会和哲学社会科学报告会、研讨会、讲座等活动的审批备案规定十分细致，根据不同内容、性质，实行分级分类审批，“谁主办、谁负责；谁审批、谁监督”，在审查审批过程中，主办单位和审批部门要加强管理，各司其职，严格程序，严格把关。审批流程一般分类型、层层审批，一般流程如下：

第一层，由活动举办单位审批。各单位举办此类活动须经所在分党委、未隶属分党委的党总支和直属党支部负责人审查同意后，报相关部门审批。

第二层，报学校相关部门分五类审批。第一类：形势报告会和哲学社会科学报告会、研讨会、讲座等活动，由党委宣传部等部门审批；第二类：其中纳入教学管理范围内的相关报告会、研讨会、讲座等活动，分别由教务处、研究生院审批，并报党委宣传部备案；第三类：纳入科研管理范围内的相关报告会、研讨会、讲座等活动，由科研部审批，并报党委宣传部备案；第四类：学工、团学系统举行的相关报告会、研讨会、讲座等活动由党委学工部审批，并报党委宣传部备案；第五类：邀请国外、境外人员参加有关学术会议或担任哲学社会科学报告会、研讨会、讲座报告人，由国际交流与合作部会同党委宣传部审核，并报请上级部门审批。

第三层，分管校领导审批。上述活动中级别较高、影响重大的活动，在有关部门审查后，报请相关分管校领导审批。

此外，中国科学技术大学对于宣传报道包括新闻报道（网站、微信与微博公众号等）、展品（实物、模型、展板、宣传画册、音像等）、接受采访、其他类型等，以及对外新闻信息发布，包括新闻通稿、网络直播、新闻发布会（线下会议、网络会议、电话会议）、境内媒体采访等校内外信息发布工作的保密审查审批工作也做得十分周全、细致，须信息发布的责任人、申请人、媒体采访对象等承诺“本人已对宣传报道/展品/采访等内容进行了严格自查，确保其不涉及国家秘密、工作秘密和内部敏感信息，不违反相关法律法规和学校有关规定”后，进行层层审批，确保内容合法不涉密再发布。① 复旦大学党委宣传部公开了各级单位新媒体公共账号备案表、信息发布管理规定、保密工作管理规定等制度。② 这些案例都充分体现了各高校宣传部门十分重视对宣传工作涉及的信息发布保密性和合法性的制度规范，依法依规强化信息发布各环节的保密意识和法治意识。

其四，各“双一流”高校普遍重视新媒体管理制度建设。侧面反映了传统媒体的相对式微、新媒体的快速崛起趋势。这切合了全媒体时代下媒体融合发展的新趋势。如，上海交通大学党委宣传部在加强新媒体建设与管理方面走在了高校的前列，建立了《关于加强微博、微信管理及备案的若干规定》《微博、微信备案登记审批表》《新媒体负面清单》《新媒体承诺书》等系列制度，大大提高了新媒体管理服务的精准度。其中，《新媒体负面清单》附上了十项清单，包括：“历史问题、政治问题和意识形态问题；社会上的负面、敏感新闻和信息；宗教、民族和种族问题；任何形式的广告或商业推销（包括软广告）；与社会主义核心价值观相背离的内容或信息；舆情事件及其评论；涉密、涉情报类内容或信息；学校明确或建议不报道的新闻或信息；容易产生争议的话题或信息；与发布主体不适格的内容或信息。”此外，针对学校各单位或以学校民主党派、共青团、学生会、社团等群众组织名义注册的微博、微信等新媒体，拟定了《新媒体承诺书》，包括五项内容：“其一，依照国家相关文件要求发布内容，运营本单位微博、微信等新媒体；其二，发布内容坚持四项基本原则，坚持正确的舆论导向，符合党和国家的教育方针，践行社会主义核心价值观，服务本单位改革发展和形象塑造，传递社会正能量；其三，明确直接责任人，全面负责微博、微信等新媒体的内容建设及信息管理，建立健全信息内容审核制度，对微博、微信等新媒体信息内容的制作、复制、发布、传播进行监管；其四，微博、微信等新媒体的建设与运营均为公益行为，不以任何名义拉赞助或搞有偿经营性活动，不与任何经营性单位进行各种形式的合作；其

---

① 中国科学技术大学党委宣传部［EB/OL］．［2021－02－23］．http：//xcb.ustc.edu.cn/index.htm.

② 北京大学党委宣传部（新闻中心）［EB/OL］．［2021－02－23］．https：//news.fudan.edu.cn/main.htm.

五，除经学校有关部门批准，不开通涉及财务管理和支付相关的功能和服务，一经发现，坚决取缔。”① 值得一提的是，对于校园重大活动的直播管理也引起了部分高校的重视，北京师范大学、华东师范大学分别制定了直播活动报题单和直播服务管理办法来加强直播潜在的风险管理。

其五，高校宣传思想工作制度建设须依循国家层面出台的相关制度，新增或对原本的制度条款进行修订，一方面确保国家层面相关制度得以贯彻落实，另一方面避免与上位制度产生冲突。如，关于进一步加强和改进新形势下高校宣传思想工作的意见，关于加强和改进高校宣传思想工作队伍建设的意见，教育部、国家互联网信息办公室关于进一步加强高等学校网络建设和管理工作的意见，国家互联网信息办公室、工业和信息化部、公安部关于加强微博客管理工作的意见，互联网新闻信息服务管理规定，关于严防虚假新闻报道的若干规定，互联网视听节目服务管理规定，中华人民共和国政府信息公开条例，高等学校信息公开办法等。

综上分析，高校宣传思想工作制度体系的建设与完善，主要依托宣传部门来完成和推动；制度建设框架主要聚焦于宣传阵地管理和部门内部管理方面，基本上具有相通性和互鉴性，换言之，“双一流”高校宣传部门的宣传思想工作制度体系相对来说较为完善，其他高校可以加以学习借鉴；各高校对于意识形态、理论教育、队伍建设方面的制度建设仍需进一步完善与加强。目前，尚没有查询到与高校大宣传格局构建主题高度相关的具体制度，虽然在制度框架中各类具体制度或多或少地体现了这一理念，但制度设计和制度指导实践方面还存在短板，亟须高校宣传部门结合工作实际，从大宣传格局构建的总体制度与机构设置、平台搭建、队伍建设的子制度两个层面来系统规划并加以落实。

故而，在高校宣传思想工作制度体系的建设与完善方面，各高校宣传部门可以参考借鉴以上“双一流”高校宣传部门的成熟建制。本书在调研的基础上给予以下完善建议：建议围绕宣传思想工作职责职能进行分类分

---

① 上海交通大学党委宣传部［EB/OL］．［2021－02－23］．https：//www. sjtu. edu. cn/xcb/.

级分层、从内到外逐步完善，具体可涵盖如表 6－4 所示。

表 6－4　　高校宣传思想工作制度体系建设清单建议

一级分类	二级制度分类	子级清单
意识形态	意识形态工作制	意识形态责任制，意识形态阵地管理，意识形态风险管理，应急处置办法等
	保密/涉敏信息审查	新闻宣传审查，宣传资料审查规定等
	哲学社会科学类活动审批	举办国际学术会议申报，形势报告会和哲学社会科学报告会、研讨会、讲座、论坛活动审批备案流程，加强形势报告会和哲学社会科学报告会、研讨会、讲座、论坛管理的办法等
	学生社团活动管理	大学生社团管理，社团活动审批规定等
理论教育	理论学习宣讲组织	校、院两级中心组学习，教职工政治学习制度等
	马克思主义理论研究	思想政治理论，宣传思想工作研究制度等
新闻宣传	校园媒体建设与管理	新闻宣传工作管理办法，对外宣传工作管理办法，对外信息发布规定，校园信息发布管理规定，新闻报道规范管理，校内新闻报道流程规定，邀请校外媒体来校采访流程规定，新闻投稿及管理规定，新闻网投稿指南，新闻网稿件上传办法与规范，境内媒体采访审批，校外媒体记者采访流程，媒体进校采访拍摄审批，新闻发言人制度实施办法、新闻宣传稿酬制度，校园新媒体建设与管理办法，各级单位新媒体公共账号备案登记年审规定，官方新媒体信息发布审批表，新媒体负面清单，新媒体平台自查，新媒体平台运营管理承诺书，直播活动报题单，直播服务管理办法等
	新闻宣传阵地管理	校内报刊管理规定，自办内部资料性出版物审批，校园电子屏幕使用管理规定，宣传栏橱窗（报栏）管理规定，校园宣传载体管理办法及申请审批流程，文化场所使用管理办法及申请审批流程，固定设施设置审批服务流程，媒体资产校内单位调用管理流程，校园公共区域宣传品管理办法，校园影视拍摄规定，楼宇命名条例，有线电视管理办法，影像设备管理规定，新闻中心照片、音像资料管理规定，新闻中心影音资料查阅和复制规定等
	对外媒体联络	媒体合作，媒体采访，媒体关系等

续表

一级分类	二级制度分类	子级清单
网络监管	网站建设与管理	网站建设与管理规定，网站新建、变更（改版）、撤销登记，校园网交互式栏目审批，网站后台管理系统用户审批，网站后台管理系统账号使用者承诺书等
	网络信息安全	校园网信息安全管理条例，网络舆情监测等
文明建设	精神文明建设	文明校园建设，社会主义核心价值观宣传等
	校园文化建设	校园文化品牌建设，学校视觉标识管理等
国际传播	新闻宣传	英文信息生产与传播，国际品牌形象建设与管理，国际媒体运营与维护等
	公共事务	对外关系渠道联络与拓展，国际公关等
队伍建设	队伍建设	评论员、通讯员、学生记者队伍建设与管理办法，二级单位宣传工作联系人登记等
	队伍激励	考核、评优、表彰、激励制度等
	作风建设	宣传工作作风建设实施细则，宣传人员工作守则等

（三）发挥大宣传机制优势抢抓重大节点“育新人”

“育新人”目标任务是高校扁平化大宣传机制的灵魂所在，更是新时代高校宣传的重要职责。高校建设正处在“两个一百年”奋斗目标的历史交汇期，所构建的大宣传机制，也迎来了党和国家的诸多重大战略、历史事件和重大考验。如，2018 年的纪念马克思 200 周年诞辰、庆祝改革开放 40 周年等；2019 年的新中国成立 70 周年大庆、纪念五四运动 100 周年、“不忘初心、牢记使命”主题教育等；2020 年的脱贫攻坚战、深圳经济特区建立 40 周年等；2021 年的建党 100 周年庆祝、“十四五”开局，等等。正所谓“挑战即机遇，机遇即考验”。高校宣传理应抢抓时机“于危机中育先机、于变局中开新局”，出色地完成“育新人”使命。现实中，我们看到，有不少高校宣传部门高举旗帜、提高站位，交出了优秀的育人答卷；但也有一些高校宣传部门缺乏大局意识、不主动作为，错失良机。为此，高校宣传部门应经常性反思总结，在时代洪流中保持绝对清醒，增强“四个意识”、坚定“四个自信”、做到“两个维护”，坚定政治立场，明确使命任务，主动担当作为，勇于担当作为。

二、以新闻网为轴心的立体化全媒体矩阵

在全民迈入全媒体时代的今天，我们早已习惯了媒体折射而来的“现实”与“真相”。换言之，我们已然被带入了一个经媒体过滤、加工、折射的“后真相时代”。“后真相时代”下的校园媒体，由挑战激发出转型的动力，以人文品质为基、以真实权威为本，凭借信息的权威性、真实性、正确性、人文性屹立于众生喧哗、泥沙俱下的新媒体之林不倒，反而吸纳更多“忠粉”。校园媒体常年如一日坚持将真实权威、有深度、高品质的信息“推送”到师生员工手上，为其排除和阻断信息汪洋中的有害信息、无用信息和谣言信息。这就是校园媒体屹立于纷繁复杂喧嚣的社会媒体、商业媒体不倒的法宝所在，是其立身之本。《楚辞·九章·抽思》有言：“善不由外来兮，名不可以虚作。”时下的校园媒体业已成为高校外塑形象、内聚力量、维护声誉、提升影响的重要阵地和主要载体，已是不可替代、不可或缺。其本身就是一种形象性、文化性、思想性、权威性、真实性存在，兼具思想引领、舆论引导、新闻传播、信息服务等多维功能。高校新闻网是一所大学的门户网站，是新闻宣传的重要载体、网络思想文化教育的核心阵地，具有贯通多元形式内容、容量大、时效性强、聚合性强、即时分享性强、后台监管安全性好、信息集中性强、资料存储及检索便捷性高等门户优势，是高校全媒体矩阵中新媒体和传统媒体平台一键联通、立体呈现的门户担当。高校新闻网因其功能优势自觉承担起了校园全媒体矩阵的聚合门户、便捷入口和轴心（见表6－5）。

表6－5　　中国高校依托新闻网建设全媒体矩阵情况一览

高校新闻网	全媒体矩阵构成情况	媒体特色（内容功能设计等）
清华大学新闻网	图文音视频融合，链通校报、官方微信、官方微博、广播台、视频中心（电视台）	视频空间主攻音视频，做到了视频新闻、微访谈、微影、专题、文化、历史、校园生活等全覆盖

续表

高校新闻网	全媒体矩阵构成情况	媒体特色（内容功能设计等）
北京大学新闻网	图文音视频融合，链通校报、英文网、视听空间（电视台）、广播台，官方微信公众号、官方微博等	德赛论坛栏目，发挥学者智力资源，营造健康向上网络舆论环境
浙江大学求是新闻网	图文音视频式媒体内容融合	模块化、可视化、新闻检索、新闻榜单帮助访客一键捕捉热点
复旦大学新闻	图文音视频融合，链通校报、视频新闻、图说复旦	新闻按时段（周、月、年）分类型排行，一键了解各类新闻热点
上海交通大学新闻学术网	图文音视频融合，链通校报、官方微信公众号、官方微博	院系频道栏目一键链接全校院系官网
中国科学技术大学新闻网	图文音视频融合，链通校报、官方微博、官方微信公众号、央视频号等	影像科大栏目展示视频和图片作品，关注度高
南京大学新闻网	图文音视频融合，链通新媒体、校报、影像等	嵌入“南雍号”栏目，链接展示了校内各级新媒体的最新资讯
武汉大学新闻网	图文音视频融合，嵌入校报、官方微博、视频、BBS 论坛、专题网站等	嵌入“珞珈山水”BBS 论坛栏目，连接展示论坛热点
同济大学新闻网	图文音视频融合，全方位展示官方微博、微信公众号、抖音号、快手号、B 站号、广播台、校园视频、专题网站等	嵌入“新闻投稿”入口，提供在线投稿路径；专题网站如主题教育、党的二十大精神、文明校园等
哈尔滨工业大学新闻网	图文音视频融合，嵌入校报、视频、热点专题等	热点专题紧跟时事，简洁明了
中山大学新闻网	图文音视频融合，嵌入校报、视听、视觉、电视、网论、专题等	人文底蕴深厚，网论精粹鼓励师生思辨，逸仙论坛传播学术精神
北京师范大学新闻网	图文音视频融合，分咨询、视觉、平台三大类，全面展现校园全媒矩阵成果	数字展厅富有时代特色，新媒体联盟展示全校各级各类微信号
西安交通大学新闻网	图文音视频融合，嵌入系部动态、图片、视频、人文、微信、微博、校报等	文明校园创建栏目，展示文明校园创建成果，人文底蕴深厚
南方科技大学新闻网	图文音视频融合，嵌入图片、视频、视觉等	视频与视觉栏目理工、科技味浓郁，宣传内容更为突出科技成果

续表

高校新闻网	全媒体矩阵构成情况	媒体特色（内容功能设计等）
南开大学新闻网	图文音视频融合，嵌入校报、广播、视频、微信、微博、抖音、学习强国号、央视频号、中国教育号、头条号等	二维码展示校园全媒体矩阵；南开故事栏目讲述办学历史、历史人物的故事，人文底蕴深厚；阅读新闻时，条栏式推介官方微博微信热文和全校新闻榜单
上海大学新闻网	图文音视频融合	栏目分类较笼统，没有细分栏目；网站的排版设计较为传统
天津大学新闻网	图文音视频融合，嵌入校报、校史博物馆、视频、图说、专题、学术前沿等	文化故事和校史博物馆展现深厚的办学历史底蕴
北京理工大学新闻网	图文音视频融合，嵌入校报、电视台、新媒体、校史馆、精神文化体系等	网微互动、传播评价展现了电脑网与新媒体链通、互动功能
华中科技大学新闻网	图文音视频融合，嵌入校报、电视台、专题·摄影·掠影、视频、BBS 论坛等	专题·摄影·掠影栏目直观、美观地展示校园风物
厦门大学新闻网	图文音视频融合，嵌入视听、科研进展、学术活动、专题专栏等	开通了在线新闻投稿渠道；网页适配度高，浏览交互设计优秀
北京科技大学新闻网	图文音视频融合，嵌入校报、广播、微信、微博、视频、图说等	开通了在线投稿、新闻榜单；原创地带聚合了师生的各类原创作品
北京航空航天大学新闻网	学校官方微信、微博等新媒体平台联合图文音视频式媒体内容融合	新闻网首页栏目分类、板块划分清晰明了
华南理工大学新闻网	图文音视频融合，嵌入校报、微信、微博、视频、图说等	新视点、记者眼栏目采用封面图+标题的形式展现，增强了可读性
山大视点	图文音视频融合，嵌入校报、广播、电视、新媒体、图文直播、视点调查、图志、视频，头条、日记、心灵驿站专栏	网站导航呈报纸化设计，导读性强；开通投稿、学术预告，新闻榜样，各单位每周投稿榜单功能
吉林大学新闻中心网站	图文音视频融合，宣传内容人文底蕴深厚	开设讲座预告、人物、学风建设、师德师风专栏，充分凸显学术性
东南大学新闻网	图文音视频融合，嵌入校报、微信、微博、电视、院系传真、科技动态等	校史钩沉、百年讲坛、至善论坛等栏目人文底蕴深厚
华东师范大学新闻中心	图文音视频融合，分资讯、视觉、平台三大模块来分类嵌入全媒体矩阵内容	在线投稿功能设计极为便捷、清晰

续表

高校新闻网	全媒体矩阵构成情况	媒体特色（内容功能设计等）
西北工业大学新闻网	图文音视频融合，嵌入校报、微信、微博、视频、视界网等	在线设置新闻热线，可投稿、联络，快捷方便
四川大学新闻网	图文音视频融合，嵌入校报、微信、微博、视频、光影等	百年史苑、百川讲坛、人物、锦水抒怀、文化展馆专栏人文底蕴深厚
中国地质大学新闻网	图文音视频融合，嵌入校报、影音、人物、专题等	海报标题式链接新闻，导读性强，视觉上直观美观大方
中国人民大学新闻网	图文音视频融合，嵌入校报、影像、人物、要闻、时讯、媒体、专题等	开通新闻榜单、在线投稿功能，人大之子栏目富有人文底蕴

注：以上信息均来源于2021QS世界大学排名靠前的中国大陆高校宣传部门官网。

本书对31所“双一流”高校的新闻网建设情况进行对比分析可知：

其一，目前的高校基本都建设了专门的新闻宣传门户网站，并依托新闻网，对内全息化聚合图文音视频互融的宣传内容；对外全方位展示校园全媒体矩阵中来自校报、电视台、广播台、新媒体、BBS论坛等不同平台的，以及不同风格、特色、侧重的宣传作品，一方面为访客呈现了媒体融合发展成效的崭新体验，另一方面体现了搭建全媒体矩阵的实践探索，有效实现了校园全媒体矩阵的内容聚合和平台聚合。如，南开大学在校新闻网嵌入了校报、广播、视频、微信、微博、抖音、学习强国号、央视频号、中国教育号、头条号等，实现多平台一键联通，全媒体内容一网展示；清华大学新闻网将图文音视频等多元形式的宣传作品一网呈现，对外进行立体宣传，内容丰富；北京大学新闻网在视听空间栏目设置光影、视频、音频子栏目，分别建立网页，分类别展示音、视、影等形式多样的全媒体作品。

其二，高校新闻网除追求新闻媒体普适的真实性、时效性、准确性外，还格外追求人文底蕴、深度、温度和学术性、教育性，形成了与社会媒体、商业媒体与众不同的高校宣传话语体系。如上海交通大学建立“新闻学术网”，浙江大学建立“求是新闻网”，其新闻网的名称立意上就格外注重新闻报道的学术性等。其中，上海交通大学的“新闻学术网”，内容建设上突出新闻性与学术性相结合，凸显高校宣传的学术导向和学术精神，并依托“探索发现”栏目，围绕“交大智慧、学术讲坛、学术日历”，对全校学术动态和标志成果进行全息报道。此外，还在“活力校园”栏目集中展示、同步宣传官方微信公众号的推文。在网站主页还开设了院系频道，可以一键链接到各个院系官网，提供了受众了解院系动态的官方便捷路径，有效排除了学校新闻网发布院系日常新闻的杂糅性、“去中心化”，使得学校要闻更为聚焦、简明清晰、主次分明。① 南方科技大学、华中科技大学、吉林大学、四川大学的新闻网，在宣传内容上都格外重视学术活动、科研成果、学科发展、科技前沿、人物、学术看板等专题专栏的精心打造。在人文底蕴沉淀、历史传承与弘扬方面，清华大学、南开大学、天津大学、中山大学、西安交通大学、东南大学、四川大学、中国人民大学的新闻网特色鲜明。

其三，新闻网充分运用网络媒体技术进行网站信息服务功能的多维拓展。为访客提供新闻信息检索、拓展阅读、热点推介、新闻排行、信息爆料、新闻线索采集、在线投稿等功能。如，浙江大学为做好新闻宣传信息服务工作，开通了“求是新闻网”和“新闻宣传工作网”两个网站，一个注重新闻聚合与信息发布；另一个注重新闻工作服务与管理，形成互补之势。其中，“求是新闻网”通过媒体技术集模块化、可视化、信息检索、新闻热点排行、新更热点推介等功能于一体，帮助访客快速捕捉热点、按需阅读，十足的UI创意拓展了网站的服务功能，彰显了网站的综合服务优势。②“新闻宣传工作网”秉持“记者在你身边，新闻因你而动”的工作理念，开通了“新闻线索报送”的专门渠道；开设了多渠道沟通的联系区，包括“我在网上”“给我留言”“业务联系电话”“传真”“业务联系地址”等渠道，并开通了“求是新闻网”“浙江大学报”、对外新闻、图片、视频、广播电视、新媒体工作人员的在线QQ联络通道，实现了一键

① 上海交通大学新闻学术网［EB/OL］.［2021-02-23］. https://news.sjtu.edu.cn/tsfx/index.html.

② 浙江大学求是新闻网［EB/OL］.［2021-02-23］. http://www.news.zju.edu.cn/main.htm.

互联、咨询、交流。将新闻宣传的服务触角延伸到了线上，实现了零距离沟通。这种以服务为宗旨的工作理念值得其他高校宣传部门学习借鉴。① 复旦大学新闻网根据新闻内容属性，将新闻按照“头条复旦、科研进展、医疗健康、校园生活、招生就业、校友动态、光华快讯、学术文化、党建动态、国际事务、复旦人物、相辉笔会”进行分类，再对每一类新闻按周、月、年度的阅读量进行热度排行，便于访客快速掌握学校动态要闻热点信息，同时将访客对新闻的阅读偏好和传播热度可视化、数据化，为新闻作品评估提供量化参考。② 中山大学新闻网依托信息与应用服务平台，为网站赋能，开通信息聚合、活动日历、资源预约、问答、报名、申请、投票、新闻网投稿等线上服务功能，用便捷服务增强网站使用黏性。③ 山东大学的“山大视点”网站采取不拘一格的新闻网名称，呈现其独特的视觉设计风格，网站的导航图片和整体版面呈报刊风格，导读性强、观感好，凸显其“视点”立意，还运用网络技术开通了在线投稿、学术预告、新闻周/月榜单，以及校内各单位每周向新闻网投稿和发文数榜单的功能④。传递出新闻网的“大宣传”理念，宣传内容来源于校内各单位，基本做到全覆盖、全周期、全员化。

其四，新闻网对宣传内容拥有聚合、存储、分类、检索、热点排行、后台修正的技术优势。尽管移动互联网技术的兴起对新闻网的流量造成了一定的冲击，但长期来看，新闻网独特的信息传播和存储优势依然不可取代。换言之，新媒体的即时分享性无法取代网站媒体的强大聚合存储优势。以新媒体界的翘楚——微信公众号为例，信息修改次数和字数、推文发布次数和条数、后台自主管理、功能开发等方面的局限性，一定程度上

---

① 浙江大学新闻宣传工作网［EB/OL］．［2021－02－23］．http：//www. news. zju. edu. cn/office/.

② 北京大学党委宣传部（新闻中心）［EB/OL］．［2021－02－23］．https：//news. fudan. edu. cn/main. htm.

③ 中山大学新闻网［EB/OL］．［2021－02－23］．http：//news2. sysu. edu. cn/index. htm.

④ 北京大学新闻网［EB/OL］．［2021－02－23］．http：//news. pku. edu. cn/wyyd/dslt/index. htm.

限制了宣传信息的类型、形式、质效等。新媒体与网站媒体等传统媒体的互补之势是明显的，可寻求他们在内容上的势差化发展，来构成高校宣传的掎角之势，也就是校园全媒体矩阵。

其五，新闻网以电视台或视频中心或影视中心为依托，开展视觉影像、视频新闻、校园有线直播等，值得进一步探索。高校电视台依托校园全覆盖式的有线端口，相当于第二个校园网，除播放视频新闻、新闻评论、微电影及影评、人物访谈、校园娱乐等专栏节目外，还可以进行重大活动的有线电视直播，可有效地将直播限定在校园区域内的师生群体中，提高了直播的针对性和安全性，规避了网络直播的潜在风险。如清华大学、北京大学和中国人民大学的党委宣传部就在有线电视直播上积累了丰富经验，值得学习借鉴。

其六，新闻网链通的声音媒体平台——高校广播台，是以声音节目为内容载体的校园媒体，适合播报纯声音类型的节目，包括文学、音乐、谈话等类型以及贴近师生喜爱的文化生活的节目。大多数高校已经放弃了广播台这一传统媒体平台，转向新媒体，但依然有少数高校对广播台的内容和功能等进行优化升级，将其打造成为声音媒体的“一枝独秀”。如，北京大学广播台设立了简讯、通讯、访谈类的新闻节目，音乐、文学等类型的文化节目。广播台通常依托包括音频类手机应用、校园公共广播系统、微信公众号等在内的播出渠道。当前，校园声音媒体也趋向人工智能化方向。①

其七，新闻网普遍嵌入了官方微信公众号和官方微博账号的二维码，以及热文内容。目前来看，高校“官微”成为后起之秀，在近几年的飞速发展中积蓄了稳定的粉丝群，业已成长为高校宣传思想文化的关键阵地。其即时分享性、移动互联性、一键订阅性、快速浏览性切合并满足了移动互联网时代背景下人们的快节奏生活和碎片化阅读需求。“官微”一般由官方微信公众号、官方微博合并简称而来，部分高校已将其打造为校园全媒体矩阵中关注度最高、影响力最强的新媒体品牌。官微素材以新媒体特

① 北京大学党委宣传部（新闻中心）［EB/OL］．［2021－02－23］．https：//xcb.pku.edu.cn/.

点的文字、图片、视频、音频、小程序和H5等为主。如，北大官微“开通五年来已成长为全国高校当中关注度最高、影响力最强的新媒体品牌之一”。已培育出多个品牌栏目：“北大发布”“大美北大”“定格”“读书”“燕归来”“教授书单”“北大的课”等，高质量的固定栏目在培养了大量忠实用户的同时，也将北大“知识高地、人文高地”的形象向社会广泛传播。截至2019年1月，北大官方微信粉丝数达90万人，官方微博粉丝数达77万人,① 其已构成强大的社会传播效应和世界影响力。

（一）新闻网：全媒体矩阵的聚合门户

综上分析可知，全覆盖式标配的高校新闻网因其有别于其他媒体的独特优势，自觉承担起了校园全媒体矩阵的聚合门户。各高校宣传部门也都朝着媒体融合发展、以新闻网为轴心构建校园全媒体矩阵方向或转型或升级，对内对外多维拓展信息宣传服务功能。如，北京大学党委宣传部（融媒体中心）将“加强融媒体中心的工作，管理和协调校报、新闻网/英文网、电视台、广播台、图片编辑部、官方微博、官方微信等媒体”作为主要职责，着力建构特色鲜明、内容全面、优势互补的校园全媒体矩阵。② 清华大学党委宣传部、新闻中心在其主要职责中明确要负责“联系合作社会媒体，承担校级媒体平台和传播手段建设任务，指导管理各类校园媒体建设运营和全校新闻出版工作”“指导协调全校互联网宣传和信息内容、网络文化建设管理工作，统筹协调新媒体及各类具有媒体属性和舆论动员功能的网络传播平台建设与管理”。③ 北京师范大学党委宣传部（新闻中心）在部门主要职责中明确要负责“学校新媒体联盟建设工作”“学校主页中文网站、新闻网、校报、电视台、官方微信、微博等校内媒体平台的建设管理和运维工作”。④

---

① 北京大学党委宣传部（新闻中心）［EB/OL］.［2021-02-23］. https：//xcb.pku.edu.cn/.

② 北京大学党委宣传部（新闻中心）［EB/OL］.［2021-02-23］. https：//xcb.pku.edu.cn/.

③ 清华大学党委宣传部、新闻中心［EB/OL］.［2021-02-23］. https：//www.tsinghua.edu.cn/xcb/index.htm.

④ 北京师范大学党委宣传部（新闻中心）［EB/OL］.［2021-02-23］. https：//xcb.bnu.edu.cn/.

中山大学党委宣传部在部门主体责任中明确要负责“统筹校内宣传力量、实施宣传新闻策划、构建宣传新闻工作平台矩阵、做好校外媒体的公共关系应对和公共形象传播、加强舆论引导能力建设”“开展学校官方微博、微信等新媒体的运营，建立健全二级单位网络内容的审核、跟踪和监管制度，对二级单位主页、官方微博、微信公众号等网络平台进行审批和监管”。① 中国科学技术大学新闻网将官方微信、官方微博等新媒体分享平台和搜索引擎集中展示，体现校园全媒体矩阵优势，做到了媒体平台互联互通互融。②

（二）全媒体理念：全媒体矩阵的理论指导

从前文的调研情况看，高校存在多样化的媒体，包括宣传橱窗、校园报刊、校园广播、校园电视、校园网站等传统媒体，也包括以官微为代表的新兴媒体。当下，全媒体矩阵业已成为高校媒体融合发展的现实路径。习近平总书记全媒体理念为校园全媒体矩阵建设指明了方向，有效助推了高校大宣传格局构建从因然层面走向实然层面。高校的校园媒体要践行“上下互通、横向联合”的大宣传理念，彰显“全程、全息、全员、全效”的“四全”媒体特性，尝试构建起新旧媒体融合发展的校园全媒体矩阵（见图6－3）。

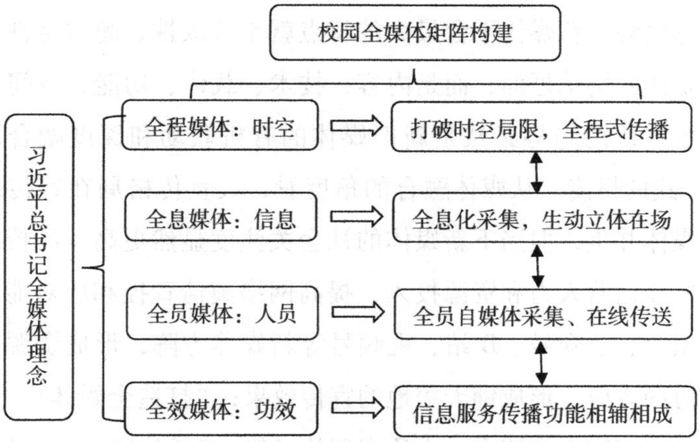

图6－3　习近平总书记全媒体理念引领下的高校大宣传格局构建

---

① 中山大学党委宣传部［EB/OL］．［2021－02－21］．http：//xcb. sysu. edu. cn/index. htm.

② 中国科学技术大学［EB/OL］．http：//news. ustc. edu. cn/，2021－02－21.

具体来讲，高校全媒体矩阵构建的“全”主要体现在四个维度：

其一，全程维度。充分运用移动互联网，打破时空界限，全程记录、追踪、传播事件和活动的发生发展过程。但优势与风险同在，需加强技术与内容监控。

其二，全息维度。信息采编形式多样化、全息化，文图音视频皆可成为媒体数据和第一手媒体素材，信息传播更为生动立体，即视感、在场感有效增强。

其三，全员维度。充分发挥师生员工的自媒体传播和移动通信技术优势，开通新闻网站 QQ 在线、电子邮箱在线、微信后台在线等信息传输渠道，方便用户随时随地投稿或提供线索、素材，人人皆为宣传员、信息员。

其四，全效维度。一方面是媒体对校园学习、生活、工作信息服务以及国际国内时政要闻服务的聚合；另一方面是媒体的信息服务功能的分工合作，来形成无人不用、无所不及的媒体效能。媒体的作用不仅是传播，更要提供服务，通过增强媒体使用的黏性，来进一步提升媒体的传播力和影响力。

新媒体作为后起之秀，已占据半壁江山，在媒体融合发展的新形势下更具有超越之势。新媒体平台最大的特点就是开放性、超时空性。新媒体不是传统媒体的简单延伸，而是内容、技术、载体、功能、空间上的优势升级。高校宣传的趋势必然是新旧媒体的有机联动和深度融合，而不是“拉郎配”式的拼凑。从媒体融合的角度看，大宣传格局在宣传形式上虽然是新旧媒体并重，但当下新媒体的社会关注度显然更高。高校宣传部门需增强新媒体运营人力和资源投入，提高网络舆情管控和应对能力；依托校园网、微博、公众号、B 站、视频号等新媒体方阵，形成资源共享、即时联动和协同效应，形成铺天盖地的宣传效果；“打造全媒体内容生产链，形成一个纵向内容生产体系，力争实现从‘第一时间采写’向‘第一时间发布、即时滚动播报’转变”。① 从“双一流”高校新媒体平台建设情况

---

① 陈松青，罗福．树立“大宣传”观有效引导校园舆论［J］．中国高等教育，2016（7）：52，5.

看，“两微一端”已成为各高校新媒体崛起的先行地和试验田。在习近平总书记全媒体理念的指导下，越发彰显出“四全”媒体特性，尤其是各高校的官方微信公众号，目前是高校宣传最重要也是最具有代表性的新媒体平台，对于扩大社会影响力、提升宣传成效作出了突出的贡献。

（三）高校官微抢抓重要节点全媒体宣传的案例分析

正所谓“见贤思齐，近朱者赤”。本书调研了10所“双一流”高校的官方微信公众号（以下简称“官微”），在“新中国70华诞”期间即2019年9—10月两个月推送的关于新中国成立70周年主题宣传推文情况，分析其在重要事件节点上“何以表现如此优秀?”的特色做法和原因所在，以求对各高校官方微信公众号建设提供借鉴参考。

1. 案例介绍。本书选择10所“双一流”高校官微在2019年9—10月推送的“新中国70华诞”专题热文作为分析样本。入选的46篇热文筛选标准有两个：其一，与主题高度相关；其二，根据各校官微自身不同的影响力分别选出阅读量在1万+的靠前列的热文（见表6－6）。

表6－6 “双一流”高校官微“新中国70华诞”专题热文列表

高校	官微推文标题	选题方向	阅读量（人次）
清华大学	明天，清华准备好了！	重要活动国庆清华方阵	10万+
	今天，清华人在天安门！	重要活动国庆清华方阵	10万+
	是热爱，是工作，更是责任 丨 大兴国际机场背后的清华力量	重大科技成果	8.0万
	清华人与国庆群众游行长长长长的回忆	清华与国庆的故事	6.0万
	向国旗敬礼！新学年清华大学升国旗仪式举行	开学升旗	5.5万
北京大学	刚刚，国家最高荣誉颁授！请为这六位北大人点赞转发！	中央爱国宣传活动	10万+
	好听！北大版《今天是你的生日》MV来了！	国庆献礼宣传片	10万+
	团结起来，振兴中华！	国庆活动、奋斗历史北大国庆合集	10万+
	刚刚，北大方阵走过天安门！	重要活动国庆北大方阵	10万+
	18张震撼大图！北大深情告白祖国	历史回顾	7.5万

续表

高校	官微推文标题	选题方向	阅读量（人次）
北京大学	主席令来了！6位北大人被授予“共和国勋章”和国家荣誉称号	中央爱国宣传活动	6.8万
	那些年，国庆大典上的北大身影	北大与国庆的故事	6.6万
	自豪！他们是国庆系列活动的373名北大志愿者	重要活动国庆北大方阵	6.2万
	最后一次集结！近3000名北大师生受到隆重嘉奖	重要活动 国庆北大方阵等	5.8万
	郝平校长在2019年北京大学本科生开学典礼上的讲话丨涵育家国情怀 投身伟大时代	开学典礼上的讲话	5.5万
复旦大学	今夜，3000名复旦人歌唱祖国的声音在正大体育馆里回荡！	爱国活动（主题歌会）	4.2万
	55535633，232655！祝祖国繁荣昌盛！复旦人唱起来！	国庆献礼宣传片	3.1万
	今天是你的生日，中国！复旦儿女这样为祖国母亲庆生！	国庆活动	2.3万
	热血超燃！致敬祖国的军训方阵，复旦走来啦！（震撼航拍）	爱国活动（结合军训）	2.1万
	新生第一课丨焦扬：复旦人的“C位”，是为祖国成才、为强国奋斗！	新生思政第一课	2.1万
上海交通大学	勤奋为学 爱国荣校——上海交大校长林忠钦在2019级新生开学典礼上的演讲	开学典礼校长讲话	9.2万
	刚刚，习近平总书记为他们颁奖！交大校友黄旭华、吴文俊被授予国家最高荣誉！	中央爱国宣传活动	5.9万
	55535633，大片来了！登上新闻联播，听交大人唱响爱国最强音！	国庆献礼宣传片	5.7万
浙江大学	浙大，又来了！55535633，232655！	国庆献礼宣传片	8.6万
	来了！8位浙大师生在天安门见证大阅兵！	浙大人见证大阅兵	7.4万
	看完就一个字：帅！	人物专访	5.6万
	震撼！开国大典上的10位浙大人！	浙大人与开国 典礼的故事	5.0万

续表

高校	官微推文标题	选题方向	阅读量（人次）
中国科学技术大学	超动听！科大人这样向祖国深情告白	国庆献礼宣传片	2.9万
	让自信成为科大人的最美风采——包信和校长在中国科大2019级本科生开学典礼上的讲话	开学典礼校长讲话	1.4万
	中国科大举行2019级本科生开学典礼	开学典礼	1.2万
	用歌声告白祖国 丨《我和我的祖国》提前点映燃爆中国科大	爱国活动（观影国庆片）	1.1万
	点赞！中国科大潘建伟教授荣获“最美奋斗者”称号	中央爱国宣传活动	1.0万
南京大学	开国大典 丨 12分钟彩色视频公布！	历史回顾	1.5万
	祖国万岁！南京大学举行2019级本科生军训成果汇报大会	军训汇演	1.2万
	爱我中华 丨 南京大学举行庆祝新中国成立70周年升旗仪式	爱国活动（升旗仪式）	1.1万
	献礼国庆 丨 南大人的快闪，每一秒都是对祖国的热爱	师生庆祝活动	1.0万
武汉大学	听！全球武大人超燃表白祖国！	国庆献礼宣传片	10万+
	刚刚，卓尔体育馆，升国旗奏国歌！	军运会	6.7万
	燃燃燃！传国旗、大合唱，武大学子用青春告白祖国！	爱国大型活动	6.0万
	2个半小时，50次掌声，7200名新生……今天这堂课，精彩！	开学第一课	5.8万
同济大学	定档！9月29日！同济人的史诗大片来了！	抗战中的同济大学历史回顾	4.1万
	聚焦！央视一天连续五次报道这位同济人，了不起！	爱国奋斗典型人物	2.7万
	感动同济！参加完阅兵的儿子回来了，爸爸却“爽约”了，只留下一段话！	阅兵战士感人故事	2.8万
哈尔滨工业大学	献礼新中国70华诞 丨 哈工大两项技术助力北京大兴国际机场建设	重大科技成果	2.5万
	至高荣誉！这位哈工大人被授予“共和国勋章”	中央爱国宣传活动	2.4万
	燃！这一分钟公益广告，让每个哈工大人热血沸腾！	中央爱国宣传活动	2.4万

注：以上信息均来源于2021QS世界大学排名前10位的中国大陆高校官方微信公众号。

2. 案例分析。

(1) 10所“双一流”高校官微“新中国70华诞”专题热文分析。经精准筛选后的46篇专题热文，内容主要涵盖了四种类型：其一，学校各单位组织师生校友等为庆祝新中国成立70周年举办的各类庆祝献礼爱国主义教育类活动。其二，重要领导发表关于庆祝新中国成立70周年的重要讲话。其三，庆祝新中国成立70周年的纪念文章。其四，国家重点表彰人物、群体、项目等的新闻报道。不少高校为在九十月内营造浓烈的爱国主义教育氛围，还普遍将九十月校园例行的活动与献礼祖国相结合，或将推文内容与爱国、奋斗、为人民服务的精神相结合，或发布能代表这类精神的突出人物事迹等。

清华大学官微在此期间，共发布68篇推文，与“新中国70华诞”专题相关的有28篇，占同期推文总量的41.2%（28/68）。其中，阅读量10万+推文2篇，占同期所有10万+推文总量的66.7%（2/3）；阅读量5万+推文有5篇，占同期所有5万+推文总量的38.5%（5/13）。

北京大学官微在此期间，共发布96篇推文，与“新中国70华诞”专题相关的有39篇，占同期推文总量的40.6%（39/96）。其中，阅读量10万+推文4篇，占同期所有10万+推文总量的57.1%（4/7）；阅读量5万+推文有10篇，占同期所有5万+推文总量的37.0%（10/27）。

复旦大学官微在此期间，共发布111篇推文，与“新中国70华诞”专题相关的有24篇，占同期推文总量的21.6%（24/111）。其中，阅读量2万+推文有5篇，占同期所有2万+推文总量的31.25%（5/16）。

上海交通大学官微在此期间，共发布61篇推文，与“新中国70华诞”专题相关的有13篇，占同期推文总量的21.3%（13/61）。其中，阅读量5万+推文有3篇，占同期所有5万+推文总量的50%（3/6）；阅读量2万+推文11篇，占同期所有2万+推文总量的30.6%（11/36）。

浙江大学官微在此期间，共发布64篇推文，与“新中国70华诞”专题相关的有17篇，占同期推文总量的26.6%（17/64）。其中，阅读量5万+推文有4篇，占同期所有5万+推文总量的18.2%（4/22）；

阅读量2万+推文9篇，占同期所有2万+推文总量的15.5%（9/58）。

中国科学技术大学官微在此期间，共发布58篇推文，与“新中国70华诞”专题相关的有12篇，占同期推文总量的20.7%（12/58）。其中，阅读量1万+推文有5篇，占同期所有1万+推文总量的55.6%（5/9）。

南京大学官微在此期间，共发布71篇推文，与“新中国70华诞”专题相关的有19篇，占同期推文总量的26.8%（19/71）。其中，阅读量1万+推文有4篇，占同期所有1万+推文总量的36.4%（4/11）。

武汉大学官微在此期间，共发布63篇推文，与“新中国70华诞”专题相关的有19篇，占同期推文总量的30.2%（19/63）。其中，阅读量10万+推文有4篇，占同期所有10万+推文总量的100%；阅读量5万+推文有4篇，占同期所有5万+推文总量的33.3%（4/12）；阅读量2万+推文有17篇，占同期所有2万+推文总量的38.6%（17/44）。

同济大学官微在此期间，共发布58篇推文，与“新中国70华诞”专题相关的有25篇，占同期推文总量的43.1%（25/58）。其中，阅读量2万+推文有3篇，占同期所有2万+推文总量的42.9%（3/7）。

哈尔滨工业大学官微在此期间，共发布54篇推文，与“新中国70华诞”专题相关的有26篇，占同期推文总量的48.1%（26/54）。其中，阅读量2万+推文有3篇，占同期所有2万+推文总量的75%（3/4）。

综上可知，这10所高校官微在2019年9—10月均紧跟“新中国70华诞”热点做了系列专题推文，且占这期间官微推文总量的榜首。可见各高校围绕党和国家的大事，紧跟时事热点，牢牢把握校园新媒体的正确舆论方向。其中，清华大学、北京大学、同济大学、哈尔滨工业大学官微“新中国70华诞”专题推文占同期推文总量的40%以上，阅读量1万+热文、阅读量10万+“爆文”的出产率高于同期推文总量。

此外，“新中国70华诞”专题“爆文”有7篇，4篇来自北京大学，2篇来自清华大学，1篇来自武汉大学，分别占同期“爆文”总量的66.7%、57.1%、100%。其中，有4篇是关于学校参与国庆游行方阵的，2 篇关于为祖国唱赞歌的，1 篇关于国家荣誉颁授的。这说明关于重大历史事件节点的专题推文更能引起师生员工校友乃至社会人士的强烈共鸣，更能生产出“爆文”，产生聚光灯效应。

概而言之，这期间各高校官微的推文不仅主题紧扣“新中国 70 华诞”这一重大历史事件节点，而且推文出品质量高、关注度高，极为有效地扩大了学校宣传的社会影响力。

（2）阅读量 10 万 + 的专题“爆文”分析与借鉴。高校官微在 2019 年 9—10 月产出的 7 篇 10 万 +“新中国 70 华诞”“爆文”究竟优秀在哪里？何以产生如此高的关注度？通过对文章进行研究分析，从中获得答案，也为其他高校抢抓重大历史事件节点、时政热点创作出优秀新媒体作品提供思路借鉴。

①选题好：视角宏大唱响主旋律引发强共鸣。选题的好坏决定了文章的受欢迎程度。7 篇“爆文”聚焦了三大选题：

其一，70 周年庆典选题。如，清华大学、北京大学官微 10 万 +“爆文”中“明天，清华准备好了！”“今天，清华人在天安门！”“团结起来、振兴中华！”“刚刚，北大方阵走过天安门！”就属于这一选题。并且，清华大学、北京大学从方阵游行的训练准备、志愿者、设计者等各个角度创作内容，制作出特色鲜明的“爆文”。其他高校官微还从参与庆典的校园人物着手进行创作，热文有“看完就一个字：帅！”“来了！8 位浙大师生在天安门见证大阅兵！”“感动同济！参加完阅兵的儿子回来了，爸爸却‘爽约’了，只留下一段话！”。以及围绕庆典进行新中国历史回顾，热文中有“清华人与国庆群众游行长长长长的回忆”“那些年，国庆大典上的北大身影”“震撼！开国大典上的 10 位浙大人！”“开国大典 | 12 分钟彩色视频公布！”等。

其二，为祖国唱赞歌选题。北京大学、武汉大学官微 10 万 +“爆文”中有：“好听！北大版〈今天是你的生日〉MV 来了！”“听！全球武大人超燃表白祖国！”，其他高校热文中有“55535633，232655！祝祖国繁荣昌盛！复旦人唱起来！”“今夜，3000 名复旦人歌唱祖国的声音在正大体育馆里回荡!”“55535633，大片来了！登上新闻联播，听交大人唱响爱国最强音!”“浙大，又来了！55535633，232655!”“超动听！科大人这样向祖国深情告白”等。

其三，国家荣誉颁授选题。国家勋章和国家荣誉称号获得者名单中，北京大学6人，浙江大学4人，清华大学1人，哈尔滨工业大学1人，上海交通大学2人，其中北京大学、浙江大学、上海交通大学均及时推文，并收获高阅读量。北京大学有“主席令来了！6位北大人被授予‘共和国勋章’和国家荣誉称号”“刚刚，国家最高荣誉颁授！请为这六位北大人点赞转发!”，其他高校有“刚刚，习近平总书记为他们颁奖！交大校友黄旭华、吴文俊被授予国家最高荣誉!”“至高荣誉，无上荣光！请为他们点赞转发!”“点赞！中国科大潘建伟教授荣获‘最美奋斗者’称号”“聚焦！央视一天连续五次报道这位同济人，了不起!”“至高荣誉！这位哈工大人被授予‘共和国勋章’”。如果清华大学也推送这样一篇专题推文，相信同样能收获极高的关注度。

阅读量10万+“爆文”能从这三大选题中诞生，这说明“好选题”有着相通的特征：其一，符合时代特征，宏大叙事的选题更加契合“新中国70周年华诞”这一重要历史时期的民众心理。国家荣誉、国家庆典、万人级别大型活动等国家层面的选题更能引起强烈共鸣；视角较小、偏重个人层面的小制作文章则与这一时期的氛围不够匹配，不太符合人们内心对这一重大历史时刻的高期盼。其二，响应党和国家主流宣传选题，通俗来讲，也就是党和国家的宣传重点，高校也应紧跟其后，发出高校的主流声音，既符合国家主旋律的要求，也提高了自身文章、活动、作品在大众读者之中的认知度与接受度。

②节点好：发布时间精准应时应景提前采编。再好的选题还需要在恰当的时间发布才能收获人们更多关注。通过分析发现，7篇阅读量10万+“爆文”全部是9月29至10月1日之间推送出来的，即在国庆庆典之际推出。如果国庆献礼歌曲《今天是你的生日》发布时间不在10月1日、国庆当天发生的重大游行活动推迟至10月2日，大概就无法收

获10万+的阅读量。信息爆炸时代，需精准把控宣传节点，如10月1日这一重要时间节点，是这7篇“爆文”成功的必要甚至决定因素。因而，我们可以看到标题中呈现出来的关键词有“明天”（9月30日清华大学官微发布的“明天，清华准备好了！”）“今天”（10月1日清华大学官微发布的“今天，清华人在天安门！”）“刚刚”（9月29日北京大学官微发布的“刚刚，国家最高荣誉颁授！请为这六位北大人点赞转发！”以及10月1日北京大学官微发布的“刚刚，北大方阵走过天安门！”），时间节点性词语的妙用，正是提醒读者聚焦到某一个重要时刻，从而引发高关注。

我们阅读10月1日推出的三篇“爆文”可以发现，每一篇中当天发生的内容仅仅占全篇推文内容约三分之一甚至更少。北大发布的头条“团结起来，振兴中华！”，除文章前部分的直播视频和截图、图片是在10月1日国庆游行结束后，剪辑视频处理后加入的，前部分的编者按、图片配文均是可以提前准备好的。文章中后部分的北大国庆游行、重要科研贡献、重要人物相关的历史图文视频以及结尾处北大青年的爱国宣言视频无一不是早就准备好了的内容。清华大学官微10月1日当天发布的头条“今天，清华人在天安门！”以及北京大学官微发布的二条“刚刚，北大方阵走过天安门！”中除直播视频和截图之外，包含大量的人物采访、图文视频、前期的彩排和游行前后的画面等内容，相信都是提前准备并编辑好的。

由此可知，发布时间和内容的应时应景快速高效高品质，是源于提前精准采编策划布局等基础保障。换言之，微信推文内容务必提前策划编辑，再配以当天重大活动的现场图文视频等内容，就是一篇应时应景的好文章。快，有快的章法；好，有好的套路。这就是“爆文”产生的必要保障。错过最佳时机、节点的推送，再精致的文章，关注度都会大大降低，再次确证了新媒体的时效性、即时分享性、“过时不候”等特征。

③形式好：采编上观照广大读者的阅读偏好。如果说选题好和节点

好是抓住了“四全媒体”的全效特性和全程特性，那么推文形式好就是抓住了全息特性。全媒体时代的读者普遍偏好碎片化阅读，也就是说阅读更为讲究直观性、美观性、凸显性，顺应需求将内容包装成为读者偏好的形式，就是“爆文”成功的关键因素。7 篇“爆文”均无例外，均是以“音视频 + 图文 + 简洁美观的版式”来综合呈现的。

读屏时代的到来，为信息传播的直观性提供了技术保障，视频、音频、图片比起文字更为直观而美观，内涵更为丰富而饱满，这正是新媒体传播的优势和特性所在，也更能加深读者的深刻印象，有利于自发式的朋友圈式分享传播。如，9 月 29 日北京大学官微发布的“刚刚，国家最高荣誉颁授！请为这六位北大人点赞转发!”，推文整体篇幅并不长，但结构清晰明了，辅以文中视频作为分隔，视频前部分图文采用新华社、人民日报、央视新闻发布的新闻图文，对事件进行简单描述；视频后则是一张张排版简约美观、制作精美的“人物图文卡片”，对获奖的北大人物进行介绍；文中的视频同样制作精良、配音配乐大气，画面效果堪比央视纪录片作品。为此，音视频美图的加盟，形式内容、排版布局上的相辅相成，成就了这一篇篇“爆文”。

此外，浏览这 7 篇“爆文”还能发现，它们均顺应了“激发兴趣”“备受感染”“仔细阅读”这样一个循序渐进的读者心理逻辑。大众的阅读顺序普遍遵循着先由标题到形式再到内容，循序渐进式地激发兴趣后，再细细品味其中蕴含的丰富内涵和价值深意等。

④内容好：“精良 + 用心”是“爆文”出品的原本。“爆文”之所以“爆”，一定是抓住了全员媒体特性，引发出强烈的共鸣共情。而共鸣共情的基础在于内容的精良和用心。武汉大学官微于 9 月 29 日发布的“听！全球武大人超燃表白祖国!”，北京大学官微于 9 月 29 日头条发布的国庆献礼片、二条发布的“好听！北大版《今天是你的生日》MV 来了!”阅读量均为 10 万 +。然而，清华大学官微于 9 月 28 日二条发布的“美！清华师生 9 种形式演绎《我爱你，中国》”阅读量仅为 2.2 万 +，9 月 30 日三条发布的“祖国，您好！清华国庆献礼片《国旗，从身边升

起》”阅读量不到1万。其实，这几篇推文在内容结构形式上都十分类似，都是视频+视频截图/动图+配文，之所以北京大学、武汉大学推文阅读量能冲上10万+，经阅读对比分析可得出以下几点启示：

其一，选曲流行。如，北京大学版原创MV选曲《今天是你的生日》相比清华大学版MV选曲《我爱你，中国》流行度更高、更受大众喜爱。同时，歌曲视频要比普通的采访视频更加吸引人。

其二，制作精良。如，北京大学版原创MV，视频制作极具电影质感，镜头设计感强，留有上下黑边让歌词清晰可见不受干扰，一开始引入的北大附小学生戴红领巾的镜头更是十分吸引人。武汉大学版原创MV，视频歌曲开头同样采取童声引入，之后还对歌曲进行了艺术化和声处理，声效俱佳。

其三，参与面广。几所高校的原创MV，均动用了大量师生参演，但清华大学版MV制作单位为艺教中心，视频中看出参演人员仅有艺教中心的师生，而北京大学版MV的参演人员则来自全校各单位，范围更广，师生更多。武汉大学版MV更是动员了来自社会各界的武大校友，有中科院院士、小米创始人、驻扎南极的博士生、世界各地的校友会、共和国同龄人、穿着民族特色服装的学生、全国教育系统先进工作者、军运会志愿者等，可以说这份MV制作的顶层设计站位非常高、关涉面十分广，其定位不仅是一首爱国歌曲的MV，更是一部学校的形象宣传片，汇聚了全校师生的心力。自然，读者会为这份“精良+用心”买单。

总而言之，无论是这7篇官微“爆文”还是46篇挂网内热文，包揽了新媒体好作品要符合时代特征、响应党和国家主旋律、把握重要历史事件节点、熟悉读者阅读心理、广泛发动师生校友力量等共性特征，也充分践行和诠释了习近平总书记全媒体理念所强调的媒体内容要兼具“全程媒体、全息媒体、全员媒体、全效媒体”的特性。如此而来的“精良+用心”的内容出品，才是成功的标配，也是“爆文”、热文产生的根本所在。当然，选题好、节点好、形式好也是必不可少的决定性因素。但是不可否认，“内容为王”依然是新媒体作品的担当和根本。

（四）发挥全媒体矩阵优势提升传播力影响力的案例分析

高校全媒体矩阵的搭建对提升新闻宣传的传播力和影响力发挥着关键作用。以笔者所在的 M 学院为例，初步搭建起了以新闻网为轴心的校园全媒体矩阵，包含以校园报刊、广播台、宣传橱窗、LED 公共显示屏幕、横幅标语、宣传栏为主体的传统媒体，以微信公众号、微博账号、视频号、头条号、南方号、B 站号、微电台（声媒）、微博（视频新闻）、微视界（影视）、微眼（人文专题）、微印象（图片）为主体的校级新媒体。据统计，在党委宣传部备案登记有 171 个新媒体平台，包含 9 个校级、162 个院系级。其中微信公众号 122 个、微博 49 个。全校各级各类新旧媒体之间实现了良性的融合发展之势，卓有成效地提升了新闻宣传的传播力和影响力。为进一步论证校园全媒体矩阵的实际效用，笔者以“‘生命接力先锋队’走进 M 学院主题党日活动暨‘施予受’平台对接仪式”全媒体报道为案例进行分析如下：

1. 案例简介。“生命接力先锋队”走进 M 学院主题党日活动暨“施予受”平台对接仪式在 M 学院成功举办。M 学院 3000 余名师生参加活动，万余名师生同步观看活动直播。活动过程中，M 学院完成了与中国器官移植发展基金会施予受平台的对接，自此成为中国高校第二家、民办院校第一家基地单位。

2. 案例分析。

（1）确定宣传预期，做好全媒体报道的宣传策划。M 学院党委宣传部（新闻中心）与中国器官移植发展基金会宣传部门主动联系，提前策划宣传报道方案，联动校园媒体与社会媒体，通过多平台、全方位的新闻报道，实现新闻宣传点面结合、传播效果内外并进的传播效果。高校举办校园活动，规模格调各不相同。此次活动规格高、规模大，且活动内容较具前沿性。在制订新闻报道方案时，就充分考虑活动的规模、意义、影响力预期、预算等方面，综合评判需要投入的“宣传成本”。明确将有一位自带流量的“大咖”人物讲授生命主题党课。因此，活动宣传的影响力不只局限于校园内，而且联动社会媒体，以校园媒体为轴心向社会辐射，寻求传播效应和宣传价值的最大化，并借此提高学校的社会影响力。

（2）充分发挥社会媒体和校园媒体的宣传合力。此次活动在校园媒体之外邀请到中央、省、市媒体共10家15名媒体记者到场参与宣传报道，涵盖《新华社》《中国城市报》《科技日报》《南方日报》《羊城晚报》《广州日报》《新快报》《广东电视台》等媒体。此外，活动结束后向长期建立的网络合作媒体投稿。活动稿件在网易、腾讯、央广网等权威网站发布，活动视频报道在广东广播电视台教育频道播放。

据不完全统计，此次活动的相关报道共计107条，其中网页新闻45条，客户端新闻48条，自媒体发布新闻12条，报纸刊登新闻2条。以“生命接力先锋队”和“M学院”为关键词进行百度搜索，共搜索到相关结果7040个。

（3）新闻通稿“1+N”，精准高效报道新闻事件。活动现场，各平台以提前准备好的媒体通稿作为权威资料稿件，结合活动现场及采访内容，根据平台特点进行个性化加工，实现“中央厨房”式的新闻传播模式。例如，学校网站的新闻报道内容翔实，并突出教育引导意义，因此新闻报道篇幅较长，并附上现场师生的提问互动内容，将新闻事件以全息、全程的形式呈现出来；学校官微等新媒体平台则形式更加活泼，图片丰富，亮点鲜明，并附上拓展阅读等材料，体现新媒体特色，吸引眼球；学校校报新闻报道聚焦观点与问题，侧重观点争鸣、学术性与深度。在社会主流媒体的报道中，根据不同平台的特点及需求，配合提供相关材料及采访问题，达到“一站采集，多元加工”的新闻宣传效果。例如，《科技日报》侧重于报道器官移植的技术突破；《羊城晚报》侧重于M学院为全国民办院校首家的新闻亮点；《南方日报》《广州日报》侧重于专题党课对生命意义的阐释等。

（4）挖掘新闻价值精准投放媒体，形成错位传播优势。各级各类媒体平台将活动的新闻事实与本平台的特点相结合，对新闻报道进行“个性化”加工，形成贴合平台特色的新闻报道，增强新闻传播的针对性、特色化。如，在了解到器官移植是我国近年来科技进步的重要突破点的新闻价值之后，宣传部门特意邀请与该新闻价值高度契合的《科技日报》专线记者到现场采访。此举起到了非常好的传播效应，来源《科技日报》报道的二次传播数占新闻网媒刊发数的86%，被人民网、光明网等权威媒体纷纷转载报道。

从以上典型案例可知，高校全媒体矩阵的有效搭建提升了高校新闻的传播力和影响力。针对高校全媒体矩阵的建设现状、发展需求，我们提出以下改革建议：

其一，宣传部门带头树立大宣传工作理念，主导完善宣传思想工作制度体系。高校宣传部门首先要从机构设置和制度建设的顶层设计上，为学校决策层提供以构建大宣传格局为目标的系列改革建议，从上至下树立并践行大宣传工作理念。

其二，整合校内外媒体资源，构建起以新闻网为轴心的校园全媒体矩阵。处在信息高速时代，媒体融合发展是必由之路。为此，需要整合校内外媒体资源形成矩阵力量，形成宣传的矩阵合力，筑牢意识形态安全和网络信息安全防线。

其三，成立学校全媒体联盟，加强内容监管分类指导、整体提升宣传质效。对各级各类媒体平台实施统筹布局、分类指导、重点建设，完善全媒体矩阵管理、新媒体管理、考评激励等制度，对媒体平台运营队伍加强培训指导，为校园媒体平台健康有序发展提供资源条件保障和制度保障。

三、以大学生为主体的多元化大宣传队伍

“治理理论的魅力不仅在于其将民主、参与、协商、分权、责任、人权、平等、合作等诸多美好的价值融入其中，而且在实践过程中展现出其相对于垂直统治的巨大灵活性，在一定程度上降低了国家管理的成本

与风险。”[①] 这种人员力量上的整合，既有横向间的联合，也有纵向间的联合；既有联合奖励，也有联合惩戒。为了促进这种整合，形成多元融合体系，就有必要采取均衡守成的举措，协调各方利益。这种宣传合力一旦形成，势必会事半功倍。以大学生为主体的多元化大宣传队伍建设，蕴涵其中的高校宣传工作创新理念，就是要不断提高参与宣传的覆盖面，形成宣传力量的链式分布状态，达到人人为宣传、宣传为人人的共治共享的效果。这些已成为提升高校宣传实效的关键。高校宣传工作创新通过大宣传格局的构建，在丰富和发展大宣传理念中实现从跟跑者、并跑者到领跑者的角色切换，并在党的宣传工作的交流和镜鉴中，坚定地刻下醒目的“高校坐标”。

如此一来，表面上来讲，宣传部门的编制并没有增加，但每个二级单位都明确有分管宣传工作的党政干部即宣传负责人和负责宣传工作的宣传员、教工通讯员、学生记者，校、院两级齐抓共管的良性运作局面就此成形，“人手不足”“捉襟见肘”的问题也就能迎刃而解。高校宣传队伍要做引领时代发展潮流的弄潮儿，要做“专业主义和精英治理”的标杆，经受住历史风云变幻的考验，彰显出高校宣传工作创新的专业水平和文明程度。这是当下高校宣传思想工作者的生存之道。创新高校大宣传模式，提高宣传队伍的风险防范能力、应急管理能力、现场应对能力、临场处理能力、临终处置能力，转危为安、大事化小、小事化了。革新人才培养机制，形成人才培养的特色体系。通过规范化的培训提升高校宣传者的胜任力，大力培养堪称全能型的复合型宣传人才。“应具备过硬的思想政治素质，优秀的新闻策划及社会媒体管理能力、舆情分析和危机应对能力、校园文化引领能力、国际传播能力和视野。”[②] 健全和发展高校宣传的多元主体，通过有效的人才供给，配齐配强宣传队伍，形成人才的集聚效应。促成大量新锐力量的不断涌入，为发展和繁荣高校宣传提供滋养，改变原本青黄不接的高校宣传人才格局。重塑高校宣传思想工作者的职业信仰，发

---

① 袁本涛，孙霄兵．教育治理现代化：理念、制度与政策［M］．北京：经济科学出版社，2018：61.

② 杨龙波．高校宣传干部队伍素质能力结构刍议［J］．思想理论教育，2013（7）上：60－63.

挥慎终如始、不忘初心的奋斗精神，朝专业化、技能型等“职事官”方向发展，开启职业价值新认识之窗，全面提升高校宣传人才的精神气质。

以大学生为主体的多元化大宣传队伍构建，是新形势下加强和改进高校宣传思想工作的应势之举。新形势下的高校宣传工作任务重、压力大，靠宣传部门单兵作战，已无法完成党的宣传思想工作确立的五大使命任务。党和国家对高校宣传思想工作的高度重视与高校宣传行政配比失衡之间存在现实矛盾。高等教育大众化背景下高校大幅扩招引发的师生比失衡在高校宣传部门也有所体现。据调研，高校宣传部门普遍反映部门专职人员编制紧缺，面临人手不足、人才匮乏、人才流失的问题，亟须扩能增量，这一情况在民办高校、高职高专更为严重。在此现实境遇下，联合全校之力建构起以大学生为主体的专兼职相结合的“六位一体”大宣传队伍，极为可行。如何着手构建并发挥实效？笔者结合 M 学院的大宣传队伍建设实例，重点推介三项举措如下：

（一）组建专家宣讲团和学生微宣讲团，推进校、院两级理论宣讲全覆盖

为了解决宣传部门高水平理论宣讲人才匮乏的问题，部分高校党委成立了学校党委理论宣讲团或称专家讲师团，以及学生微宣讲团。如，西安交通大学建立了专家理论宣讲团和学生微宣讲团，常设工作由党委宣传部理论教育办公室负责组织开展。[①] 笔者所在的 M 学院成立了专家讲师团，由具有哲学社会科学类专业博士学位或高级职称背景的教师、党政干部组成，面向全校开展理论宣讲工作，宣讲的形式有线上线下相结合的专题辅导报告、讲座等。各二级党组织从学生党支部中挖掘有理想、有信仰的学生党员、青年马克思主义者组建起学生微宣讲团，面向学生开展理论宣讲工作。依托基层组织做到理论宣讲校、院两级全覆盖。

（二）组建特约评论员队伍，发挥学术资源优势，提升高校宣传的理论深度

高校党委宣传部还可以依托校园报刊，组建起特约评论员队伍，重点

---

① 西安交通大学党委宣传部［EB/OL］.［2021－02－23］. https：//xcb. bnu. edu. cn/.

挖掘教职工中理论水平高的，擅长写理论文章、时事评论的教职工为校报撰写理论特稿，包括日常的马克思主义理论研究类学术论文和结合时政理论热点撰写的评论等。这一举措借鉴了《人民日报》的理论版文章和“钟声评论”的形式，结合高校学者智力资源丰富的场域优势所做的一种新尝试，体现了高校宣传内容的理论深度、学术气质和教育风格。如，北京大学在新闻网开设“德赛论坛”专栏，充分发挥其学者智力资源优势，对时闻热点、社会现象进行学理性论证分析、阐释评论等，是高校媒体营造开放、健康向上的网络舆论环境的积极尝试，体现了高校担当。①

（三）组建学生记者团队，搭建实践育人平台，助力学生记者媒介素养提升

目前来看，高校全媒体矩阵的日常运行普遍依托学生团队，基本上是由宣传部门负责组建学生记者团队和教职工通讯员队伍来协助日常工作开展。如，北京大学官微由宣传部新媒体办公室负责运行，运营团队的骨干成员由全日制在校学生组成。北大英语新闻网专职人员 2 人、学生编辑 8 人、学生记者若干，大部分稿件由学生编译和采写。② 中国科学技术大学党委宣传部（新闻中心）负责联系各单位新闻宣传工作负责人和通讯员，组建和管理教职工通讯员队伍、学生记者队伍。③ 笔者所在的 M 学院是一所独立学院，在宣传工作起步之初，没有专职宣传人员，宣传工作举步维艰，通过建立学生记者团队和教职工通讯员队伍，充实宣传队伍，完成宣传任务。这一举措实施了十余年，成效显著。一方面较好地完成了学校的新闻宣传日常工作任务，有效提升了学校的社会知名度和影响力。另一方面以学生记者站为实践育人平台，助力大学生的实践成长、媒介素养和数字化生存能力的提升，向社会输送了一批批优秀的媒体工作者和宣传工作者。其中，少部分是新闻传播类专业学生，加入学生记者站将专业所学运

---

① 山大视点［EB/OL］.［2021－02－23］. https：//www. view. sdu. edu. cn/.

② 北京大学单给宣传部（新闻中心）［EB/OL］.［2021－02－23］. http：//news. pku. edu. cn/xymt/index. htm.

③ 中国科学技术大学党委宣传部（新闻中心）［EB/OL］.［2021－02－23］. http：//xcb. ustc. edu. cn/bmjj. htm.

用于实践，毕业后从事传媒行业工作；大部分是非新闻传播类专业学生，凭兴趣爱好加入学生记者站，通过大学期间实践，毕业后选择从事传媒行业工作。

据调研可知，学生记者组织对高校宣传部门的日常运转、媒体运营及发展起到了推动作用，业已成为高校宣传队伍不可或缺的重要力量。与此同时，学生记者组织的实践经历，也促进了大学生的媒体宣传综合技能的综合提升，媒介素养、审美、敏锐度及理性思辨能力，以及学习态度及学习能力、团队合作能力、时间管理能力、心态调整及抗压能力等都有了潜在的培养和提高，潜移默化地促进了大学生的就业择业、求学深造、职业成长和晋升等。综上所述，大学生记者组织为大学生与宣传部门搭建了一座互利共赢、共同成长的桥梁，对大学生成长、成人、成才起到了一定的正向助推作用。各校在面临宣传队伍不健全、人手不足的现实困难时，可以加以借鉴：成立学生记者组织来协助部门的日常工作，同时为大学生提供实践成长的平台。尤其是对于具有新闻传播类、中文类相关专业的院校，成立学生记者组织是一项双赢的良策，还可以从传媒宣传专业人才实习基地打造、与专业媒体合作探寻联合人才培养、在记者组织实践给予学业认可、专业师资共享业务培训等方面寻求更多的可能性。

结　语

我国已经进入了习近平新时代中国特色社会主义建设期，站在了新的历史起点上，这是对当前时代方位的科学判断。一方面，社会的主要矛盾发生了转变；另一方面，中华民族不但处在伟大复兴的征程中，而且自近代以来，中华民族从未像今天这样，如此接近民族复兴伟业的实现。以习近平同志为核心的党中央高屋建瓴、精心谋划、科学施策，正带领中华儿女拼搏进取，顽强奋斗，投入中国特色社会主义建设的伟大事业中，致力于实现民族复兴的伟大梦想。高校要实现立德树人这一根本任务，培养社会主义的建设者和接班人。高校是人才的孵化场域，而新时代高校更要实现具有时代特征的人才培养目标，培养能够堪当民族复兴重任的时代新人。时代新人不但要有理想、有本领、有担当，而且能够自觉地把中国梦与“个人梦”相结合。

长久以来，高校宣传一直在发挥育人功能。高校宣传通过文明校园建设，营造出风清气正的校园文化环境，不仅满足了高校管理者的需要，而且也满足了大学生健康成长的需要。大学生置身于高校宣传这一场域中，深受高校宣传的形塑和浸染，其影响广泛体现在思维方式和行为活动上。新时代的高校宣传更要继承这一优良传统，紧紧锚定时代新人培养目标，在更为宽广的舞台上奋发图强。强化高校宣传的育人功能，是由培养时代新人的理论逻辑、历史逻辑和现实逻辑等决定的。发挥高校宣传的育人功能，有利于勠力同心，健全和完善“三全育人”的制度体系，形成“心往一处想，劲往一处使”的育人氛围。这不但能够确立高校宣传在育人方面的话语权，而且能够弥合“三全育人”制度体系和“十大育人”体系建设的缺环，构建起“系统教育力”。一方面，这有利于激发高校育人的深层力量，培育和涵养大学生的世界观、人生观和价值观；另一方面，这也有利于提升高校宣传部门的社会认可度和美誉度。

备受困扰的是，高校宣传在新的历史境遇下面临着系统性风险，包括世界局势的动荡不安、复杂斗争中高校位置的前移、高校宣传场域的技术巨变及新兴信息主体的涌现、高校舆情风险应对能力的弱化。环视世界，波谲云诡，乱象丛生。当今世界正处于“百年未有之大变局”，不确定性不稳定性因素在增加，“黑天鹅”和“灰犀牛”事件不断涌现，当今世界经济更因疫情的全球蔓延和扩散而遭受重创，新冠疫情显然已经成为加剧国际社会动荡与混乱的催化剂。停留在冷战思维的西方国家，把霸凌主义政策延展到网络空间，通过网络不断地进行意识形态领域渗透。作为精神文化堡垒的高校，处于意识形态领域斗争的前沿战场，成为不同思想观念交相争锋的战场，也成为滋生风险的重要策源地。西方国家在高校意识形态领域的争夺形成了烽烟鼓点。由此可见，高校宣传在捍卫高校意识形态安全方面承受着异乎寻常的压力。新媒体的兴起不但改变了信息的传播方式，而且重塑了高校的媒体生态和宣传格局。新媒体催生出信息传播的新兴主体，加大了高校舆情管理的难度。新媒体的赋权在强化大学生信息话语权的同时，也导致高校宣传话语优先权的旁落，这削弱了高校宣传的权威性，甚至有被架空的危险。高校宣传要把大学生纳入到宣传网络中，就要进行相应的变革。为此，高校宣传不但要直面高校信息传播主体上的此消彼长式的变化，而且要及时找到应对之策，建构出一元主导下的多元主体协同共治的大宣传格局，变散在的主体为协同的主体，以此营造出技术进步与传播有序的和谐场景。因高校宣传场域的渐进式演化或突变式巨变所引发的系统性风险，在考验着高校宣传的创新能力，要求新时代高校宣传通过一体化变革创新形成新的政治生态、文化生态、技术生态和媒介生态等，引导大学生练就“准确识变”的“火眼金睛”“科学应变”的“三头六臂”和“主动求变”的“智慧大脑”。新时代高校宣传能否交出一份漂亮的答卷，事关新时代高校能否成功完成“育新人”的使命任务。

当前的高校宣传，在系统性风险面前，缺乏及时有效的应对举措，表现得亦步亦趋，捉襟见肘。高校宣传在对哲学基础的选择上，依然固守意识哲学的思维框架，视大学生为客观身体，缺乏现象身体、“能动的身体”“身体间性”等核心观念，从而将其育人功能限制在身体规训的惯性层面；在对宣传理念的诠释上，以现代性工具理性为导向，人为构建出高校宣传者与大学生之间的二元对立的主客体关系；在对宣传角色的扮演上，把宣传理解为功利化的手段，停留在高校宣传小格局的视野下，固守旧有的“传声筒”和“扩音器”的角色定位；在对宣传受体的界定上，将大学生降格为工具性的存在，无视大学生的主观能动性和信息自主权，以致疏远了与大学生的心理距离；在对宣传效果的期待上，沉浸在理性自大逻辑的惯性思维状态下，将大学生纳入到同一性的谋划进程中，致力于形成以同一性压制异质性的高校宣传模式；在对宣传力量的整合上，由于缺乏大宣传格局的视野，未能有效地盘活存量，扩充增量，既不能促进校内协同，也不能促进校际协同。高校宣传部门普遍性地患上了行业通病，并不可避免地走上同质化的发展之路，在从整体上降低高校宣传实效性的同时，也戕害了高校宣传者的职业信仰，自损了部门的社会认可度和美誉度。正反两方面的经验教训告诉我们，高校舆情事件的失控、高校突发事件的频发必然会破坏高校安全稳定的和谐局面。传统的高校宣传陷入理论上的窠臼和实践上的误区，亟待加以改革。

新时代给高校宣传带来新的机遇和挑战的同时，也赋予了高校宣传新的内涵及其价值向度。在新时代推进国家治理体系和治理能力现代化的进程中，高校宣传要自觉地以大宣传理念为指导来审视和评判其育人功能，以一流的专业化标准来严格要求自身，提高治理创新效能和育人效果；寻找和挖掘能够优化高校宣传生态的基础性和变革性力量，使得高校宣传创新既表现得井然有序，又焕发出勃勃生机；要顺应新时代人才培养的要求，大胆地进行自我革新，自觉地吸收大宣传理念、全媒体理念、元治理理念等，把自身的改革创新置于全媒体时代、大宣传格局及元治理之下，牢记宣传的五大使命任务和高校宣传的五大基本原则，构建有利于促进大学生成长成人成才的高校宣传育人体系；使自身与建构中华民族共有精神家园、促进国家治理体系和治理能力现代化、实现中华民族伟大复兴等宏大任务相结合，不但把高校宣传工作创新塑造成高校领域的经典样本之一，而且使高校宣传育人功能的发挥更加契合时代新人的人才培养要求。

一是在高校宣传内容的守正创新上，高校宣传要坚守政治属性，坚持党的领导，强化对大学生的理想信念教育，引导他们参与建设中华民族复兴伟业；要重视社会主义核心价值观教育，不但旗帜鲜明地宣传社会主义核心价值观，而且推动社会主义核心价值观融入校园文化中，并以此为基础对大学生的价值观进行整合，建构起以社会主义核心价值观为主导的价值观格局；要弘扬中华优秀传统文化，利用丰富的历史文化资源，尤其是党史、新中国史、改革开放史、社会主义发展史等“四史”，加强对大学生的爱国主义教育，增强国家认同、政治认同、历史认同、文化认同等，繁荣校园文化，建构中华民族共有精神家园。

二是在高校宣传功能的拓展创新上，以高校宣传哲学基础的转换为致思路径。这种创新有别于一般的口号式呼唤或零散化论证。身体哲学关注身体的此在状态，主张把身体从遮蔽到解蔽的缠斗中打捞出来。身体哲学视域下的身体是现象身体，有别于意识哲学所理解的客观身体。现象身体的提出把意识哲学的意识意向性转变成身体意向性，改变了意识哲学对身心二元对立的陈识陋见。身体哲学被聚焦成为当下的理论热点之一，有关身体哲学的研究蔚然成风。身体哲学渗透到了诸多学科领域并逐步成为其理论基础，也将其光谱投射到高校宣传领域。就此而言，高校宣传要视身体哲学为促进其完善育人功能的深层理论动力，主动援引身体哲学的研究成果，确立起高校宣传的身体叙事逻辑。从意识哲学到身体哲学的转换，不但改变了身体的出场逻辑，逆转了身体的命运，而且夯实了高校宣传的哲理基础。这种哲学视域的变换不但促进了对高校宣传身体规训功能的反省，而且有利于将高校宣传的育人功能从身体规训拓展到成长促进，助推大学生的成长、成人、成才。在宣传导向上，身体哲学视域下的高校宣传，直面大学生的“生活世界”，关注大学生多样化的身体体验，把身体的生物性与社会性维度结合起来，以现象身体、身体意向性、身体间性等为核心概念，促进高校宣传的功能解蔽和意义敞开。

三是在高校宣传主体的素养创新上，全媒体能够综合发挥出旧媒体和新媒体的传播优势，为建立高校宣传智能管理平台及开展智慧宣传提供技术支撑。高校宣传一方面要克服单纯的技术主义路线，破除技术主义的迷思；另一方面又要以新媒体的兴起为契机，提高大学生的媒介素养，以增强大学生在学习型社会的学习本领，更好地适应自媒体时代数字化生存的需要。

四是在高校宣传格局的治理创新上，高校宣传要尝试构建起高校大宣传格局，包括以宣传部为主导的全员化大宣传机制、以新闻网为轴心的立体化全媒体矩阵、以大学生为主体的多元化大宣传队伍。高校大宣传格局的构建，能够变单向宣传为多向宣传，形成一元主导下的多元主体协同共治模式；能够扩大高校宣传的队伍，盘活高校宣传存量，扩充高校宣传增量，形成高校宣传合力，发挥高校宣传话语的集成效应。

如此一来，高校宣传工作创新的一体推进，将会显著增强高校宣传“育新人”的实效性，这是潜隐于本书的价值期待。笔者的浅层目的是通过将高校宣传育人功能中的身体规训与成长促进结合起来，凸显新时代高校宣传的育人功能，健全和完善“三全育人”的制度体系，以此为高校宣传赢得社会认可度和美誉度，消解施加于高校宣传之上的偏见和误识；同时也在国家治理体系和治理能力现代化的感召下，推动高校宣传部门自觉担当元治理者的角色定位，竭力将高校大宣传格局构建打造成高校治理体系和治理现代化的经典样本，发挥高校宣传对高校其他领域的镜鉴作用。笔者的深层目的则是想通过发挥高校宣传的育人功能，促进大学生的成长、成人、成才，以此培养出能够堪当民族复兴重任的时代新人，彰显出大时代作为一名高校宣传“打工人”的“有一分热，就发一分光”的责任意识。新时代高校宣传不但要发挥育人功能，担当起“育新人”的使命任务，而且新时代高校宣传者本身就应该身先士卒，以身作则，以时代新人的标准严格要求自己，将自身的职业信仰融入中国梦中，用“笔杆子”描摹出新时代的宣传育人场景，在中华民族伟大复兴的恢宏大业中践行自身的职业使命、书写自身的职业人生。笔者本着知行合一、学以致用的学术精神和实践取向，立足于自己的教育学学科领域，充分发挥自己所从事的高校宣传的职业特色，力图促进高校宣传与教育的耦合与融通。

本书得出如下主要结论：

其一，高校宣传立足高校教育场域，兼具政治和教育双重属性，既要履行高校立德树人的职责，又要承担宣传系统“育新人”的使命任务。伴随着中华民族伟大复兴的进程，高校宣传更要发挥其“育新人”功能，建构起“系统教育力”。

其二，长久以来，高校宣传一直在不遗余力地推进育人工作，把育人视为自身的初心和使命。但是，高校宣传在育人方面发挥的作用与所受到的关注不匹配。对高校宣传场域逻辑的解析，不但有助于了解高校宣传育人功能被遮蔽的原因，而且有助于促进高校宣传育人功能由遮蔽到凸显再到深化的转变。在这一转变过程中，新时代高校宣传工作通过新宣传政策和新宣传理念的融入，能够变“无机宣传”为“有机宣传”。

其三，新时代高校宣传要想充分发挥其“育新人”的功能，就要明确培养时代新人为高校宣传工作一体化创新的目标驱动力，健全和完善高校宣传“育新人”的功能，自觉地以治理理论为指导，积极吸收其源头治理、风险治理、协同治理、元治理、善治等有益养分，有效融合大宣传理念、全媒体理念、元治理理念，促进高校宣传多元新兴主体的健康成长，打造高校宣传共同体，形成一元主导下的多元主体协同治理模式，以此增强高校宣传“育新人”的能力和水平。

其四，置身于“百年未有之大变局”的高校宣传部门不是国际复杂斗争中的旁观者，而是承担着维护高校意识形态领域安全的哨兵角色。高校宣传工作创新不是要推进高校宣传的“去政治化”，而是要通过内容的守正创新实现固本培元；不应视新媒体的兴起为压力，更应视其为动力，以此来重构高校宣传的技术生态、政治生态和文化生态，充分发挥高校宣传在培养时代新人过程中的统一思想、价值引领、舆论引导、文化熏陶、信息整合、素养提升、凝聚力量等作用。

众所周知，培养时代新人是一项异乎寻常的艰巨任务，面临着方方面面的挑战和考验。中华民族要实现伟大复兴的中国梦，注定不会是一帆风顺的，培养时代新人也注定不是一蹴而就的。高校宣传虽然能为培养时代新人发挥独特作用，但是我们也不能将这种作用无限放大。简言之，高校宣传的育人功能也是有限度的。高校宣传工作创新要与时俱进、精益求精，不但要提高发现问题的能力，而且要提高解决问题的能力，以赢得社会的广泛认可和普遍赞许。

尽管本书写作已暂告一段落，但是有关高校宣传育人的思考和研究仍将持续下去。拙作所提出的观点还比较粗糙，属于管窥之见，论证也还不够充分。笔者斗胆写出来，不怕贻笑大方，就期望能够达到抛砖引玉的效果。希望各位学界前辈和同仁不吝批评和指教，你们的宝贵意见将是笔者继续深化高校宣传育人功能、推进高校宣传工作创新研究的不懈动力。

参考文献

［1］马克思，恩格斯．马克思恩格斯选集：第1卷［M］．中共中央马克思恩格斯列宁斯大林著作编译局，编译．北京：人民出版社，2012.

［2］列宁．列宁专题文集：论无产阶级政党［M］．中共中央马克思恩格斯列宁斯大林著作编译局，编译．北京：人民出版社，2009.

［3］习近平．论党的宣传思想工作［M］．北京：中央文献出版社，2020.

［4］习近平．习近平谈治国理政：第二卷［M］北京：外文出版社，2017.

［5］中共中央宣传部理论局．指导新时期宣传思想文化工作的纲领性文献：学习习近平总书记在全国宣传思想工作会议上的重要讲话文章选［M］．北京：学习出版社，2013.

［6］《高校意识形态工作论纲》编写组．高校意识形态工作论纲［M］．北京：人民出版社，2019.

［7］陈力丹．精神交往论——马克思恩格斯的传播观［M］．北京：中国人民大学出版社，2016.

［8］扈中平．现代教育学［M］．北京：高等教育出版社，2010.

［9］陈孝彬，高洪源．教育管理学：3版［M］．北京：北京师范大学出版集团，2008.

［10］卢晓中．高等教育新论［M］．北京：高等教育出版社，2016.

［11］卢晓中，等．高等教育现代化：理论发展与实践探索［M］．北京：科学出版社，2020.

[12] 周浩波．教育哲学 [M]．北京：人民教育出版社，1999.

[13] 刘生全．论教育批评 [M]．北京：教育科学出版社，2006.

[14] 冯茁．教育场域中的对话——基于教师视角的哲学解释学研究 [M]．北京：教育科学出版社，2010.

[15] 谢维和．教育活动的社会学分析：一种教育社会学的研究 [M]．北京：教育科学出版社，2000.

[16] 张维迎．大学的逻辑：3 版 [M]．北京：北京大学出版社，2012.

[17] 顾建民，等．大学治理模式及其形成机理 [M]．杭州：浙江大学出版社，2017.

[18] 童兵．主体与喉舌——共和国新闻传播轨迹审视 [M]．郑州：河南人民出版社，1994.

[19] 易桂姣．新形势下高校宣传思想工作研究 [M]．北京：光明日报出版社，2016.

[20] 魏则胜．道德建设的文化机制研究 [M]．广州：广东人民出版社，2005.

[21] 徐新平．中国新闻伦理思想的演进 [M]．北京：北京大学出版社，2019.

[22] 马凤岐．变革时代大学的核心价值：高等教育哲学的几个基本问题 [M]．北京：北京师范大学出版社，2013.

[23] 邹春生．文化传播与族群整合：宋明时期赣闽粤边区的儒学实践与客家族群的形成 [M]．北京：中国社会科学出版社，2015.

[24] 郭祥超．教师专业发展：身体哲学的视角 [M]．北京：教育科学出版社，2012.

[25] 倪梁康．胡塞尔选集 [M]．上海：上海三联书店，1997.

[26] 胡泳．数字位移：重新思考数字化 [M]．北京：中国人民大学出版社，2020.

[27] 袁本涛，孙霄兵．教育治理现代化：理念、制度与政策 [M]．北京：经济科学出版社，2018.

[28] 张一兵，夏凡．人的解放［M］．郑州：河南人民出版社，2011.

[29] 汪民安，陈永国，编．后身体：文化、权力和生命政治学［M］．长春：吉林人民出版社，2011.

[30] 徐贲．统治与教育：从国民到公民［M］．牛津：牛津大学出版社，2012.

[31] ［美］约翰·杜威．杜威全集：中期著作（1899－1924）第9卷（1916）［M］．俞吾金，孔慧，译．上海：华东师范大学出版社，2012.

[32] ［美］约翰·杜威．民主主义与教育［M］．王承绪，译．北京：人民教育出版社，1990.

[33] ［美］约翰·杜威．学校与社会·明日之学校［M］．赵祥麟，任钟印，吴志宏，译．2版．北京：人民教育出版社，2004.

[34] ［法］让－雅克·卢梭．爱弥儿：上册［M］．叶红婷，译．北京：台海出版社，2016：7.

[35] ［美］弗朗西斯·C. 福勒著，教育政策学导论：2版［M］．许庆豫，译．南京：江苏教育出版社，2007.

[36] ［法］梅洛一庞蒂．知觉现象学［M］．杨大春，译．北京：商务印书馆，2001.

[37] ［加］马克斯·范梅南．实践现象学——现象学研究与写作中意义给予的方法［M］．尹垠，蒋开君，译．北京：教育科学出版社，2018.

[38] ［德］汉娜·阿伦特．人的境况［M］．王寅丽，译．上海：上海人民出版社，2009.

[39] ［美］塞谬尔·亨廷顿．文明的冲突与世界秩序的重建［M］．朱思明，贾晓伟，译．北京：新华出版社，2017：297.

[40] ［法］米歇尔·福柯．规训与惩罚［M］．刘北成，杨远婴，译．北京：生活·读书·新知三联书店，2012.

[41] ［德］黑格尔．精神现象学：上卷［M］．贺麟，王玖兴，译．北京：商务印书馆，1979.

[42] ［古希腊］柏拉图．理想国［M］．郭斌和，张竹明，译．北京：商务印书馆，1986.

[43] [捷克] 扬·阿姆斯·夸美纽斯. 夸美纽斯教育论著选 [M]. 任宝祥, 等, 译. 北京: 人民教育出版社, 2004.

[44] [瑞士] 皮亚杰. 皮亚杰教育论著选 [M]. 卢濬选, 译.2 版. 北京: 人民教育出版社, 2015.

[45] [日] 筑波大学教育学研究会, 编. 现代教育学基础: 中文修订版. [M]. 钟启泉, 译.2 版. 上海: 上海教育出版社, 2003.

[46] [美] 爱德华·L·伯内斯. 宣传 [M]. 胡百精, 董晨宇, 译. 北京: 中国传媒大学出版社, 2013.

[47] [美] 哈罗德·D·拉斯韦尔. 世界大战中的宣传技巧 [M]. 张洁, 田青, 译. 北京: 中国人民大学出版社, 2003.

[48] [美] 梅尔文·L·德弗勒, 埃弗雷特·E·丹尼斯. 大众传播通论 [M]. 颜建军, 王怡红, 张跃宏, 刘迺文, 译. 北京: 华夏出版社, 1989.

[49] [日] 竹内郁郎, 编. 大众传播社会学 [M]. 张国良, 译. 上海: 复旦大学出版社, 1989.

[50] 张巨岩. 权力的声音: 美国媒体和战争 [M]. 北京: 生活·读书·新知三联书店, 2004.

[51] [美] 沃纳丁·赛弗林, 小詹姆斯·W 坦卡特. 传播学的起源、研究与应用 [M]. 陈韵昭, 译. 福州: 福建人民出版社, 1985.

[52] [美] 唐·倍根, 唐纳德·R·格莱叶. 学校与社区关系: 第 7 版 [M]. 周海涛, 主译. 重庆: 重庆大学出版社, 2003.

[53] [德] 乌尔里希·贝克, 风险社会 [M]. 何博闻, 译. 南京: 译林出版社, 2004.

[54] [美] 尼古拉·尼葛洛庞帝. 数字化生存: 20 周年纪念版 [M]. 胡泳, 范海燕译. 北京: 电子工业出版社, 2017.

[55] [德] 哈特穆特·罗萨, 新异化的诞生: 社会加速批判理论大纲 [M]. 郑作彧, 译. 上海: 上海人民出版社, 2018.

[56] [美] 梅瑞迪斯·高尔, [美] 乔伊斯·高尔, [美] 沃尔特·博格. 教育研究方法: 6 版 [M]. 徐文彬, 侯定凯, 范皑皑, 译. 北京:

北京大学出版社，2016.

[57] [法] 皮埃尔·布迪厄，等. 实践与反思：反思社会学导引 [M]. 李猛，等，译. 北京：中央编译出版社，1998.

[58] [法] P. 布尔迪约，J. –C 帕斯隆. 再生产——一种教育系统理论的要点 [M]. 邢克超，译. 北京：商务印书馆，2002.

[59] Encyclopedia Britannica [M]. Chicago：Encyclopedia Britannica Inc，1983.

[60] Jurgen Wilke (ed.) . Propaganda in the 20th Century：Contribution to Its History [M]. New Jersey：Hampton Press，1998.

[61] Ted J. Smith (ed.)，Propaganda：A Pluralistic Perspective [M]. 3th ed. New York：Praeger，1989.

[62] M. W. Apple. Ideology and Curriculum [M]. 2nd ed. NewYork：RCH，1990.

[63] 朱玉尊. 美国高校新闻宣传工作浅探 [J]. 高校探索，2007 (4) .

[64] 晏金柱. 美国大学的招生宣传工作及其启示——以美国俄亥俄州立大学为例 [J]. 现代交际，2012 (3) .

[65] 刘丹凤，李晓波. 国外高校校园开放日及其启示 [J]. 教育评论，2015 (1) .

[66] 任一菲. 法国将加大投入和宣传力度提升高校世界大学排名 [J]. 世界教育信息，2016，29 (20) .

[67] 李宇可，王莹，张娇娇，孙芷钰，刘遵月. 高校文化宣传载体研究——以校服设计为例 [J]. 戏剧之家，2018 (34) .

[68] 陈迪英. 试析高校宣传传播的教育功能 [J]. 学校党建与思想教育，2005 (11) .

[69] 李东才，阎高程，等. 将育人贯穿于高校宣传思想工作全过程 [J]. 学习月刊. 2007 (8) .

[70] 李学英，吴新再. 高校宣传思想工作应为育人服务 [J]. 吉林省教育学院报，2008，24 (8) .

[71] 孙文营. 新时代高校宣传思想工作的使命任务 [J]. 思想教育研究，2018（9）.

[72] 周建超. 论时代新人生成的逻辑理路 [J]. 学术界，2019（11）.

[73] 宋薇. 浅谈高校新闻宣传工作的思想政治教育功能 [J]. 戏剧之家，2014（8）.

[74] 曾德生，李明文. 新媒体环境下高校宣传思想工作的价值追求 [J]. 江西教育学院学报（综合）. 2013，34（6）.

[75] 张兵. 论高校宣传思想工作坚持党性与人民性相统一的内涵与途径 [J]. 理论观察，2015（4）.

[76] 闫拓时. 加强和改进高校党建和宣传思想工作的重大时代意义 [J]. 北京教育（德育），2015（4）.

[77] 张冬宇. 中华优秀传统文化融入高校宣传思想工作的路径 [J]. 沈阳大学学报（社会科学版），2017，19（2）.

[78] 刘永生. 论新形势下高校宣传思想工作的价值维度及其实现路径 [J]. 思想教育研究，2015（9）.

[79] 周鹏. 经济"新常态"视阈下宣传思想工作推进地方高校转型发展实践价值探析 [J]. 理论观察，2016（7）.

[80] 朱新荣，张宾. 马克思主义视阈下高校宣传思想工作的当代价值研究 [J]. 河南工业大学学报（社会科学版），2016，12（4）.

[81] 龚华萍. 高校新闻宣传工作研究——以华南理工大学为例 [D]. 广州：华南理工大学，2012：3.

[82] 何扬波. 高校宣传工作引领实践研究 [D]. 长沙：湖南师范大学，2013：10－11.

[83] 李苗，高校宣传媒介的育人功能研究 [D]. 长沙：湖南农业大学，2009：20－21.

[84] 张淼. 新媒体条件下高校新闻宣传工作的理念转向与实践创新 [D]. 广州：暨南大学，2010：7－8.

[85] 罗玉霞. 习近平关于"培养担当民族复兴大任的时代新人"重

要论述研究［D］. 重庆：西南大学，2019：39. 任红．坚持大服务定位 构建大宣传格局［N］. 北大荒日报，2012-07-19（8）.

［86］朱善璐．以培育和弘扬社会主义核心价值观为引领 扎实抓好新形势下高校宣传思想工作［N］. 中国教育报，2015-02-03（2）.

［87］韩振峰．中华民族共有精神家园［N］. 光明日报，2011-11-29（2）.

［88］习近平．在同各界优秀青年代表座谈时的讲话［N］. 人民日报，2013-05-05（2）.

［89］习近平．为建设世界科技强国而奋斗［N］. 人民日报，2016-06-01（2）.

［90］新华网．中共中央印发《中国共产党宣传工作条例》［EB/OL］.（2019-08-31）［2021-03-15］. http：//www. xinhuanet. com/politics/2019-08/31/c_1124945630. htm.

［91］新华网．习近平参加上海代表团审议［EB/OL］. 2014-03-05［2021-02-01］. http：//www. npc. gov. cn/zgrdw/npc/xinwen/2014-03/06/content_1839144. htm.

［92］中共中央办公厅国务院办公厅．关于进一步加强和改进新形势下高校宣传思想工作的意见［EB/OL］.（2015-01-19）［2021-02-12］. http：//www. gov. cn/xinwen/2015-01/19/content_2806397. htm.

［93］中共中央宣传部中共教育部党组．关于加强和改进高校宣传思想工作队伍建设的意见：教党〔2015〕31 号［EB/OL］.（2015-09-09）［2021-02-12］. http：//www. moe. gov. cn/srcsite/A12/moe_1416/s255/201510/t20151013_212978. html.

［94］国家新闻出版广电总局．关于进一步加快广播电视媒体与新兴媒体融合发展的意见：新广电发〔2016〕124 号［EB/OL］.（2016-07-02）［2021-02-12］. http：//www. nrta. gov. cn/art/2016/7/2/art_3592_42309. html.

［95］中共中央、国务院．关于加强和改进新形势下高校思想政治工作的意见［EB/OL］.（2017-02-27）［2021-02-12］. http：//www.

gov. cn/xinwen/2017 - 02/27/content_5182502. htm.

[96] 教育部办公厅关于开展“三全育人”综合改革试点工作的通知：教思政厅函〔2018〕15号［EB/OL］．（2018 - 05 - 18）［2021 - 02 - 12］. http：//www. moe. gov. cn/srcsite/A12/moe _ 1407/s253/201805/t20180528 _ 337433. html.

[97] 中共中央办公厅国务院办公厅．关于实施中华优秀传统文化传承发展工程的意［EB/OL］．（2017 - 01 - 25）［2021 - 02 - 24］. http：//www. gov. cn/zhengce/2017 - 01/25/content_5163472. htm.

[98] 中共中央办公厅．关于培育和践行社会主义核心价值观的意见［EB/OL］．（2013 - 12 - 23）［2021 - 02 - 24］. http：//www. gov. cn/jrzg/2013 - 12/23/content_2553019. htm.

[99] 中共中央国务院．新时代爱国主义教育实施纲要［EB/OL］．（2019 - 11 - 12）［2020 - 02 - 28］. http：//www. moe. gov. cn/jyb_xxgk/moe_1777/moe_1778/201911/t20191113_407983. html.

[100] 中央广播电视总台央视网．习近平的全媒体理念［EB/OL］．（2019 - 02 - 19）［2019 - 03 - 07］. http：//news. cctv. com/2019/02/19/ARTIWE9A3w88jSrRErrnK4Rh190219. shtml.

[101] 艾文礼．应势而动顺势而为把网上舆论工作作为宣传思想工作的重中之［EB/OL］．（2013 - 10 - 23）［2021 - 03 - 05］. http：//theory. people. com. cn/n/2013/1023/c40531 - 23299502. html.